U0529091

本书由教育部人文社会科学研究专项任务项目"科研诚信和学风建设"（13JDXF001）资助

高校人文社会科学评价理论与方法研究

杜向民 等 著

Gaoxiao Renwen Shehui Kexue
Pingjia Lilun Yu Fangfa Yanjiu

中国社会科学出版社

图书在版编目（CIP）数据

高校人文社会科学评价理论与方法研究 / 杜向民等著 . —北京：中国社会科学出版社，2018.5
ISBN 978－7－5203－2544－8

Ⅰ.①高… Ⅱ.①杜… Ⅲ.①高等学校—人文学科—评价—方法研究②高等学校—社会科学—评价—方法研究 Ⅳ.①G644②C3

中国版本图书馆 CIP 数据核字（2018）第 107509 号

出 版 人	赵剑英
责任编辑	卢小生
责任校对	周晓东
责任印制	王　超

出　　版	中国社会科学出版社
社　　址	北京鼓楼西大街甲 158 号
邮　　编	100720
网　　址	http：//www.csspw.cn
发 行 部	010－84083685
门 市 部	010－84029450
经　　销	新华书店及其他书店

印　　刷	北京明恒达印务有限公司
装　　订	廊坊市广阳区广增装订厂
版　　次	2018 年 5 月第 1 版
印　　次	2018 年 5 月第 1 次印刷

开　　本	710×1000 1/16
印　　张	16.5
插　　页	2
字　　数	239 千字
定　　价	66.00 元

凡购买中国社会科学出版社图书，如有质量问题请与本社营销中心联系调换
电话：010－84083683
版权所有　侵权必究

前　言

近年来，我国高校的人文社会科学得到了迅速发展，科研成果不断涌现，论文发表的数量已经赶超美国，2012—2016年，入选ESI高被引论文库的成果占1.12%，略高于世界平均水平1%。中国入选2015—2016年度的热点论文榜的数量占该年度我国论文总产出的0.1%，与世界均值齐平，和发达国家的科研水平的差距正因我国科研人员的奋起直追而缩小。在取得显著业绩的同时，随之产生的"低水平重复、粗制滥造"等学术失范行为也频繁出现，学术GDP不断扩大，质量并未同步增长的现象受到学术界的广泛关注。以数论文篇数、计专著字数、看出版社级别、比项目金额等为代表的"简单计数"评价方法在许多高校应用，学术成果质量在评价体系中未能得以有效区分，对高质量学术成果激励不足。因此，以质量和创新为导向的科研评价理论与方法亟待研究，在高校建立科学、合理、公正的学术评价体系，以有力支持高等学校哲学社会科学繁荣计划已成为当务之急。

以史为鉴，可知兴替。20世纪80年代后期，澳大利亚科研成果的质量也出现了类似的问题。以引用率为指标的澳大利亚出版物质量下降引起了广泛的关注。除农业科学以外，几乎所有学科在80年代都出现了明显的衰落。发表的科研成果数量在明显增加，而以相关引用影响因子（RCI）衡量的质量却在明显下降。1988—1993年间，澳大利亚的科研影响因子在经济合作与发展组织中的排名从第6位降到了第11位。在这个时期，澳大利亚的研究者发表了更多的论文，但这些论文的平均引用率却下降了。当时澳大利亚的科研资金分配是基于简单计数的，例如，出版物的数量、外部科研资金的多少、高一级学位的学生数量的多少以及完成学业的学生数量等。这些简单的数量指标被用来衡量科研成果的质量，鉴别优秀的成果存在明显的缺陷，不利于鼓励广泛的社会资金投入到澳大利亚的科学研究当中。因此，一场从科研质量框架（Research Quality Framework，RQF）到卓越科研（Excellence in Research for Australia，ERA）的科研评价方法改革随后逐步展开，这些评价体系深刻地影响了科研的绩效，促进了澳大利亚科研成果质量的提升。

当前，我国和澳大利亚当时出现的问题极其相似，发表文章的数量在持续快速增加，而质量并未同步上升，以简单计数为特征的评价方法加剧了科研人员重视成果数量、难以兼顾成果质量的局面。由于人文社会科学学科多、考核弹性大等特点，造成科研评价的难度较大，而科研评价又是高校教师和科研人员考核的重要依据，具有指挥棒导向作用，更需要学术界展开深入而广泛的研究，以推动当前我国科研评价方法的改革，引导哲学社会科学繁荣发展，充分发挥我国哲学社会科学认识世界、传承文明、创新理论、咨政育人、服务社会的重要作用。

鉴于此，我们组织了一批年富力强、具有丰富科研评价研究经验的学者，以及来自香港大学、台湾政治大学、北京大学、清华大学、天津大学、中国科学院大学、南京大学、武汉大学、北京理工大学和中国社会科学院等高校及科研机构的一批专家团队，对我国高校的人文社会科学科研评价问题展开研究，经过6年的沉淀，现在终于将团队的研究成果整理出版，希望本书能对国内外人文社科研评价工作能够产生一点启示，通过评价这一指挥棒将我国的人文社会科学研究成果质量引导提高到一个新的阶段。

本书由杜向民教授负责提出总体框架，并对各部分研究内容和研究思路进行具体设计，各部分的具体执笔人员如下：第一章：代建鹏；第二章：刘兰剑；第三章：韩奇；第四章：樊建强；第五章：王立洲；第六章：韩奇；第七章：代建鹏，第八章：蒲继生，全书由杜向民教授负责统稿。感谢中国社会科学出版社卢小生先生为此书的顺利出版付出的诸多工作，也对参与此项目研究的徐晓航、应海涛、张文静、孙璐、张田等人一并表示感谢。

由于人文社会科学科研评价问题是一个难度较大的课题,我们希望本书能够对此有所推进。本书提出的观点和方法只是一家之言,不足之处,敬请学术界同人不吝指正。

作者
2018 年 3 月

目 录

第一章 高校人文社会科学评价现状 …………………… 1

第一节 高校人文社会科学评价的主要对象 ……………… 2
一 成果评价 ………………………………………… 2
二 人员评价 ………………………………………… 3
三 机构评价 ………………………………………… 3
四 项目评价 ………………………………………… 4

第二节 高校人文社会科学评价存在的问题 ……………… 5
一 以简单计数代替了科学计量 …………………… 6
二 评价方法过于简单化、形式化 ………………… 6
三 评价主体缺位、错位 …………………………… 7
四 本位主义，门户之见 …………………………… 7
五 评价周期短，评价次数多 ……………………… 8
六 社会价值评价亟待发展 ………………………… 8

第三节 高校人文社会科学评价存在问题的原因分析 …… 9
一 外部影响 ………………………………………… 9
二 内部原因 ………………………………………… 10

第二章 发达国家人文社会科学科研评价体系及借鉴 …… 18

第一节 严谨的同行评议：美国的人文社会
科学科研评价体系 ………………………………… 18
一 美国的同行评议阶段划分 ……………………… 19
二 美国同行评议严谨性的体现 …………………… 20

三　美国的同行评议对我国的借鉴意义……………………… 22
第二节　公众与同行双标准：法国人文社会
　　　　科学科研评价 …………………………………………… 23
　　一　法国的科研评价标准 …………………………………… 24
　　二　法国的科研评估机构 …………………………………… 26
　　三　法国的评价特点与启示 ………………………………… 28
第三节　评价与经费拨付无关：荷兰人文社会
　　　　科学科研评价 …………………………………………… 30
　　一　荷兰的学术性评价制度与方法 ………………………… 32
　　二　荷兰的行政性评价制度与方法 ………………………… 34
　　三　荷兰的效益性评价制度与方法 ………………………… 35
　　四　荷兰的人文社会科学评价特点与启示 ………………… 36
第四节　有制约的同行评议：加拿大人文社会
　　　　科学评审控制 …………………………………………… 36
　　一　加拿大的社会科学评审机构 …………………………… 38
　　二　加拿大科研评审过程中的观察员制度 ………………… 40
　　三　加拿大人文社会科学评审中的申诉制度 ……………… 41
　　四　加拿大人文社会科学评价的特点与启示 ……………… 41
第五节　评价结果决定财政拨款：澳大利亚人文社会科学
　　　　科研评价体系 …………………………………………… 43
　　一　澳大利亚人文社会科学学术性评价 …………………… 44
　　二　澳大利亚人文社会科学行政性评价 …………………… 47
　　三　澳大利亚人文社会科学效益性评价 …………………… 48
　　四　澳大利亚人文社会科学科研评价特点与启示 ………… 50

第三章　人文社会科学各学科特点及分类评价 ……………… 52

第一节　人文社会科学学科分类的标准与学科体系构成 …… 53
　　一　人文社会科学学科划分的指导性标准 ………………… 53
　　二　人文社会科学学科的分化与整合及其对
　　　　学科分类的影响 ………………………………………… 57

第二节 人文社会科学各学科的基本特点……………… 60
  一 人文学科与社会科学学科的划分及其发展演变 …… 61
  二 人文社会科学不同学科门类的学科特点与
     问题争议……………………………………………… 63
  三 人文社会科学学科研究中的跨学科
     现象及其特点………………………………………… 65
第三节 人文社会科学的分类评价……………………… 68
  一 人文社会科学按学科分类评价的必要性 ………… 68
  二 人文社会科学分类评价的原则与方法…………… 69
  三 人文社会科学分类评价的评价对象与标准 ……… 70
  四 人文社会科学分类评价的评价主体……………… 71
  五 人文社会科学跨学科研究的分类评价…………… 72

第四章 高校人文社会科学成果分类评价标准及指标体系 ……… 76

第一节 高校人文社会科学成果的界定及分类………… 76
  一 科研成果的内涵…………………………………… 77
  二 人文社会科学成果的分类………………………… 78
第二节 高校人文社会科学成果的评价标准…………… 83
  一 实践中人文社会科学成果的评价标准…………… 83
  二 人文社会科学成果评价标准的确定……………… 87
第三节 高校人文社会科学论文类成果评价指标体系 …… 91
  一 社会科学论文类成果定性评价
     指标选择的逻辑思路………………………………… 92
  二 社会科学论文类成果定性评价的指标体系 ……… 94
  三 社会科学论文类成果定性评价指标权重的确定 …… 96
  四 人文学科论文类成果定性评价指标体系及
     权重分配……………………………………………… 98
  五 论文类成果定量评价指标的选择………………… 100
  六 论文类成果定量评价指标………………………… 107
  七 评价方法的引申：基于PageRank算法的

　　　　　　论文影响力评价 …………………………………… 108
　　第四节　高校人文社会科学著作类成果评价指标体系 ……… 110
　　　　一　著作类成果的特点及评价标准 ……………………… 110
　　　　二　社会科学著作类成果定性评价指标体系 …………… 112
　　　　三　人文学科著作类成果评价指标体系 ………………… 115
　　　　四　著作类成果定量评价指标体系 ……………………… 116
　　第五节　高校人文社会科学研究报告类成果评价
　　　　　　指标体系 ……………………………………………… 119
　　　　一　研究报告的特点 ……………………………………… 119
　　　　二　研究报告评价的主要标准 …………………………… 119
　　　　三　研究报告类成果评价指标体系 ……………………… 120
　　　　四　不同主体评价结果的处理思路 ……………………… 128
　　第六节　高校人文社会科学成果评价机制的改革与完善 …… 129
　　　　一　高校哲学社会科学成果评价机制中存在的问题 …… 129
　　　　二　改进高校哲学社会科学成果评价
　　　　　　机制的原则及思路 …………………………………… 132
　　　　三　健全哲学社会科学成果评价机制的制度保障 ……… 134

第五章　高校人文社会科学人员分类评价标准及指标体系 ……… 137
　　第一节　高校人文社会科学人员的分类及其评价原则 ……… 138
　　　　一　高校人文社会科学人员的分类及其要求 …………… 138
　　　　二　高校人文社会科学人员分类评价中
　　　　　　应遵循的基本原则 …………………………………… 140
　　第二节　高校人文社会科学人员分类评价
　　　　　　标准及指标体系 ……………………………………… 146
　　　　一　高校人文社会科学人员分类评价标准 ……………… 147
　　　　二　高校人文社会科学人员评价指标体系的构建 ……… 152
　　　　三　高校人文社会科学人员分类评价指标
　　　　　　体系的权重分配 ……………………………………… 157
　　第三节　高校人文社会科学人员分类评价的基本方法 ……… 160

一　以质量为导向的学术评价基本方法 …………… 160
　　　二　高校教师教学质量评价的基本方法 …………… 164

第六章　高校人文社会科学研究机构分类评价标准及指标体系 ……………………………………………… 168

第一节　高校人文社会科学研究机构的内涵与分类 ……… 169
　　　一　高校人文社会科学研究机构的内涵 …………… 169
　　　二　高校人文社会科学研究机构的分类及其特征 …… 170
　　　三　高校人文社会科学研究机构分类评价的意义 …… 176

第二节　高校人文社会科学研究机构分类评价的标准 …… 180
　　　一　学术评价标准 ……………………………………… 180
　　　二　社会评价标准 ……………………………………… 182
　　　三　组织评价标准 ……………………………………… 184

第三节　高校人文社会科学研究机构分类评价指标体系 … 185
　　　一　构建分类评价指标体系的基本原则 …………… 185
　　　二　分类评价指标体系的内容 ……………………… 187

第四节　高校人文社会科学研究机构的评价方法 ………… 195
　　　一　同行评议方法的优势与不足 …………………… 196
　　　二　计量评价方法的优势与不足 …………………… 198

第七章　高校人文社会科学研究项目分类评价标准及指标体系 ……………………………………………… 200

第一节　高校人文社会科学研究项目评价的分类 ………… 200
　　　一　高校人文社会科学研究项目的属性与特点 …… 200
　　　二　高校人文社会科学研究项目的分类及其特点 …… 201
　　　三　高校人文社会科学研究项目评价的特点与难点 … 204
　　　四　高校人文社会科学研究项目评价存在的主要问题 …………………………………… 206

第二节　高校人文社会科学研究项目的评价标准 ………… 207
　　　一　实践中的高校人文社会科学研究项目评价标准 … 207

二　高校人文社会科学研究项目评价标准说明 ………… 210
　第三节　高校人文社会科学研究项目评价指标体系 ………… 213
　　　一　人文社会科学基础研究项目评价指标体系构建 …… 213
　　　二　人文社会科学应用研究项目评价指标体系构建 …… 218
　　　三　人文学科与社会科学研究项目评价
　　　　　指标体系差异 ………………………………………… 221
　第四节　高校人文社会科学研究项目评价方法及改进 ……… 223
　　　一　申报评审方法 ………………………………………… 223
　　　二　中期检查方法 ………………………………………… 225
　　　三　结项鉴定方法 ………………………………………… 226

第八章　人文社会科学分类评价的制度设计与保障 ………… 228

　第一节　制度设计目标 …………………………………………… 228
　　　一　突出质量导向 ………………………………………… 229
　　　二　突出价值核心 ………………………………………… 229
　　　三　关注政治标准 ………………………………………… 230
　第二节　改革评价方式 …………………………………………… 231
　　　一　注重代表作制度 ……………………………………… 231
　　　二　建立成果查新制度 …………………………………… 232
　　　三　完善引证分析制度 …………………………………… 234
　第三节　规范评价主体 …………………………………………… 235
　　　一　建立第三方评价制度 ………………………………… 235
　　　二　建立异地专家制度 …………………………………… 237
　　　三　完善学术委员会体系 ………………………………… 238
　第四节　规范评价程序 …………………………………………… 240
　　　一　完善成果评价程序 …………………………………… 240
　　　二　理性应用评价结果 …………………………………… 241
　第五节　建立监督保障机制 ……………………………………… 242
　　　一　完善学术道德监管制度 ……………………………… 242

二　建立评价专家监督机制 …………………………… 242
三　发挥互联网监督系统作用 ………………………… 243

参考文献 ………………………………………………… 245

第一章　高校人文社会科学评价现状

　　高校人文社会科学评价工作是高校人文社会科学事业的重要组成部分。开展科学合理的评价，是推动高校管理创新、优化资源配置的重要内容，对提升高校人文社会科学研究质量和创新能力、树立良好学术风气具有重要意义。我国高校人文社会科学评价经过行政评议、同行评议、定量评价，发展到如今的综合评价，有力地推动了高校人文社会科学的繁荣发展。与此同时，应看到与时代和事业迅速发展的要求相比，高校人文社会科学评价仍然存在一些亟待解决的问题。高校人文社会科学评价存在的问题并不是孤立的，要解决这些问题需要着眼于评价体系进行统筹规划。2016年5月17日，中共中央总书记、国家主席、中央军委主席习近平主持召开哲学社会科学工作座谈会并发表重要讲话，他指出，我国哲学社会科学"学术评价体系不够科学"[1]，"要建立科学权威、公开透明的哲学社会科学成果评价体系"[2]，讲话为推动评价事业的发展指明了方向。近年来，为了推动我国高校人文社会科学评价工作，教育部等相关部门出台了若干文件，提出了许多指导性意见和措施。广大研究人员与科研管理人员也进行了广泛而深入的研究和探索，提出了许多富有建设性的对策建议。本书为解决这些问题，更好地发挥评价的导向、激励与诊断作用，对评价中存在的问题及其成因进行了分析，并从评价的理念、制度与技术多个维度、评价的标准指标与方法多个层面提出了许多对策建议。

---

[1]　习近平：《在哲学社会科学工作座谈会上的讲话》，人民出版社2016年版，第7页。
[2]　同上书，第25页。

第一节　高校人文社会科学评价的主要对象

高校人文社会科学评价从不同角度可以做出不同的划分：根据评价对象可以划分为成果评价、人员评价、机构评价和项目评价；根据学科属性可以划分为人文学科评价和社会科学评价；根据研究类型可以划分为基础研究评价和应用研究评价。其中，根据评价对象进行的划分是评价系统的核心，也是最基本的划分方法。下面按评价对象进行分析。

一　成果评价

人文社会科学研究成果是指针对人文社会现象，运用科学合理的研究方法和学术规范，通过创造性的智力活动，取得的具有一定创新性和价值性的知识性产品。其形式通常有论文、著作、研究报告、教材、文学艺术作品、非纸质出版物等。这些研究成果是判断研究人员、项目、团队、机构绩效和水平的根本依据。

成果评价的内容主要是成果的创新性、科学性、规范性、价值性和难易性等。创新性主要是指发现新问题、运用新方法、提供新结论等；科学性主要是指成果内容符合学术共同体的理解；规范性是指成果形式如表述、论证、引用等符合学术规范；价值性是指成果的学术贡献以及产生的经济效益与社会效益；难易性是指研究问题的深度、广度、热度以及资料处理的难度等。人文社会科学成果评价的方法主要有同行评议和文献计量两大类：同行评议采用的方法主要有通信评审与会议评审；文献计量主要有引文评价法、科学计量法等。

高校人文社会科学成果评奖是高校人文社会科学成果评价的重要方式之一。教育部高等学校科学研究优秀成果奖（人文社会科学）是目前我国人文社会科学研究的最高奖项，各省（自治区、直辖市）设有人文社会科学成果奖，不少高校也设有人文社会科学成果奖，如北京大学人文社会科学研究优秀成果奖、南京大学人文社会科学研究成果奖等。除此之外，我国还有一些由高校、学会或基金会等设立的具有广泛影响的人文社会科学成果奖,如吴玉章人文社会科学奖、胡绳奖、思勉原创奖、孙冶方经济科学奖等。

二 人员评价

高校人文社会科学人员评价的对象主要是高校人文社会科学教学与科研人员。高校人文社会科学教学与科研人员类型较多,包括教师系列、工程实验系列、图书档案系列、出版编辑系列等,其中主要是教师系列。根据被评价方的人员数量可以分为个人评价和团队评价。相比于评价对象是客观事物的成果评价、机构评价和项目评价,人员评价具有自身的特殊性与复杂性。

人员评价的内容主要是政治素养、思想品德、职业道德、工作业绩、所获荣誉和发展潜力等。同行评议与文献计量是人员评价的基本方法,其中同行评议居于主导地位,文献计量主要用于评价相对容易量化的工作业绩、所获荣誉等,如 H、G 指数等文献计量学指标已被用来尝试评价研究人员。

人员评价包括职称评聘、年度考核、聘期考核以及各种类型的人员评优等。近年来,创新导向日益加强,人才资源是第一资源的理念更加深入,人才评价越来越多,如国家层面有"长江学者""万人计划",国家级"四个一批"人才等,各省(自治区、直辖市)也大多有自己的人才计划,如陕西省有"三秦学者""百人计划""四个一批"人才等。

三 机构评价

高校人文社会科学机构评价的对象主要是高校人文社会科学教学与研究机构。高校人文社会科学机构在纵向上主要分为高校和院系两大层面。此外,还有跨校合作机构及跨院系合作机构;在横向上大体分为教学机构和科研机构两大部分,其中教学机构相比于科研机构在很大程度上被纳入高校行政管理范围,科研机构的管理相对松散。

科研机构评价的内容主要有硬件设施、管理制度、研究队伍、人才培养、研究成果、社会影响等。机构评价可以说是成果评价、人员评价和项目评价的综合。以往的机构评价比较注重数量与形式。例如,机构的研究人员数量与级别、成果的数量与级别、课题的数量与级别以及课题经费等。这种评价容易促使科研机构贪大求全，而不注重扎实细致的内部治理，不注重长远规划与建设。

以往高校人文社会科学研究机构主要包括教育系统的人文社会科学重点研究基地和宣传文化系统的哲学社会科学重点研究基地两大系列。近年来，随着对问题导向、跨学科研究、产学研合作等的重视，出现了一些综合性研究机构，如"2011计划协同创新中心"等。"2011计划协同创新中心"提出人才、学科、科研三位一体创新能力提升的核心任务，其中人才是根本，学科是基础，科研是支撑。目的是围绕重大科学问题和国家重大需求，增强三者之间的协同与互动，增强创新要素的有效集成，增强高校创新能力发展的导向性，增强投入与产出的效益。

四 项目评价

项目是指在一定的资源和要求的约束下，为解决目标问题在规定时间内所进行的一系列活动，高校人文社会科学项目评价的对象是高校人文社会科学各级各类科研项目。进入21世纪以来，科研在高校中的分量越来越重，项目制成为高校科研管理的重要制度，各级各类项目越来越多，项目评价的任务越来越重。

项目评价属于典型的过程性评价。一个完整的项目一般分为立项、实施和结项三个阶段，项目评价包括申报评审、中期考核和结项鉴定三个部分。不同部分评价的重点有所差异：申报评审着重评价项目研究方案的创新性、科学性与价值性等，中期考核主要考察项目的执行情况，结项鉴定则需结合项目研究计划对研究成果的创新性、科学性和价值性等进行评价。

在评价方式上，纵向项目与横向项目差别较大。关于纵向项目、横向项目的界定全国没有统一的分类，不同单位根据自己的工作需要和理解进行界定。高仲飞（2013）对纵向和横向课题的特征进行了详细分析。[①] 认为纵向课题具有层次性、正规性、权威性、基础性、全面性等特征。

---

① 高仲飞：《纵向课题与横向课题比较研究》，《经济研究导刊》2013年第15期。

第一，纵向课题由于经费来源和招标范围具有明显的层次性。国家级课题由国家财政拨款，一般面向全国招标，成果评定也在全国范围内遴选专家进行。省级课题一般由省财政拨款，招标范围一般在省内，成果也由省内专家评定，个别省份也有请省外专家的。市级课题也是如此。由此可见，纵向课题可以很容易地划分出层次，因而具有层次鲜明的特点。

第二，纵向课题具有正规性和权威性。由于纵向课题获得的路径比较规范，评审相对更为公正，结题要求比较严格等，一般认为，纵向课题经过层层审查把关，特别是采用专家库进行盲审、函评等方式，纵向课题的严肃性和权威性较高。

第三，纵向课题选题包含科技、经济、社会发展等多方面的问题，因而课题"项目"一般具有基础性和覆盖面宽的特点。

与此不同，横向课题具有横向性、应用性、时效性、专业性、不确定性等特征。

第一，横向课题的横向性是指研究人员直接与委托单位和部门签订立项合同，不经过中间组织环节，因而具有横向性。

第二，横向课题一般都是委托方在现实工作中遇到的急需解决而自己又难以完成的课题，因此横向课题往往应用性较强。

第三，因为横向课题是根据委托方遇到问题或者需要而设立的，这就意味着横向课题一般时间性要求比较强，具有时效性特征。

第四，横向课题由于以解决具体问题为目的，因而往往课题专业性比较强。

第五，横向课题的不确定性。由于没有组织者专门从事组织工作，而是委托方需要时与受托方临时签订"项目"合同的一种方法，因而，它不具备规律性，立项合同签订的时间和次数也不确定。

第二节 高校人文社会科学评价存在的问题

我国高校人文社会科学评价近年来取得了很大发展，同时也存在一些亟待解决的问题。成果评价、人员评价、机构评价和项目评价存在的问题具有较大的共性，因为成果是各类评价的根本依据，以及无论哪种评价对象都处在由评价主体、评价客体、评价标准、评价指标和评价方法等构成的评价系统之中。

目前，各类评价方式存在的共性问题主要有以下六个方面。

一 以简单计数代替科学计量

高校人文社会科学评价中常见的数量指标有发表文献数量（包括论文数量、出版著作数量、著作字数、提交报告数量等）、主持项目数量、项目经费数量和研究人员数量等。以文献为例，科学的文献计量需要在占有评价对象真实充分信息的基础上，通过构建评价指标体系来科学衡量评价对象的质量，而统计在核心期刊上发表论文的篇数、在高级别出版社出版著作的部数、领导有批示的提交报告数、主持的省部级以上项目数、主持项目的经费数以及高层次研究人员数量等则简单得多。文献计量能有效测度对象的创新程度、学术贡献与社会影响等，而发表论文数量等源数据体现创新与质量的程度有限。评价的目的原本是评优汰劣，激发人们追求创新与卓越，而简单计数会促使人们追求数量而忽视质量，将成果与创新分成几部分发表、出版，产生大量的学术泡沫。

二 评价方法过于简单化、形式化

评价中常见的形式指标有期刊等级、出版社等级、项目等级、批示领导级别、人员的职称头衔、荣誉等级、机构等级等。评价中可以采用形式指标，评价实践中也需要适当地简化评价方法，评价方法不能太烦琐、复杂。但简化评价方法应有限度，简化的前提是不违反评价的科学性，不应以损害科学性为代价来换取评价的简便。评价中以发表刊物的级别评论文、以出版社级别评著作、以批示领导的级别评研究报告、以立项级别评项目等就过于简单化、形式化。毋庸置疑，期刊等级与论文质量、出版社等级与著作质量之间当然有一定的正向关系，但直接以刊评文、以出版社评著作的方法则过于简单、粗疏以致有失公平。评价指标过于简单化、形式化使高智力的评价活动沦为简单比较，也会影响评价的公平性以致影响学术风气。

三 评价主体缺位、错位

评价过程的行为主体一般包括委托方、受托方和被评价方，其中的受托方就是通常所说的评价主体。主体缺位指的是评价过程中评价主体实际上不存在。评价不能是自己评自己，换句话说，受托方和被评价方不能重叠，否则就会导致既当运动员又当裁判员，这会导致评价失真失实。主体错位指的是评价对象并不是评价主体熟悉的专业领域。可见，缺位主要指向评价主体的人际关系，而错位主要指向评价主体的专业领域。评价主体缺位较多地与制度漏洞有关，主体错位与评价系统中的技术"短板"有较大关系，如果没有可靠的技术来遴选出合适的评价主体，那么主体错位的情况就难免发生。就目前的评价专家遴选而言，对于一个精度要求较高的评价，通过二级学科或研究方向来遴选评审专家难免会造成主体错位，这是因为，相对稳定的学科体系与日趋活跃的问题研究导向之间的距离越来越大，而实际评价中不乏以大学科组为口径遴选评审专家的情况。主体错位的一个典型情况就是外行评内行，其实，"外行"往往自身也是专家，具有较高的学术声誉或社会地位，但若偏离了自己的专业领域，他们的评价质量一定会下降。

四 本位主义，门户之见

本位主义一般是指评价中从"本位"利益出发考虑问题。评价中的本位主义有多种表现，其典型表现是评审专家在评审中为本单位谋取利益，例如，在评审中为本单位多争取名额。评审中还有一些隐性的本位主义，比如评审专家之间相互照顾。这种隐性的本位主义实际上是将作为公益的学术利益进行私相授受。这种本位主义实质上是评价中的地方保护主义、单位保护主义。门户之见主要是指因学术派别不同而产生的成见。相比于本位主义，门户之见的情况相对复杂些。自然科学的研究对象是客观物质世界，人文社会科学的研究对象是人与社会。对于人文社会科学，精神和社会现象并无如同自然界那般的客观性，这就说明不同人文社会科学研究观点的存在具有一定的合理性。相比于客观物质世界，人与社会具有较强的主体性，因而人文社会科学中存在不同学术观点的情况是非常正常的，也是有益的。不同学术观点的合理争鸣、辩难是学术发展的重要动力。然而，在实际的评价实践中，不乏囿于一派固执己见而排斥其他思想观点，这就越出了合理的界限。人文社会科学研究的主体性恰恰说明研究者包括评审专家应力避主观、审慎包容，而不是党同伐异。

五 评价周期短，评价次数多

项目制已经成为高校人文社会科学研究的重要形式，项目管理成为科研管理的重要形式，这就使高校研究人员要填写很多评审表，参加很多评审会。频繁的评价活动会造成如下后果：一是研究中的短期行为，研究人员没有足够的时间也无必要潜心进行长期的集中研究，而是喜欢"短、平、快"的项目；二是促使研究人员过多地注意评价环节而不是研究本身，例如，"钻研"项目评价的"技巧"，"钻研"申报评审书的"写作技巧"；三是成果多头署名，毫不夸张地说，一篇论文、一部著作挂多个项目的情况普遍存在。由于研究人员的时间和精力总是有限的，而出于各种原因又要申报多个项目，但产出较高水平的研究成果需要花费大量的研究时间，为此，只好一项成果多头署名。

六 社会价值评价亟待发展

现有的人文社会科学价值评价的重点是学术价值，对于成果等的社会价值评价较为薄弱。而现在的科学研究已经进入大科学时代，科学研究是整个社会生活的一个重要构成部分。在这种情况下，人文社会科学必须重视自己的社会责任，人文社会科学评价必须加强对社会价值的评价，而不能局限于成果的学术创新、学术价值、学术影响。人文社会科学社会价值评价的一大理论问题是学术价值与社会价值有什么关联。或者说，如何沟通学术价值与社会价值，国外尤其是美国的一大启示是社会政策研究。社会政策研究一方面需要严谨的学术研究，另一方面需要直接面向现实的社会问题，它能较好地将成果的学术价值与社会价值联系起来。

第三节 高校人文社会科学评价存在问题的原因分析

高校人文社会科学评价存在问题的产生原因是多方面的，需要从评价的外部影响和体系内部原因两大方面进行分析。

一 外部影响

首先是高校人文社会科学发展迅猛所带来的评价压力。人文社会科学与自然科学是"车之两轮、鸟之双翼"。随着我国经济社会的快速发展，对人文社会科学的要求也越来越高。从学科发展的角度来看，评价属于学科发展的自我认知，是学科发展到一定高度之后对自身的界定与把握，主要起定位、诊断与导向作用。在当代，一个良好的人文社会科学评价系统需要良好的人文社会学科史研究，良好的学科史研究能提供内行专业的大尺度、长时段分析。如果只是孤立地看改革开放以来我国高校人文社会科学评价，其间的发展业绩显而易见，但随着高校人文社会科学的快速发展，人文社会科学在学科分化、交叉以及整合上都发展得很快，人文社会科学承担的社会职能也越来越重要。评价数量增长迅猛，对评价质量的要求也越来越高。

其次是人情关系干扰。我国经常被称作是人情社会，其含义是人们喜欢从人的角度考虑问题，缺乏从事情本身的角度、从物的角度考虑问题。孤立地看，人情社会无所谓好坏优劣，但结合对人文社会科学的评价而言，人情社会则带来了不小的干扰。当前，我国高校人文社会科学评价受人批评之处不少，其中人情关系、熟人圈子可谓为害不浅。无论是成果、项目评价，还是人员、机构评价，都不乏打招呼、托关系、走后门等。社会学所说的差序格局有助于分析评价中的人情关系干扰。评价中的差序格局，意指个人以自己为中心通过血缘、地缘、学缘、利益关系等来构建人际关系网络。同行评议是评审专家通过自己的学识与经验做出判断，文献计量强调摒除同行评议可能的主观随意性，通过客观的、可度量的数据进行评价，两种方法的共同之处是以评价对象为中心,力求反映评价对象的质量。而人情关系则不是以评价对象为中心,毋宁说是以评价过程中的人际关系为中心,在这些人际关系中,比较常见的有亲缘关系、地缘关系、学缘关系等。无论哪一种关系介入评价中都会影响评价的公平公正,降低评价质量,破坏学术生态。

最后是科研生态有些失衡。科研生态一经形成便会成为科研活动的土壤,对科研活动产生深刻影响。当前,我国高校人文社会科学科研生态有些失衡,已经对人文社会科学评价产生了许多不利影响,科研生态失衡集中体现在研究与职称、研究与利益、研究与职位的关系失衡几个方面。评职称与做研究本不矛盾,完全可以相辅相成、相得益彰,然而,实际生活中则不尽然,有一句话说明了两者的尴尬之处——评上前拼命干,评上后松一半。为评职称而做研究的问题在于喜欢走捷径,不肯坐冷板凳,下死工夫,缺乏长期稳定的科研后劲,缺乏远大的学术追求。研究与利益、研究与职位的关系和研究与职称的关系有类似之处,我国自古有"学而优则仕"的传统,我国高校中教授、博导争当校长、院长、处长的情况并不少见,官大学问大的情况比较常见。科研生态失衡会潜移默化地侵蚀科研人员对科研的感受与理解,扭转正常的创新与质量评价导向。

二 内部原因

高校人文社会科学评价可以理解为评价理念、评价制度和评价技术三位一体,可以从这三个方面对人文社会科学评价的问题进行分析。

(一) 评价理念

在评价中,一些基本概念或表述的理解有些模糊导致对一些评价问题认识模糊乃至混乱。

其一,对质量与数量、内容与形式关系的理解。质量与数量、内容与形式是评价中反复提到的两对矛盾或问题。当前学界很多时候对质量与数量、内容与形式的理解有些简单、机械。数量与形式是可以直接观测的经验事物,质量与内容是一种抽象概括,数量与质量、形式与内容是具体与抽象的关系,将双方理解为同一层面的事物就会产生伪命题与错误。以内容与形式的关系而论，内容寓于形式之中，形式反映内容，离开形式则无所谓内容。换言之，任何形式的评价都在一定程度上体现了内容评价，内容评价离不开形式评价。同理，质量评价离不开数量评价，任何数量评价也都在一定程度上体现了质量评价。因此，离开数量评价质量、离开形式评价内容是做不到的，需要改进的是以质量和内容评价为导向改进数量和形式评价，这就需要深入研究各种数量指标与质量、形式指标与内容的关系。

评价实践中，要注意避免两种理解：一种是将形式等同于内容，将数量等同于质量；另一种是想离开形式评内容，离开数量评质量。

以论文评价而论，论文总要通过某种语言来发表，如果认为发表语言是英文的论文就优于中文的论文，那么这一观点无疑难以成立，因为一篇中文论文翻译成英文后内容并没有变化。但中文论文翻译成英文论文后可以扩大影响力，可能增加引用，也就是可能增加影响质量。可以说，不仅是论文发表期刊的级别与影响力，就连是否有课题资助等这些外在形式都在一定程度上反映了论文的内容或质量，因为在工作流程上期刊审稿、课题评审等一般都经过了同行评议。再看论文评价中的数量，论文的字数是数量，论文发表期刊的影响因子也是数量，但这两者在体现论文质量上的分量明显相差非常大——如果以论文的字数来评价论文，字数越多，论文质量越高那就颇为荒谬，但是，以论文发表期刊的影响因子来评价论文的质量却有一定的合理性，这是因为，影响因子这一数量指标与论文质量有更多的内在一致性。因此，以刊评文的问题不在于不可以用影响因子来评价期刊质量，这样做其实有很大的合理性，只是要理解评价的是期刊的学术影响，不合理之处在于把期刊的质量等同于期刊中论文的质量。这是因为，期刊发表了很多论文，不同论文对期刊影响因子的贡献相差很大，以刊评文就等于无视论文之间的质量差异。

其二，对评价标准上本土性与国际化关系的理解。人文社会科学的研究对象是人与社会，不同国家与地区人文社会科学研究的对象主要是本国本地区的人与社会。因此，人文社会科学评价具有鲜明的本土性。也就是说，不能照搬其他国家与地区的评价标准与指标等来评价本国本地区的人文社会科学。但同时应予以注意的是，当今世界已然处于全球化时代，不同国家与地区之间的经济、政治、文化交流互动越来越频繁，本土的人文社会科学呈现出越来越强的国际化倾向，评价标准要兼顾本土性与国际化两个方面。

这里以影响因子为例做一分析。影响因子无疑是舶来品，实际评价中也会受到互引、错引等的影响，但如果据此就认为影响因子不应在我国的人文社会科学评价中使用就缺乏逻辑合理性了，否则如何理解影响因子在世界范围内评价中大行其道呢？因此，合理的做法是估计到影响因子设计和使用中的国家制度、民族文化、科技政策、科研习惯等因素，再结合我国的实际情况加以调整完善，而不是拒绝使用。毫无疑问，仅仅停留在对影响因子的表面认知上是不可能做到这一点的，而要理解影响因子的实质就需要深入理解文献计量的兴起与发展。

其三，对评价异化问题的理解。异化本是哲学概念，其含义是一事物产生的东西反过来与该事物相对立。这一用语现在也较为频繁地用于评价领域，用来表述、分析评价中的一些不良现象。那么，什么是评价异化呢？评价异化与科研异化关系紧密，要理解评价异化首先要分析科研异化。科研人员进行科研活动需要一定的条件，如课题资助、成果发表、水平认定、成果奖励等，这些本是科研活动的发展结果，用以帮助进行科研活动。倘若本末倒置以职称、金钱、荣誉等为目标而进行科研活动就可以称为科研异化。显然，反对科研异化主要就是提倡以科研自身为本，这也就是通常提倡的科研应探求真理、追求卓越、解决问题、造福社会。再看评价异化，无论是评价成果、人员还是评价机构、项目都需要某些工具、指标，如数量、经费、荣誉等，因为难以设想不借助这些工具、指标如何去区分评价对象的优劣高下，但若以这些工具、指标为标准去区分优劣高下那就倒向了评价异化。举例来说，写论文追求形式属于科研异化，评论文看重形式属于评价异化。

如何理解评价异化？要明确的是评价异化并非全是负面的、消极的，而是在一定程度上讲评价异化有其必然性、合理性。因为从逻辑上讲，如果事物 A 发展到事物 B（即 B 是 A 的产物），那么事物 B 就是事物 A 的新阶段。进言之，以 B 评价 A 就是合理的。因此，这里的关键在于分析 B 是否合理，以及在多大程度上是 A 的发展新阶段。所以，对具体的评价而言，理解评价异化的关键就在于深刻理解数量、经费、影响等指标与质量的关系。

（二）评价制度

评价制度，从评价程序上可以分为评价前、评价中和评价后制度，从内容上可以分为关于评价主体、关于评价客体、关于评价方法的制度。评价制度大体可分为两大类：一类是处理人与人之间的关系的，另一类是处理人与物之间的关系的。一般来说，前一类制度主要涉及评价的公平性，后一类制度主要涉及评价的效率。

第一，分类评价没有充分执行。评价客体不同评价特点也就会有所差异，成果评价的内容较为纯粹，项目评价具有过程性，机构评价综合性较强，人员评价有较大的弹性。四类客体如果用一样的评价标准与指标体系来评价显然不科学。而且，四类客体各自还有一定的内部差异，如不同的成果在研究类型、所属学科、成果形式等方面存在差异，对于这些不同的研究成果显然应予分类评价。机构、人员、项目评价自身也有一定的内部差异，评价时需要根据评价对象的具体特点，选择合适的评价指标与方法等。

评价客体是评价的核心要素，评价理应根据评价内容遴选评审专家，根据评价对象的特点，结合评价目的确定评价标准，最后确定评价指标和方法。如果评价客体没有很好地予以分类，那么要遴选出合适的评审专家无疑比较困难，也难以确定适合的评价标准、指标和方法。在我国当前的评价实践中，评价主体与评价客体的位置时有倒置，有时评价主体的地位过于突出，评价客体反倒被置于次要位置，似乎只要有高水平的评审专家就足够了。其中的问题在于没有弄明白并不是专家职称、声誉、地位越高，其评价水平就高，评价水平的高低是相对于评价客体、评价内容而言的。一个声誉卓著的专家在他/她的研究领域有一流的鉴别力，可以做出一流的评价，但是，有可能对别的领域却没有多少鉴别力。因此，分类评价没有充分执行的一大后果就是评价不够精细化，有时甚至"一刀切"。以评价方法而言，总的评价方法分为同行评议和文献计量两大类。一般来说，研究对象越具有客观性越适合采用文献计量。相比于学术价值评价，社会价值评价更适合采用文献计量；相比于人员评价，成果评价更适合采用文献计量；相比于人文学科评价，社会科学评价更适合采用文献计量。

第二，高校评价中行政权力和学术权力的关系没有完全理顺。人文社会科学评价本质上属于学术工作，但由于评价是在高校这一平台上展开的，而高校又具有一定的行政属性，这就使学术与行政的边界有时不易分清。学术与行政在本质上有差异，如果行政权力与学术权力关系处理不当，这一差异就有可能产生冲突。如相对而言，学术研究强调创新、探索，而行政管理则强调纪律、时效；人文社会科学研究尤其是人文学科研究功利性、营利性不太强，而行政管理必须考虑到成本、利益因素；学术研究相对重视探求真理，较少顾及现实的人的因素，而行政管理则更顾及现实的人的因素。这就表明，行政权力主导的评价和学术权力主导的评价在评价目的、标准上有不小的差异，因此，如果实际评价中行政权力过大，难免会改变评价的正常导向与做法。

要理顺行政权力与学术权力的关系需要付出艰苦的努力。因为就我国高校现状而言，大体来说，是行政权力主导，有些学术权力是由行政权力让渡或授权而来的，举例来说，学术委员会的意见很多时候要经过学校的党政联席会之类的会议讨论决定。此外，现在高校的评价工作颇为繁重，这就势必需要一些专门人员来从事业务性工作。换句话说，学术评价自身也会产生出一些类似行政管理性质的工作出来。这一分析说明，区分行政权力与学术权力的关键不在于机构的性质、人员的身份等，而在于工作自身的性质。当今高校学术委员会掌握了许多评价权力，是否因为其中有许多领导干部就不能称为真正的学术共同体？或是领导干部只占一小部分就可以称为真正的学术共同体？现在高校提倡教授治学，教授治学的真谛在于尊重科学与真理，在于将追求真理、追求卓越视作科学研究的职分。这其实是一种较为理想化的自律式文化管理，它所理解的人文社会科学研究人员可以称为"科学人"。但实际上一种文化的养成不可能一蹴而就，它需要科研人员对科学精神、科研制度和科研规范的长期实践与认同。而且不同人文社会科学研究人员的从业动机、理想、处境等差异较大，因而"科学人"假设有一定的理想成分，但人文社会科学研究需有求真求实的科学精神却是不错的。

第三，同行评议与文献计量没有实现良好结合。同行评议与文献计量的关系，不仅是评价技术问题，也是评价制度问题，它涉及评审专家在评价中的地位与作用。对于整体的评价方法，学界的基本共识是同行评议与文献计量相结合，但对于结合的理论基础是什么、如何结合还缺乏共识。在评价实践中，大量的人文社会科学评价采用的仍然是同行专家根据评价指标体系打分、量表赋值打分，这与比较理想的同行评议与文献计量相结合有一定距离。究其原因，很重要的一点是，只将两者视作两种差异较大、各有优缺点的方法，而没能把握两者的内在联系。

同行评议是一种直接评价方法，其天然的缺陷是具有较大的主观随意性，要克服这一点，就应将不可测度的评价内容转化成可以测度的评价指标，如将创新性、价值性等不可或难以测度的指标转化成可以测度的文献计量指标。因此，从这一角度说，文献计量是同行评议的发展，而不能简单地理解为另一种不同的评价方法。简言之，文献计量指标与同行评议指标类似于形式与内容的关系，文献计量指标是同行评议指标的形式化、具体化。同时，任何文献计量指标只能部分地反映同行评议指标，因此，文献计量之后还需同行评议。根据这一理解，同行评议与文献计量相结合应是文献计量基础上的同行评议，而不是两者简单的机械叠加。

第四，评价中的监督惩戒制度在执行上失之于软。在评价理念、评价制度和评价技术三个层面，制度起着承上启下的作用：理念要融入制度之中才能发挥长效，技术要以制度为保障才能充分发挥作用。当前，我国高校的人文社会科学评价制度可谓大体齐备，评价程序也比较严谨。然而，当前人文社会科学评价的质量仍然不能令人满意，与保障人文社会科学良好发展的要求还相差较大。个中缘由值得认真分析。我国高校的人文社会科学评价制度虽然大体齐备，然而，有的制度特别是监督惩戒制度没有严格执行，这会严重影响评价制度的正常运行和评价结果的公平公正。因此，要想解决评价问题，就必须发挥制度尤其是监督惩戒制度的作用，要确立对制度的信任与敬畏，任何人都不能凌驾于制度之上。

此外，还需要注意的是，制度只有扎根于科研人员的科研活动中，才算真正地建设起来了。制度若要真正起作用就不能是移植、嫁接来的，而必须是在自身的评价实践中逐步萌芽、培育、壮大起来的。毫无疑问，这绝不是说不可以借鉴别国的制度，而是借鉴引进之后还要消化吸收，要通过持久艰辛的评价实践来理解它、掌握它，否则，引进的制度就难以发挥作用。

（三）评价技术

与评价制度比较而言，评价技术侧重解决效率问题，评价制度侧重解决公平问题。这里所说的效率不仅指做事的快慢，还包括体现评价目的的准确性。在评价实践中，评价制度与评价技术总是结合在一起的，任何制度的落实都需要一定的技术，而任何技术也无不体现着制度设计。从联系评价方法来看，制度问题更多的是与同行评议相关，技术问题更多的是与文献计量相关。如果说同行评议是要在发挥同行专家的专业优势与规避专家的主观性之间寻求平衡，那么文献计量是要在指标的有效性与评价的成本之间寻求平衡。

当前高校人文社会科学评价技术还较薄弱，突出体现就是缺乏高质量的文献计量指标研发以及评价数据库建设相对薄弱。严格来说，研究人员数量、论文篇数、著作部数、课题数量、经费数量、获奖次数等都不能算是文献计量指标，这些只是源数据而已。如果以这些作为评价的重要指标，那么评价结果也必然是浅层次的。文献计量新指标研发是当前评价技术研究的重要前沿之一。文献计量指标与评价数据库联系紧密：没有准确翔实的数据来源，文献计量指标研发就无从谈起，而缺乏文献计量学的指导，数据库建设及利用就缺乏有力的指引。数据不是万能的，不是所有的人文社会科学研究信息都包括在数据之中；但数据十分重要，世界范围内对于使用文献计量指标进行评价虽然比较谨慎,但在研发上却很积极。我们既要大力加强研究成果、人员、机构、项目等评价对象的数据库建设,又要加强文献计量指标研发。

自SSCI开发出以来,越来越多的欧美国家尝试在人文社会科学评价中加大文献计量的分量。我国在2000年研制成功CSSCI以后,才有了比较科学规范的人文社会科学引文数据库。人文社会科学评价数据库中最基础的是评价客体数据库,如论文引文数据库、著作引文数据库等,没有较为完整的评价客体数据库,文献计量指标的科学性就会大打折扣。此外,还要加强评价主体数据库建设,没有专家数据库就难以实现高效的评价专家遴选、择优与淘汰。除了文献计量指标研发和评价数据库建设,网络评审也有待完善。网络评审在评审的效率与公平上都有较为明显的特点与优势,伴随着现代信息技术的迅猛发展,高校人文社会科学评价的进一步发展,必须借助现代信息技术。

第二章　发达国家人文社会科学科研评价体系及借鉴

发达国家的科研评价体系各有千秋，不同国家在科研评价中侧重不同的方面，从而体现出各自的特色。以在 SSCI、A&HCI 数据库中发表论文的数量较多的国别为依据，本章选取了美国、法国、荷兰、加拿大和澳大利亚等国进行分析，简要地介绍了这些国家科研评价体系的特点，以期为我国科研评价制度的改革形成有益的借鉴。

第一节　严谨的同行评议：美国的人文社会科学科研评价体系

美国是当今世界科研水平最发达的国家，其人文社会科学研究及成果在世界上有着很强的影响力，目前已经建立起了一整套较为成熟的同行评议制度，同时通过不断改善整体评价环境及评议条件，为实现同行评议的客观、公正和有效提供了保证。

同行评议是对科研成果进行评估的一种基本方法，是由科学家对其同行的研究工作进行客观、科学评议的一种制度，这种制度要求科学家在评议其同行的研究工作时，将学术价值作为最重要的评议标准，并且独立地做出判断，不受其他因素的干扰和影响。只有同行科学家，才最有资格也最有能力做出准确的判断，判断的依据是科学家的专业知识以及根据专业知识进行的逻辑推断。在同行评议的过程中，科学家遵循的是历史沿袭下同行评议的惯例以及科学规范，同行充分行使自己的权力，以维护科学的健康发展。只有通过同行评议的科学研究成果，才可以进入人类的知识宝库。

在美国，最早将同行评议用于科学研究是在19世纪40年代，史密森学会成立了顾问委员会对申请获得资助的计划书进行评价和推荐。第二次世界大战后，国家卫生研究所（National Institutes of Health，NIH）将同行评议用在研究补助金的分配问题上，是第二次世界大战后最早使用同行评议的机构。同行评议作为一项学术研究管理制度20世纪六七十年代在美国出现，在20世纪末盛行起来。北美学者非常认可同行评议，并努力完善这种制度。他们认为，非常有必要深入理解同行评议制度，并认为只有这样，才能保证评审过程的公平性和高效率。到目前为止，同行评议仍是得到最广泛认可和最通行的评价方法，同行评议在美国的人文社会科学科研评价中起到了重要的作用。

一　美国的同行评议阶段划分

在美国，对同行评议的研究可分为两个阶段：

第一阶段是从20世纪70年代末到80年代末，主要探讨学术成果的质量、产出、影响和用途等因素对专家评价的影响程度，旨在增加公共机构的可靠性和判断他们是否对特殊群体更有利，如政治、社会关系、机构位置等对评价公正性的影响。这一阶段对同行评议研究的结果是，美国学者发现，同行评议结果与科研产出（如在国际期刊发表论文的数量）相关性最大，与科研影响（如用学术期刊引文数量来衡量学术影响力）也有很大关系，进一步确认了同行评议制度的合理性。

第二阶段是从20世纪90年代至今，学者更关注同行评议的认知内容和同行评议在科研评价中的特点。人文社会科学研究的规范性、科学性、创新性和价值性是其学术评价的常用标准，其中创新性是评价的核心指标。普林斯顿大学的格茨科（Guetzkow）和哈佛大学的拉蒙特（Lamont）合作对人文社会科学领域的创新性认知内容做了调查，通过访谈了解了来自美国五个基金组织（美国学术团体协会、社会科学研究委员会、伍德·威尔逊全国联谊基金会、一家匿名学术协会和一家匿名社会科学研究基金委）的评审小组成员对创新性的理解，结果显示，同行评审者使用以下几个标准定义创新性：新路径、新理论、新方法、新数据、研究新主题、开拓研究领域和新发现等。人文学科倾向于以新路径作为创新性研究的判断依据。社会科学更注重方法的创新性，同时也注重其他类型的创新，强调对新颖的研究路径、理论和主题等进行原创性研究。

二 美国同行评议严谨性的体现

美国的同行评议发展到现阶段，已经不仅仅是作为一项制度被广泛应用，更代表的是一种深入人心的同行评议文化。

在美国，参与同行评议的学者都本着自觉自愿的态度，接受同行专家的评审时具有很强的主动性，公开接受各位专家同行的批评指正。因此，自愿性是美国同行评议的一大特点。学者将同行评议作为自己学术研究的一个重要部分，在投稿前，会公开自己的研究成果，请同行范围内的专家学者就成果的可行性、创新性进行评议，发现研究成果中出现的问题。随后，学者会客观地对待同行提出的意见和建议，在反复的斟酌和修改后，会将修改过的成果发送至同行手中进行二次评议。如果依旧存在问题，被评审者不仅不会感到失望，反而会继续客观地对待这些意见和建议。在学者眼中，在一次次的评审中发现问题并进行纠正的这个过程会使其研究成果的质量得到提升，正是由于美国这种源于历史、自发自愿的同行评议制度，才使同行的评议实实在在地在推高美国的科学研究水平。

在美国，同行评议要达到"求真"的标准，除了要保证同行评议的客观真实性，还要保证同行评议的"独立自主性"。"独立自主性"是保证"公平、公正"的重要因素。科学共同体在维护同行评议自主性中扮演着重要的角色，因为同行评议自主性的实现，有赖于科学共同体坚持科学的价值理念。科学社会学家发现，在适宜于保持科学自主性的社会里，专家学者对所评项目特有的坚持，从观察、研究、讨论到交流、评价等贯穿评议过程的始终，形成了所谓同行评议的规范结构。同行评议专家是一个科学共同体，在进行评议时，必须遵循科学自治原则，同行评议是体现科学自主性以及实现科学自治的重要方式。

第二章　发达国家人文社会科学科研评价体系及借鉴

多年以来，为什么在美国科学界中欺世盗名之事相对少见？美国人认为，这不是因为科学家拥有不同寻常的诚实品质，而是因为科学发现要经过同行专家的严格评审。因此，尽管科学家本人有可能是有感情的、谋求私利的，竭力想超过自己的竞争者，但公正的原则产生了强有力的规范。科学家如果要在专业上得到酬报，自己的发现必须经过同行专家评审。美国前国家科学基金会主任阿特金森（Atkinson）曾说："美国科学已经在国际性科学奖项中占支配地位，它所带来的科技革命影响了人类生活的每一个方面。美国科学制度中一个关键的因素就是同行评审。"[1]

美国的同行评议之所以受到国内外学者的追捧，是因为它最大限度地体现了同行评议的严谨性。一篇论文在发表之前，往往要经过课题组内部的评议、小型会议的评议、全国性乃至国际性会议的"评审"。这些"评审"不是被动的，而是作者主动要求进行的，作者通过参加课题组、全国性甚至国际性会议，不断宣讲研究成果，吸收来自各方面的意见。

在科研工作开始前以及研究过程中，在课题组内部，学者往往会进行无数次的探讨。探讨的内容一般包括：研究背景、研究的理论意义以及现实意义，最重要的是研究的创新点体现在哪些方面，作者会向课题组内部的同事问询自己所负责的部分有哪些不足，积极征求修改意见，补充改正。课题组成员不会顾及作者面子，无论是对相关领域的泰斗还是初出茅庐的学者，都会一视同仁，犀利且中肯地指出文章的不足之处，比如质疑文章中数据或者论断的来源是否真实，在评审过程中，赞扬几乎是不存在的，只有对研究成果不留情面地批判与质疑。一个有趣的现象是，有些同行专家在听完一轮又一轮的讲解之后，会对文章的每一个细节都有所掌握，有时甚至比作者本人对研究成果的理解都更为深刻。

---

[1] 王云娣：《OA 期刊十年：数量猛增　影响力有待提升》，《中国社会科学报》2014 第 315 期。Guetzkow, Joshua, "Michele Lamont and Gregoire Mallard, What is Originality in the Social Sciences and the Humanities?", *American Sociological Review*, 69, 2004, pp. 190–212.

在科研工作基本完成之后，专家学者会在各个相关的研究机构、大学召开专门的各级各类学术会议对科研成果进行多次讲解，会议的规模有时能达到100—200人，甚至更多。"讲解—采纳批评意见—修改"这一过程往往会循环往复多次，在吸收了不同的批评意见之后，论文的质量会有大幅度提高。这种近乎苛求的传统大幅度提高了研究成果的质量，这就不难理解为什么美国的同行评议制度会在世界范围内得到认可，同行评议制度为什么可以延续至今。在这种机制下，学科新知识、新发现得到同行专家的检验，能够真正判断其学术上的价值。

三 美国的同行评议对我国的借鉴意义

与我国科研人员不愿多交流的情况不同，美国的学者为了能够得到同行专家更多的"批评"，甚至会自费不远万里从美国东部来到西部，他们认为，只有得到更多的质疑，文章著作的水平才能有所提升。这种情况不是偶然事件，在美国学术界，越是有造诣的学者，越是能够虚心地听取各方意见，然后再根据实际情况一遍一遍地对自己的研究成果进行修改完善。而在我国出现的更多情况是，学者很少在出版前就将自己的研究成果公布于众，不愿意听取批评意见，唯恐露拙。文章发表一般是经历"投稿给专业期刊—审稿人审阅—决定发表与否"这样一个程序，缺乏多次听取同行意见的过程。这样，一些研究成果尽管公开发表了，也不一定能得到学术界的广泛认可。优秀的研究成果以及科学家一定要经得起各方质疑，缺少了严谨的同行评议，难以产生优秀的研究成果。基于对美国同行评议制度的认识，形成了可以供我国的以下几点：

第一，在科学共同体中形成主动接受同行评议的风气。与美国不同，我国学者主动接受同行评议的动力不足。一般来说，涉及项目申请等获取资助或审批的事项，学者会主动找同行来听取意见，而在项目结项报告、论文、著作写作过程以及完成之后，则很少有人主动找机会听取同行的意见和建议，这种情况与我国当前重项目申请、轻项目完成的科研管理制度有关。我国的同行评议在项目申请和成果完成等阶段显示出了不同的特征。因此，要在我国的科学共同体当中培育主动接受同行评议的风气,让同行评议在科研的每一个环节都发生作用,而不仅仅是在项目申请阶段。

第二,进一步增加同行评议过程的客观性。与美国不同,我国学者在同行评议过程中,一般多是讲正面评价,批评意见非常委婉,或者褒奖九成,批评一成,甚至有一些同行只讲优点,不提缺点,这样,难以让被评价人意识到成果中存在的问题。特别是一些涉及利益的同行评议活动,更是"看人说话""看关系说话",这种现象在一些项目结项评议和各级各类评奖中最为常见,使同行评议过程在很大程度上远离了客观性,导致了评价结果的不客观。因此,应该进一步研究我国的同行评议制度,增加同行评议过程以及结果的客观性。

第三,增加机构支持的科研交流与会议次数。我国学者不积极参加同行评议会议的原因,一方面是自身不愿意听取意见,或者听过的意见不中肯;另一方面是由于参加会议的成本较高,大部分会议要收取一定的会务费,再加上吃、住、行等其他费用,获得同行意见的成本较高。好在我国有一些资助科技会议的机构,如国家自然科学基金委,每年会资助一定数量的科技会议,得到资助的会议可以不收取会务费,降低了同行交流的成本。但这类资助目前还不是很多,大部分会议仍是依靠参会学者缴纳的会务费维持。因此建议,进一步增加学术会议的资助次数,降低交流成本,推动我国科研水平的提高。

第二节 公众与同行双标准:法国人文社会科学科研评价

西方国家普遍采用"同行评议"制度作为学术成果质量评审的主要手段,但是,这种制度在各国运用的广度、深度及运用方式等方面存在差异。在法国,政府部门对专家协会的同行评议控制很弱,对成果的评估不仅考虑其学术价值,也考虑其社会经济效益价值。法国这种松散的学术同行评议加上新闻媒体广泛参与的公众评价,形成了世界特有的"后组模式"。这种模式对专业协会或者专家在学术评价中的控制力很弱。这种模式在各个国家具有不同的运用，因而没有清晰的界限。法国的科研评价标准重点集中在雇用决策，对资助决策、同行评议过程等问题不太关注，在人文社会科学领域尤其突出。

一　法国的科研评价标准

法国科研评价不太关注控制性，而是更关注职业发展路径，即雇用评价。穆塞林（Musselin）描述了法国、德国和美国在聘用决策中的评价标准。认为法国的模式是市场驱动与非市场驱动的学术领域后组并存的模式。针对不同的评价对象，有不同的评价标准，对于一个需要具备地方行政或者教学能力的岗位，更看重应聘者是否具备参与行政任务的经验、是否具备与当地社区建立联系的能力、是否具有教学经验等，而不太关注科研能力。相反，如果需要招聘一名出色的研究人员，他们更强调是否发表过很好的论文、是否参加过国际会议等。[1] 市场逻辑在招聘这两类人员的过程中强调的侧重点是不一样的，评价杰出的研究人员要比评价地方行政人员及教学人员更倾向于市场逻辑。个人的社会关系对于地方行政职员来说更为重要。这些研究都指出了法国学术界职业生涯的多样性，这种多样性表现出一种片段化的、复杂的生态系统。在聘用"市民学者"和"杰出学者"之间应当灵活并形成协同效应，而不是把"市民学者"定义为知识传播者，"杰出学者"定义为知识创造者，把这两类学者都看成是具有各自不同的特定知识结构和知识传播功能。例如，"市民学者"关注的问题是社会问题，他们的观点可以出现在报纸、电视和网络上；而"杰出学者"进行学科导向的研究，并将研究成果发表在学术期刊上。因此，招聘方一般给"杰出学者"提供经费来帮助他们完成科研工作，而对"市民学者"采取帮助其开办网站、建设数据库、进行电视采访等方式进行援助，使他们可以更深入地融入其社区。在创造这种社区

---

[1] Musselin, C., "*The Role of Ideas in the Emergence of Convergent Higher Education Policies in Europe: The Case of France*", Minda de Gunzburg Center for European Studies, Harvard University, 2000；Musselin, C., "Les marchés du travail universitaires, comme économie de la qualité", *Revue Française De Sociologie*, 1996: 189 – 207.

知识方面,"市民学者"比"杰出学者"更有优势。①

正是由于这些原因,法国的专业协会远远没有达到有组织或者专业化的程度。以社会学为例,只是在 2004 年才创建了一个目标在于推进专业化和学科发展的专业协会。法国的专业和学科评价在集中性、标准化与合法性等方面非常具有局限性,而且当前被为了追求新思想而充满活力的公共市场强化了,这种情形充当着"正宗"科研成果的替代品,而使学术界有可能绕开严格的同行评议。②拉蒙特指出,像 Jacques Derrida 这样的人文社会科学家不是依靠出版专业的学术著作,而是通过向广大的普通读者出版书籍脱颖而出,通过获得媒体而不是获得同行专家的认可提高声誉。在研究民族志学的基础上,拉蒙特也观察到通过原创性评论或者电子出版物也是学者绕开同行专家、积累学术声誉和权威性的另一条途径。③这些研究证实了鲍登(Boudon)关于法国学术界的知识产品至少有两个市场的分析,一个是学术市场,另一个是媒体市场,这就形成了对同行评议的取代。④

这两类标准在对评价对象各有侧重的同时,学术评价标准对所有学者都具有影响力。例如,学术论文的发表或著作出版必须要经过同行评议,其一般操作方法是:无论刊物或出版社,在接受论文或著作之前,都先由编辑部有关人员初审,初审通过后,再送交至少两位同行专家评审,如果两篇评审报告意见产生分歧,还会送第三者再审,最后由编辑负责通知作者评议结果以及是否采用。如果是大学出版社考虑出版的学术书籍,则在通过这些评审之后,还要由教授组成的大

---

① Musselin, C., "The role of ideas in the emergence of convergent higher education policies in Europe: The case of France", Minda de Gunzburg Center for European Studies, Harvard University, 2000; Musselin, C., "Les marchés du travail universitaires, comme économie de la qualité", Revue Française De Sociologie, 1996: 189 – 207.

② Lamont, M., Mallard, G., Peer evaluation in the social sciences and the humanities compared: The United States, the United Kingdom and France, 2005.

③ Lamont, M., "How to Become a Dominant French Philosopher: The case of Jacques Derrida", American Journal of Sociology, 1987: 584 – 622.

④ Boudon, R. L., "Intellectuel et ses publics: Les Singularités Françaises", Français, qui êtes – vous, 1981: 465 – 480; Boudon R. Les Intellectuels et le second marché, Revue Européenne Des Sciences Sociales, 1990: 89 – 103.

学出版委员会讨论通过，最后再决定出版与否。申请学术项目资助，也同样经过"提交申请—资助机构预评—送交外审—外审结果返回资助机构—申请最终获得通过或被拒绝"这一流程。①

由此可见，双重的评价标准说明法国的学术体系是一个复杂的生态系统，不同的职业级学术岗位具有不同的要求。为了更好地促进这个生态系统的发展，科研管理者应当为不同的学者制定不同的目标，而不只是强调某一类学术研究，政府应该了解不同类型的研究人员需要的技能，创造竞争环境，让科研人员产出不同的科研成果并广泛传播。政府应该制定公平的政策来支持不同类型的学者，大多数学者都希望扩大他们的影响，政府应该运用新的评价标准进一步开发他们的潜力。②

二　法国的科研评估机构

法国的科研评价可以分为国会评价体系和科研机构内部评价体系。法国国会科技选择评价局和法国国家研究评价委员会具有官方性质，政府有关部门在整个评价活动中起主导作用。法国最高的评价机构国会科技选择评价局负责宏观调控和监管，其主要功能是：为政府选择正确的科学发展总规划提供论证，并对发展方向进行审查。其评价范围包括两院议长提交的有关国家科研发展方向的意见、议员和议会提出的有关人文社会科学发展的重大战略政策、政府拟采取的重大人文社会科学政策措施、关乎国家长远利益的发展战略等问题。③ 而国家研究评价委员会则是负责具体的评估活动，他们通过吸收同行专家参与评估活动，形成官方的权威评价。

如无特殊情况，国家研究评价委员会每两年进行一次小范围的评价，每四年对法国的科研形势以及法国科研中心6个学会47个学科和跨学科片进行一次全面评价，分析法国各学科研究现状及其在国内

---

① 黄长著、黄育馥：《国外人文社会科学政策与管理研究》，社会科学文献出版社2008年版。
② Lamont, M., Mallard, G., "Peer evaluation in the social sciences and the humanities compared": The United States, the United Kingdom and France, 2005.
③ 王兆祥：《法国财政科技投入及监督检查措施》2004年第10期。

外的发展前景。各研究机构负责人每四年要向国家研究评价委员会提交一份本研究单位的报告,其中包括对本研究单位的评价、研究课题的数量和完成质量、单位的未来规划等。评价结果的好坏会直接影响到今后科研经费的拨付,一些在评价中得分较低的单位,其科研经费将面临减少甚至被撤销的局面。而且,在平时的工作中,科研人员每年都要向所在学部提交一份详细的材料,汇报工作。国家研究评价委员会也负责对研究单位内部科研人员的考核,同对研究单位的考核一样,每两年一次中期考核,科研人员会提交一份科研工作报告,每四年一次总考核。国家研究评价委员会的评价结果将会决定科研人员的晋升,因此,科研人员对此十分重视。法国人文社会科学评价比较有特色的就是研究人员的个人表现和研究成果都由自己汇报,再由与考核无利害冲突的专家进行评价,所在单位对本单位的研究人员并不做评价,仅负责汇报单位的情况。在法国这种科研评价体制下,对研究单位和研究人员的评价在保留其自主性的同时,也做到了公平合理。①

法国 2006 年颁布了新的《科研计划法》,开始深化科研体制改革。在此计划支持下,法国成立了独立的评价机构——研究与高等教育评价署(Agence d'évaluation de la recherche et de l'enseignement supérieur),取代了过去的以科学、文化和职业为特点的公立机构的国家评价委员会(CNE)、国家研究委员会(CNER)和科学、技术与教学审查团(MSTP)等负责高等教育与研究的评价机构,将不同领域的单独评价机构融为一体。当前,法国的科研评价改革目标是建立单一、协调和透明的科研评价系统。研究与高等教育评价署采用国际标准,对高等教育机构和公共研究机构的研究活动进行评价,同时也对高等教育培训与文凭实施评价。②

研究与高等教育评价署负责对政府资助的所有科研计划和项目进行评价,并向社会公布评审结果。高等教育评价署由理事会、分部和评价委员会三个部门组成。理事会共有 25 名理事,由国内外知名教

---

① 李燕宁:《法国的人文社会科学研究》,《经济与社会发展》2006 年第 3 期。
② 王晓辉:《法国科研体制与当前改革》,《比较教育研究》2011 年第 5 期。

授、权威专家担任,每届任期四年,每两年更新一半人数。分部由三个部门构成:第一分部是负责大学机构评价的行政事务部;第二分部是负责评价科研单位的科研单位部;第三分部是负责教学和大学资格评价的教学和文凭部。① 研究与高等教育评价署的具体做法是:建立独立、公开、透明的评价程序,按照国际通用的标准,在完全独立于主管部门和评审对象的前提下开展同行评议,运用标准化方法,要求国际知名专家展开质量评价,根据公开标准并以事实为依据进行"透明评价"。②

三 法国的评价特点与启示

与世界其他国家相比,法国在以下四个方面具有明显的特点:

第一,遵从公众评价和同行评议两种标准。法国长期形成依靠媒体等方式吸引公众参与评价科研人员的传统,这种传统对科学研究的影响比较大,其作用甚至大于同行评议,不过,这种学术明星式的评价方式不免受到个人与出版社、媒体之间关系的影响而有失偏颇。

第二,纯粹的学术评价不受重视,人员聘用过程的评价备受关注。

第三,由于学术共同体地域上的分散性、同行之间的相互怀疑与轻视,导致同行评议的结果并不是被广泛认可。

第四,政府主导的科研评价体系的影响力日益扩大。为了解决科研水平下滑、科研队伍后继乏人的问题,法国政府开始了一系列科研改革,这些政府主导的科研评价与经费的发放密切相关,因此,其影响力日渐扩大,也推动了法国科研水平的提升。

经过对法国人文社会科学科研评价制度的分析,可以得到如下启示:

第一,需要建立权威的科研评价体系。权威的评价体系是正确引导科研方向、推动科研水平提升的有效手段。因此,需要按照国际标准,建立具有权威性的评价体系,引导学者专注于产出高质量的科研

---

① 江小平:《多视角下的法国人文与社会科学》,中国社会科学出版社2011年版。
② 邱举良:《法国大力改革和完善科技创新体系》,《国际科技动态》2007年第11期。

成果，以推动整体科研水平的提升。

第二，需要以学术标准展开科研评价。媒体评价容易产生在多领域随意发表见解而缺乏深度研究的伪"学术明星"，也会使学者难以潜心科研，反而倾向于精心谋划有助于自己频繁出现在公众视线中的关系网络，其产生的示范效应会导致整体科研质量下滑，国家创新能力下降。正如2014年诺贝尔经济学奖得主让·梯若尔指出的：好的经济学家忙于教学和研究，没有时间面对大众媒体，差的经济学家反而在做这些事情。[①] 因此，要建立以学术标准为核心的评价体系，引导学者以世界一流的标准展开科研工作。

第三，需要重视同行评议中的固有问题。同行评议中的外行评内行、学术水平参差不齐、学术门派之间的相互轻视等问题在世界范围内均有一定程度的存在。法国知名的学术期刊对法国学术界的影响力并不大，法国的学术协会也并没有严格的组织和制度，由这些学术共同体开展的同行评议的认可度也不高。所以，在科研评价制度过程中，一定要重视同行评议中的这些固有问题，采取有效措施，消解这些问题，配合大数据时代下的科学计量分析方法，展开客观公正的科研评价。

第四，完善评价制度，防止学术评价中行政权力的扩张。目前，我国仍存在"等级学术""审批学术"，学术评价不自觉地向行政靠拢，丧失学术的独立自主性，是导致学术评价"去学术化"的重要原因。这主要是由于我国人文社会科学评价机构欠缺独立性，评价活动体系和相应的制度并不健全。因此，可以借鉴法国保留研究单位和研究人员评价自主性的经验，从制度上保证我国人文社会科学评价机构的独立性，做到在资金和评审中执行的独立。建立评审专家信用考评体系，通过这种手段来保证评价的公平性和客观性，克服"本位主义""平衡法则""地区照顾"等行政逻辑的干扰，让真正的科研人员掌握评价决策权，防止行政权力在评审中的渗透、扩张。

---

① 钟心：《经济观察家：对话梯若尔》，http：//finance. people. com. cn/GB/1045/3290896. html，2014年10月12日。

第三节　评价与经费拨付无关：荷兰人文社会科学科研评价

目前，国际上较有影响的科研评价制度大致可分为三种模式：第一种是评价与科研经费没有直接的联系，典型代表是荷兰国家公共资金科研评价系统和德国科研基金会经费评价；第二种是与科研经费分配挂钩的科研评价模式，由评价结果决定科研经费的分配，主要体现在英国和澳大利亚的科研评价办法之中；第三种是混合模式，即同行评议和绩效指标被运用于对科研活动进行等级评定，然后再通过绩效基金对高质量的科学研究进行奖励，典型代表是新西兰基于绩效的科研基金分配办法和爱尔兰高等院校科研计划。[①]

艾尔文和马丁（Irvine and Martin）于1984年在《预见科学》一文中提出，对荷兰人文社会科学评价的探讨应主要集中在"前瞻性科学"上，认为科研成果的评价要符合科学发展趋势和未来社会的需要，因此他们提出，要将人文社会科学科研成果评价与社会的需求紧密地结合在一起，增加效益性评价维度。[②] 范（Van，1998）提出，需要引用先进的文献计量学方法作为同行评议法的补充来评价荷兰的科研成果，对使用同行评议评价人文社会科学带来的缺陷与局限进行全面论述，并从技术支持、引用范围、成本等多方面详细分析引用文献计量方法辅助人文社会科学评价的优势与可行性，还提出，文献计量法产生的结果与同行定性测度的结果具有极强的相关性。[③] 邱均平、吴建华（2007）指出，荷兰人文社会科学评价严格规范同行匿名评审

[①] 蔡琼、苏丽、丁宇：《从行政主导转向国家主导：我国科研评价制度的理性选择》，《科学学与科学技术管理》2009年第9期；Hildrun, K., Alexander, P., Johannes, S., "Research Evaluation., Part Ⅱ: Gender Effects of Evaluation: Are Men More Productive and More Cited Than Women?", *Scientometrics*, 2012, 93 (1), pp. 17 – 30.

[②] OECD, "The Evaluation of Scientific Research: Selected Experience", Paris, 1997.

[③] Van Raan, A. F., "Assessment of Social Sciences: The Use of Advanced Bibliometric Methods As a Necessary Complement of Peer Review", *Research Evaluation*, 1998, 7 (1), pp. 2 – 6.

制度，有利于形成一个开放、合理、健康的科研环境。① Van der Meulen 和 A. Rip（1995）提出，荷兰人文社会科学评估文化有两大特点：一是占据主导地位的评估是非正式、自下而上的；二是决策单位更喜欢将目光放在科研评估之后的科研发展战略决策上。因此，荷兰的人文社会科学评估文化产生了"拼凑系统"，他们提出，荷兰的科研评价要赋予高校一定的自主权，并分析这样做的优势与劣势，同时也要加强外部评审的问责制，荷兰顶尖的人文社会科学科研机构需要对评价实践进行更多的研究。② 刘蓉洁等（2009）分析了荷兰高校科研评估的特点，提出高校科研评价应该充分体现高校的个性，回归高校本身，尤其是在对指标进行量化分析时，不应该单纯地凭借绝对数量，还要结合科研组织的规模和内部实力进行综合分析。③

荷兰的科研评价是评价与资金分配无关的典型代表，在多个方面有着其独特性。而且，荷兰研究人员发表论文的相对引文影响力为1.10，名列世界第六。根据荷兰教科文部2002年的报告，荷兰的有关研究人员发表的论文相对引用率在全世界仅次于瑞士和美国，名列第三④，其后的十几年来也居于世界前列。荷兰的科研评价不仅提高了本国的科研水平，也促进了国际科研交流，为全人类的科研事业做出了杰出的贡献。

当前，我国的科研评价还存在许多问题，如重科研成果数量、轻质量，评价中普遍存在"重人情，讲关系"，流行"圈子文化"等不正常现象，这些问题严重影响着我国的科研成果质量。因此，需要借鉴荷兰等国科研评价的经验，改进我国的科研评价体系，推进我国人文社会科学评价朝着扎根原创、丰富人类知识库的方向发展。刘大椿（2011）认为，依据评价目的的不同，人文社会科学评价可分为学术

---

① 邱均平、吴建华：《人文社会科学研究评价之国际比较研究》（下），《山东社会科学》2007年第11期。

② Rip, A., Van der Meulen, B. J., "The Patchwork of the Dutch Evaluation System", *Research Evaluation*, 1995, 5 (1): 45–53.

③ 刘蓉洁、赵彩霞：《荷兰高校科研评估的特点及启示》，《世界教育信息》2009年第11期。

④ 王文俊：《荷兰增强国家创新能力的举措》，《全球科技经济瞭望》2004年第5期。

性评价、行政性评价和社会经济效益性评价三种基本类型。① 本章运用刘大椿的研究框架，从学术、行政和效益三个方面出发，对荷兰的人文社会科学科研评价体系进行梳理。

一 荷兰的学术性评价制度与方法

纯粹的学术性评价就是对科研成果的学术价值进行评价，学术价值是指研究成果在对某一社会现象及其本质、规律的认识与探索的过程中，对社会科学知识做出新的贡献。②

荷兰皇家艺术与科学院（KNAW）、荷兰大学协会（VSNU）和荷兰国家科学研究组织（NWO）是荷兰学术性评价的三个组织，它们于1994年联合发布的《公共科研机构标准评估协议（SEP）》规范了全国的研究机构以及研究人员的研究评价活动。荷兰皇家艺术与科学院成立于1808年，由自然科学与人文社会科学两个学部组成，其成员均由著名的科学家代表组成，保证其工作的专业性、权威性。人文社会科学部分为历史、语言文学、法律、哲学神学以及社会科学，其主要职能是评估科学研究的质量、促进国际国内学术交流与合作、为政府提供科学研究的咨询与建议等。荷兰大学协会负责对大学的教学和科研工作质量进行校外评估。荷兰国家科学研究组织成立于1988年，包括人文学科学部和社会科学学部等八个学部，其主要职能是促进科学研究的创新。这三个机构联合成立理事会，负责所辖范围内研究评价的总体规划与组织实施。每所大学、研究机构都必须参与评价，各单位上报自己的评价规划，评价每六年进行一次，除保密资料外，评价结果全部向社会公开。同时，荷兰也赋予高校进行自我内部评价的权力，使高校更加了解自己的科研状况，同时为外部评价做好准备。③

荷兰的人文社会科学学术性评价制度采用的是国家评价模式，根

---

① 刘大椿：《厘清学术性、行政性与社会经济效益性评价——人文社会科学评价活动的反思》，《苏州大学学报》（哲学社会科学版）2011年第2期。

② 同上。

③ 卜宪群、刘白驹、施雪华：《荷兰、英国科研管理组织的基本模式与特点——中国社会科学院赴荷兰、英国科研管理考察报告》，《社会科学管理与评论》2010年第2期。

据 1994 年颁布的《公共科研机构标准评估协议》，该模式的实施主要有三个目标：①按照国际上通用的评价要求来提高科研机构的研究质量；②改进科研的管理和领导；③问责相关研究机构、资助机构、政府和社会。① 荷兰的国家评价制度将视线集中在科研活动的前景上，重点是对未来的预测。荷兰学术的外部评价从机构或项目层次展开，评价制度规定所有的被评价机构或个人提供此前 6 年间与科研相关的自评文件，由独立的外部专家委员会根据 SEP 中的评价标准进行评价，与英国、法国、澳大利亚等国不同，荷兰最终的评价结果只是评出等级进行排名，鉴别出科研机构实力的强弱，并不把评价结果作为分配科研经费的依据。

荷兰学术性评价采用同行评议和科学计量相结合的方法。1993 年，随着荷兰大学协会和皇家艺术与科学院共同协商建立的第一个学科试点成立，荷兰的科研评价工作走上了同行评议之路。② 每个学科都由不同的委员会进行评估，每个委员会都由熟悉荷兰情况的 5—7 名该领域的专家组成。为了确保公正性，委员会成员主要来自国外，但评委会主席由荷兰人担任，基于主要语言是英语，评价结果是以英文形式发表。所有学科的评价不是同时进行，而是分阶段进行的，周期一般为 4—6 年。

评价委员会的专家会根据研究机构 6 年间的表现进行评价，参考研究机构提交的相关书面资料，如学术人员的情况、项目任务和研究计划、方案和主要成果的内容、所选的五个重点出版物以及其他可以说明质量和信誉的指标。荷兰的评价委员也会运用影响因子等指标进行文献计量分析，把分析所得的数据作为学术性评价的佐证。另外，该委员会还通过现场参观和采访项目领导人进行科研评价。评价委员会根据被评估机构在国际国内的地位、科研工作者在国际国内的学术

---

① （KNAW） Rnaoaa, S., Association of Universities in the Netherlands （VSNU）, Netherlands Organisation for Scientific Research （NWO）. Standard Evaluation Protocol （SEP）, 2014 年 10 月 12 日，https：//www.knaw.nl/en/about-us.

② Van Raan, A. F. J., *Handbook of Quantitative Studies of Science and Technology*, Elsevier, 2013.

影响力等评价指标，依照五级量表等级的价值判断标准做出评价。

二 荷兰的行政性评价制度与方法

"所谓行政性评价就是政府或者建制单位采用行政方式进行的科研成果评价，是以学术建制单位的发展为目标，对其人员与机构学术文献的评估。"[①] 荷兰人文社会科学研究主要集中在大学，因此，本书分析的建制单位主要集中在大学，主要陈述对荷兰大学研究人员的学术成果对其大学发展的贡献评价。荷兰高校内部一般会将科研管理机构，甚至会将自然科学与人文社会科学的评委会分开设置，这些机构承担着行政性评价的职能。[②]

行政性科研评价制度是荷兰高校内部评价的一部分，政府采取"保持距离的管理"原则，给予高校高度的自治权，使其可以在充分认识自己的基础上，根据自己的实际情况进行正确的评价与定位[③]，通过行政性评价促进高校科研水平的提高。在该制度下，高校内部的科研评价机构根据本校的研究成果评价基准，采用适当的方式对其进行评价。在荷兰，对高校教师科研活动进行评价不是为了选拔，而是为了强调评价工作对于教师科研活动的促进作用，实现科研工作者作为雇员的发展需求与学校作为雇主的发展目标的统一和融合。

行政性评价标准包括以下四个方面：一是科研成果的竞争力，即研究人员的研究成果能否增强本校在该领域中与其他高校相比时的竞争力；二是科研成果的荣誉性，即研究人员的研究成果能否提高高校在本国高校中的排名，科研成果能否为高校带来足够的声誉，能否为学校引进更优秀的研究人员；三是研究人员承担的课题或者项目的数量、级别，在同等高校中是否具有绝对优势；四是科研成果的经济性，即科研成果能否吸引更多的求学者、接纳更多的外部捐赠，为高

[①] 刘大椿：《厘清学术性、行政性与社会经济效益性评价——人文社会科学评价活动的反思》，《苏州大学学报》（哲学社会科学版）2011年第2期。

[②] Bornmann, L., "Measuring the societal impact of research", *EMBO Reports*, 2012, 13(8), pp. 673–676.

[③] 蔡琼、苏丽、丁宇：《从行政主导转向国家主导：我国科研评价制度的理性选择》，《科学学与科学技术管理》2009年第9期。

校创造经济效益等。

荷兰人文社会科学行政性评价的方式主要分为三种：首先是自我评价，即科研人员根据本校评价标准，撰写并提交一份自评报告；其次是同事评议，即高校内部的同行评议，管理部门将本人提交的科研成果交由本校该领域的其他同行进行评价，不同的学科有不同的评价指标；最后由高校负责科研评价的相关人员组成的评委会进行评价，根据评价标准并参考自我评价和同事评议的结果，将最终结果分为不满意、满意、良好、很好和优秀五个等级。[①]

三 荷兰的效益性评价制度与方法

随着社会经济的发展，迫切需要人文社会科学科研投入社会生产中，创造社会价值，提高经济效益，因此，科研评价越来越关注人文社会科学成果带来的收益，将社会效益和经济效益的大小纳入衡量人文社会科学科研成果价值的指标。

社会效益主要有两个方面的标准：一方面是研究工作所解决的社会问题，其中主要关注研究机构或者项目与利益相关者之间的互相影响，也可以看作对社会重大问题的贡献；另一方面是研究工作所产生的社会影响，评价焦点集中在研究是如何改变或者影响社会上特定的人群及其变化过程，如组织或者个体的行为方式的变化。

评价效益性证据的获得渠道是多方面的，来自有关利益者的调查、会议结论、各种影响分析、案例研究等。[②] 在荷兰，人文社会科学在进行经费申请的审查过程中就有一个社会价值的评估标准，对应用性研究预期其成果可以为哪些社会问题提供答案、能否为解决社会问题做出重要的贡献、是否可以应用在别的专业领域中。在成果评价中，同样也会采用五分制办法，对其经济效益和社会效益进行测评。

[①] 程接力、钟秉林：《阿姆斯特丹大学治理结构剖析及启示》，《国家教育行政学院学报》2013年第6期。

[②] 吴建华、谭春辉：《人文社会科学研究评价的国际经验研究》，《情报资料工作》2012年第3期。

四 荷兰的人文社会科学评价特点与启示

以上研究表明，荷兰是评价与科研经费不直接关联模式的典型代表，其人文社会科学成果评价起源较早，形成了一套较为完善的体系。荷兰的人文社会科学评价具有以下六个方面的特点：第一，制度化程度高。荷兰的科研评价是在全国范围内进行的活动，使用统一的标准和方法。第二，由专家组成的评价委员会代表的是高水平的外部评价，也是评价的基本形式。第三，评价过程以同行评议为主，同时辅以文献计量，定性与定量评价相结合。第四，研究成果的原创性、产生的社会影响、未来的可持续发展成为重要的评价标准。第五，将国际化水平作为参考标准，聘请国外相应领域的专家广泛参与评价。第六，荷兰高校对其研究人员评价的主要目的是促进研究人员的发展，而不是用于奖惩。

我国的人文社会科学评价与荷兰等发达国家相比，仍比较落后，有许多问题亟待解决。荷兰的人文社会科学评价工作制度化、国际化程度高，是由国家主导的评价模式，在全国使用统一适用于各个学科的评价标准，根据各方面不同的建议，做出适度的调整和修改，使评价越来越合理规范，对我国现阶段人文社会科学评价工作具有重要的借鉴意义。

第四节　有制约的同行评议：加拿大人文社会科学评审控制

以"知识创造，人才开发"为己任的加拿大人文社会科学研究委员会（The Social Sciences and Humanities Research Council of Canada，SSHRC），与自然科学与工程研究理事会（NSERC）、医学研究理事会（MRC）一起，构成了加拿大资助学术研究活动的三大重要基金。SSHRC引以为豪的科研项目评审制度，被认为是"最佳的实践和国际最高标准"。

加拿大非常重视人文社会科学的研究工作。哈佛大学著名学者艾伦（R. C. Allen）不但对轻视人文社会科学及其教育的传统观念提出挑战，而且主张加大对这一科学领域的教育投资，因为这样做，不但可以得到很高的投资回报率，而且关系到加拿大在 21 世纪的繁荣昌盛。在用成本效益法分析 1991—1996 年统计资料的基础上，艾伦发现，社会投资回报率较高的是社会科学和教育，分别为 9% 和 10.2%；其次是工程学和人文学科，分别为 7.9% 和 7.8%；最后是数学和自然科学，为 7.4%。也就是说，投资大学的社会科学和人文学科教育计划的收益甚至大于工程学科，是国家值得做的决策之一。[①] 因此，进入 21 世纪后，加拿大政府及学术界投入了大量的财力和人力对人文社会科学进行改革，使加拿大在人文社会科学研究领域一直处于领先，有着诸多值得其他国家借鉴的地方。

英国学者罗伯特·汉森（Robert Hanson）认为，SSHRC 是加拿大人文社会科学的主要资金来源，对人文社会科学的研究产生着重要影响。财政资金投入不足与资金申请数量巨大之间的矛盾，要求 SSHRC 必须进行科学严格的同行评审，把有限的资金使用到重要的科研项目上。[②] 张玉霞认为，20 世纪 90 年代以来，知识经济的发展对加拿大提出了挑战，加拿大高校通过各种改革措施，加强本校的科研实力，政府政策的支持和高校科研存在的问题是科研变革的动力，加拿大高校变革体现在科研资金来源的多元化、科研项目合作的国际化、科研人员参与的多样化和科研成果转化的市场化几个方面。[③] 秦麟征归纳出加拿大人文社会科学发展战略的六个新动向：政府加大战略性课题的投资力度，开展重大课题的跨学科研究和综合性研究，为北部地区研究注入新的活力，实施研究基础设施和网络化建设，设立新的研究

---

① Allen, R. C., Education and Technological Revolutions: The Role of the Social Sciences and the Humanities in the Knowledge Based Economy, 1999.

② Hanson, R., "Allocation and Evaluation: The Approach at the Social Sciences and Humanities Research Council of Canada", *Higher Education*, 1994, 28 (1), pp. 109 – 117.

③ 张玉霞：《新时代的加拿大高校科研变革研究》，《宿州教育学院学报》2014 年第 2 期。

席位以吸引高级人才，树立人文社会科学教育的未来形象。①

由文献可见，当前在国内外有很多专家学者对加拿大的人文社会科学学术评价进行了研究或者解读。研究内容主要集中在其形成的原因、制度、方法、存在的问题、改革进程和影响力等方面。针对加拿大人文社会科学科研评价的具体评价过程与方法的分析并不多见。本章从分析 SSHRC 的评价过程出发，重点介绍 SSHRC 的评价体系中的质量控制方法，为我国的人文社会科学科研评价提供借鉴。

一　加拿大的社会科学评审机构

加拿大的社会科学与人文基金会成立于 1977 年，全国范围的同行评议是基金会认为最有价值的评审方法，每年有 300—400 名［每年参评的专家数量本文做出了修订，《哲学社会科学学术成果评价方法的比较研究》一文认为，每年参加评审的专家数量是 4600 名，据 SSHRC 网站资料分析，每年来自国内外的专家数量应该是 300—400 名，4600 名有可能是当年被评审的申请书数量］。本土和外埠专家参与评审，评审 9000 份以上的申请书，6 个顾问委员会把握基金会的方向并设立研究指南。②

SSHRC 由联邦政府任命的委员会掌管，该委员会代表学术界、公共机构、私营部门的利益。SSHRC 由包括主席在内的 21 人组成的委员会掌管，这些人由总督任命，主席一般五年任期，承担首席执行官职能，委员会成员任期三年。主席和委员会成员均可连任。

委员会的理事会负责勾画 SSHRC 的方向，并确保加拿大科研资金分配和奖励计划符合加拿大的国家需要。委员会的理事会由三个部门组成：一是行政、治理和提名委员会；二是独立审计委员会；三是程序和质量委员会。行政、治理与提名委员会在各种会议上行使 SSHRC 管理委员会的管理权力，并负责战略性人力资源政策和监管，该委员会也对治理事项、委员会的组成和成员及其辖下委员会理事会

---

① 秦麟征：《加拿大人文社会科学的发展战略和发展动向》，《国外社会科学》2001 年第 3 期。

② 张慧颖、张卫滨、张颖春：《哲学社会科学学术成果评价方法的比较研究》，《理论与现代化》2007 年第 1 期。

提出建议；独立审计委员会为 SSHRC 主席在风险管理、内部控制以及治理框架和过程等方面提出建议，从这方面来说，独立审计委员会是以一种综合的、关注风险的和系统的方式监管 SSHRC 的管理、控制、责任和报告等核心领域；程序和质量委员会负责监察 SSHRC 的整体方案，从战略层面审查一系列程序以及和程序相关政策的优先顺序以及卓越性。

从组织结构及功能设计来看，这三个部门通过相互补充的职能设计，总体目标是保证评审质量，实现质量控制的目的。这三个部门从不同的角度执行监督功能，是 SSHRC 最高级别的质量控制，也体现了通过组织结构功能实现质量控制的特点。

评审委员会承担着最终向 SSHRC 提交与申请书质量有关拨款建议的责任，因此，这些委员会成员的选择最为重要。SSHRC 的专家选择过程相当复杂，涉及多重标准之间的平衡问题。比如，机构类型和大小、区域代表性、性别、语言能力、学科或专业的覆盖范围等。每年都会有一些最优秀的学者，他们非常愿意服务于评审委员会，但不得不被排除在外，只能担任外部评审人的角色。[①] 各个评审小组的负责人由项目官员根据过去的表现、声誉等指定。这些选拔出来的评审人自愿奉献他们的时间，协助 SSHRC 完成评审。也就是说，评审是义务劳动，但是，委员会会根据不同的情况给予少量的交通、食宿等补贴。他们是依靠个人的经验和专业知识加入到评审队伍中的，并不代表特定的机构。

每个评审员可以参加 SSHRC 一个或多个小组的评审。作为外部审查，通常是基于评价标准提供专业的书面评价，这种外部评价形成对该申请的总体评价。作为委员会成员，可以在评价标准的基础上，提出自己评审的每项申请的优点，并利用 SSHRC 提供预先建立的评分系统为每项申请打分，委员会成员还要参与整个委员会的会评过程。委员会成员为一组申请按照学术标准进行打分，并且为 SSHRC

[①] Panel Aibr, Promoting Excellence in Research: Report To The Council of The Social Sciences and Humanities Research Council of Canada, 2008.

提供资助与否的建议。委员会主席的责任是保证该委员会工作的公平性、彻底性和完整性，同时确保SSHRC的政策和程序得到遵守。

二 加拿大科研评审过程中的观察员制度

加拿大人文社会科学评审过程中的观察员制度是一项非常独特的制度，是保证评审质量的重要制度。在SSHRC中，观察员制度是科研经费评价审批制度体系中一项有意义的创举。这些观察员在评审会议中现场监督同行评议、确保并提高评审质量。

观察员是从那些具有丰富经验并且参加过多次评审的学者中选拔产生，他们大多数在国家自然基金会、社会和文化（FQRSC）基金研究会及其他机构工作过。这种没有报酬的志愿活动要求是相当高的，要求在渥太华参加为期一周的委员会会议，会议期间，观察员只是静静地观察委员会的日常工作，观察员非常乐于做这项工作。他们相信正是由于这项工作，才使评审委员会的运作以及同行评议的过程取得进步。

观察员的工作有条不紊地进行着。有经验的资深观察员撰写了工作指南，指导新加入的观察员展开工作。他们在晚餐时间和SSHRC管理人员交流，向他们指出需要注意的问题。这些观察员常常在每天早餐及午餐时间讨论他们遇到的普遍问题，分享他们在不同的评审小组中发现的问题，他们一起共同完成最后的报告。这种观察员之间密集的交流使所有人都很快能掌握工作要领，即使是新手也能够很快适应工作。

观察员在每年1月和12月的会议上，由委员会主席在委员会会议召开之前简要地介绍给大家。他们一般不发言，也不参与委员会各评审小组的讨论，只是在喝咖啡的休息时间和委员会成员自由交流，所有人都理解他们的工作，因此，他们的监督工作也不会引起大家的不适。

这种工作就像一面旗帜，目的是使SSHRC更为公平。如果真的存在明显的问题，需要及时纠正的话，这些观察员会提醒管理人员，及时让他们改进工作，这样，要比仅仅把存在的问题写进报告中好得多。SSHRC的高级官员认为，这种观察员制度意义重大，观察员尽职尽责，他们的建议对 SSHRC 各级官员的认识和处理问题的方法产生了非常有利的影响。

三　加拿大人文社会科学评审中的申诉制度

加拿大人文社会科学评审过程中有明确的申诉环节，申诉环节为整个质量控制体系提供了纠错的机会。申诉的处理结果是最终结果，不得再申诉。

SSHRC 致力于其评审过程的完整性。申诉作为评审过程的一部分，给申请人提供了对未被资助的项目进行重新审查的机会。但前提是申诉只能由申请人提出，必须要有足够的证据表明评审过程存在瑕疵，并且这个瑕疵产生了对申请资助与否的负面影响。

偏离 SSHRC 的政策和程序的瑕疵包括三个方面：一是没有申明的利益冲突关系；二是 SSHRC 工作人员给评委会提供了错误的信息；三是评价委员会不推荐资助的依据和申请人在申请表中所填写的申请信息相悖。存在这三个方面的瑕疵是提请申诉的前提，否则申诉不会被受理，即使基于类似的理由提出申诉，也不会被受理。

SSHRC 不接受以下六种情况的申诉：一是由 SSHRC 做出的涉及资格的决定；二是对审判委员会委员和/或评估人员之间的学术观点的差异；三是对审判委员会委员和/或评估人员对事实的分析和解释的不认同；四是外部评价的数量；五是评价委员会的结构；六是资助的额度。

四　加拿大人文社会科学评价的特点与启示

研究发现，加拿大人文社会科学研究委员会具有完整详尽的评审制度，并且在不断完善。该评价体系在每个环节都具备有效的质量控制措施，可以称为有制约的同行评议制度。

第一，在组织结构框架设计方面，设计了行政、治理与提名委员会，独立审计委员会以及程序和质量委员会，三个部门相互补充，分别从人员、内控和程序等方面进行全面监管。

第二，在评审人选拔阶段，充分考虑了机构类型、机构的规模、区域代表性、性别、语言能力和学科分布等因素，严格控制专家团队的质量。

第三，在评审过程中，通过初步评审、会议评审、项目官员监管等环节，保证了程序上的公正性，特别是观察员制度的运用，是评审制度的一项创造性制度，观察员制度可以有效地纠正评审过程中的错误与缺陷，使评审制度更加完善。

第四，明确的申诉环节，使申请人可以通过"最终的权利"对自己的申请材料进行辩护，这也是加拿大人文社会科学研究委员会评价体系中一项重要的质量控制制度。

加拿大属于联邦国家，各个州政府虽然有着各自的科研机构，但其科研评价标准却是全国统一的，这就有利于促进本国人文社会科学评价的发展。与我国的国家社会科学基金等评审制度比较之后，可以得到以下启示：

第一，从制度框架设计上，充分体现质量控制特征。我国的各级各类人文社会科学评价机构都具有类似的制度设计。例如，国家社会科学基金评审通过资格初审、匿名通信评审，然后再进入会议评审等过程，保证了评审的质量，通过了会议评审的项目，才能得到资助。各省、市也建立了大同小异的评审制度，但从总体制度框架设计上，体现质量控制的制度设计并没有非常明确的规定，在实际执行的过程中，不同的项目评审不尽相同，制度设计带来的缺陷时有暴露。一些项目评审中，"外行评内行""学术圈子"的力量不容忽视，"行政本位""官本位"等现象时有发生，导致真正有价值的项目不一定获得资助，科研人员对项目评审，特别是各类评奖的公信力持怀疑态度。因此，需要进一步加强制度建设，更加细化回避、监督等制度，确保评审质量的公信力。

第二，专家选拔应体现多种特征，真正把"小同行"选出来。在我国，如国家社会科学基金、教育部人文社会科学基金等高级别的项目评审比较规范。但是，在一些其他项目评审中，还存在专家数据库建设不够完善，评审专家选拔过程不够透明，评审机构难以找到合适的评审人，非常少量的评审人要评价大量成果，而且很多成果并非自己熟悉的领域，难以找到真正的"小同行"来评价科研成果等问题，因此导致评价结果不准确，项目评审的公信力受到质疑。

第三，评审过程可以设计得更加科学合理。我国国家社会科学基金等高级别的科研新项目具有相对完备的评审流程，评审结果也被学术研究人员所认可。而一些级别比较低的项目评审，随意性比较大，常常要求评审专家在半天内从大量的申请书中选择出值得资助的项目，加之受人情关系的影响，难以做到真正按照学术准则去评审项目。因此，需要统一规范评审规则和流程，使评审更加科学合理、客观公正。

第四，建立具有纠偏功能的"观察员制度"。观察员制度是加拿大项目评审中的一项创造性的制度设计。通过观察员的长期工作，可以不断发现制度设计的缺陷，持续完善制度设计。在时间上可以当场"纠偏"，对一些明显的问题通过观察员与评审人当时的交流就可以解决，使评审质量进一步提高。我国官方组织的学术评审还没有明确的"观察员制度"，虽然不乏监督机制，但大部分在时间上采用行政监督方法，而不是专家纠偏的方法。因此，监督工作能够发现的问题只能是程序或者形式上的，难以达到以专业的素养来审视整个评审过程的深度。因此，在一些重要的人文社会科学项目评审或评奖过程中，可以试点采用这种观察员制度，以纠正评审形式、内容等方面的错误。

第五，设计申诉环节。我国的大部分项目评审都没有申诉环节。被评审人对自己的学术作品没有任何发言权，一旦提交上去，只能按照评审专家和组织机构的结论来决定自己作品的命运，而评审过程和专家组成存在的潜在问题导致"误评"的可能性在一定程度上存在。因此，有必要设置申诉环节，避免一些真正的好作品受到不公正的评价。

第五节 评价结果决定财政拨款：澳大利亚人文社会科学科研评价体系

澳大利亚的社会科学起步较晚，但发展很快。除人类学和经济学在 19 世纪就具有了一定影响之外，其他学科基本上是在第二次世界大战后逐步发展起来的。澳大利亚政府对人文社会科学的研究非常重视,1990年,澳大利亚科学、技术和工程理事会在提交的一份报告中表明,澳大利亚与法国、德国、日本、荷兰、英国和美国比较,其他国家的政府对人文社会科学的资助总额仅为澳大利亚的一半[①],这足以证明澳大利亚政府对人文社会科学的重视程度。在强化资助的同时,澳大利亚坚持使用具有国际先进水准的学术评价模型进行不同目的的科研评价,如全国排名模型、研究经费模型和基于公平、问责制和鼓励的资金评估混合模型等。在此基础上开展的小同行评议、各权威机构之间的科研合作、科研质量研究框架、科研基金分配办法等都在国际上产生了重要影响。澳大利亚在对人文社会科学科研成果评价后,根据评价结果分配经费,形成了科研质量低劣的科研机构淘汰机制。

莫德(H. F. Moed)研究了20世纪80年代和90年代初期澳大利亚学术研究的外部资金状况,关注了促使学术研究外部资金的规模增加的因素,着重研究了科研评价中文献计量学指标对学术评价结果的影响。[②] 刘霓研究了澳大利亚人文社会科学发展的历史进程,说明了人文社会科学在现实中的重要性及澳大利亚政府对人文社会科学的重视和大力推进。[③] 顾丽娜等针对澳大利亚科研评价体系的研究表明,澳大利亚的科研评价体系首先因学科性质而异,其次坚持定量和定性评价相结合,因此,比较科学和公正,对我国大学的教学与科研评价具有一定的借鉴和指导意义。[④]

一 澳大利亚人文社会科学学术性评价

澳大利亚人文社会科学科研评价的最高机构是澳大利亚社会科学

---

① 刘霓:《澳大利亚社会科学研究——回顾与前瞻》,《国外社会科学》2000年第4期。

② Moed, H. F., Luwel, M., Houben, J. A., "Lynnetwwwdagriorglynnet, The Effects of Changes in the Funding Structure of the Flemish Universities on Their Research Capacity, Productivity and Impact During the 1980's and Early 1990's", *Scientometrics*, 1998, 43 (2), pp. 231 – 255.

③ 刘霓:《澳大利亚社会科学研究——回顾与前瞻》,《国外社会科学》2000年第4期。

④ 顾丽娜、陆根书:《澳大利亚科研评价体系介绍》,《理工高教研究》2006年第25期。

院（Academy of the Social Sciences in Australia，ASSA），澳大利亚社会科学院创立于1971年，其前身是成立于1942年的澳大利亚社会科学研究委员会（Social Science Research Council of Australia）。[①] ASSA和澳大利亚科学院（AAS）、澳大利亚人文学科院（AAH）、澳大利亚法律科学院（AAL）和澳大利亚技术科学与工程院（ATSE）并列为澳大利亚五大国家科学院。[②] 这些机构的成员大多数都是有威望且得到国际赞誉的专家和学者。在负责评价工作的同时也促进了澳大利亚人文社会科学与经济的发展，维持人文社会科学研究基金会，管理澳大利亚人文社会科学参与经济方面的事务。

澳洲国立大学科研评价与政策项目组（The Research Evaluation and Policy Project，REPP）是澳大利亚权威性的学术评价中心和领先的定量分析研究中心，科研绩效和学术研究结构的定量分析是其研究的焦点领域。REPP系统分析评估各学科领域的科研水平，对澳大利亚高校的研究和科研实力进行评估并向政府提交政策建议。自1991年以来，它利用SCI和SSCI数据对澳大利亚高校做出评估，最大限度地、公正地表现了澳大利亚各高校科研状况，具有广泛的国际影响力。REPP的建立预示着文献计量评价指标将从使用实践上升到理论反思的阶段。其同行评审过程包括如下特点：①同行领域专家在确立选择标准的基础上，利用定性及定量指标对被评价学术论著进行评价，评价的主要维度包括科学性、价值性、学术规范性、科学创新程度等方面；②通过交流判断出科研等级或者写出评语；③对科学论著进行引证分析，主要是根据人文社会科学领域的专家在期刊上发表的各种文献著作和期刊等级，如定期期刊论文、专论、会议文献、专利等；④评审过程中尽量避免利益的冲突，并确保冲突管理的透明性；⑤科研评价结果向所有高校和相关网站公布；⑥大众对评审结果如有疑问，专家应给大众提供答疑解惑的机会。

[①] ASSA, The Academy of the Social Sciences in Australia（ASSA），2014，http://www.assa.edu.au/about.

[②] ASSA, Associated Organiszations of ASSA, 2014, http://www.assa.edu.au/about/organisations.

澳大利亚政府对科研事业始终进行大力资助。澳总理约翰·霍华德 2004 年 5 月号召澳大利亚政府建立科研质量框架（RQF）制度。[①] RQF 制度是科研质量评估和准入制度，是澳大利亚人文社会科学发展战略规划的重要部分，用于提升本国科研的创造力。自 RQF 制度建立起就被澳大利亚所有科研组织接纳和采用，"澳大利亚政府对 RQF 制度的拨款也从 30 亿澳元增加到 53 亿澳元"。[②] RQF 制度分为成果质量框架、经费分配框架和科研影响指标框架三部分。成果质量框架用于规范学术性评价；经费分配框架用于规范行政性评价；科研影响指标框架则用于规范效益性评价。

RQF 成果质量框架的倡导者为了对学术性评价形成统一规范，成立了人文社会科学专业学术评价小组，按照国际标准分五级对人文社会科学研究质量进行等级划分：一级是指科研产出的质量无法达到被认可的平均水准；二级是指科研产出达到了该学科领域的专业水准，具有独到的研究方式，在创新性、关键性、缜密性等方面达到了较高水准；三级是指科研产出在创新性、关键性、缜密性等方面达到了国际基本水准，但与最高水准仍有不小的距离；四级是指科研产出在创新性、关键性、缜密性等方面达到了国际先进水准，并且对国家重点科研领域做出了明显的贡献；五级是指科研产出在创新性、关键性、缜密性等方面达到了世界领先水准，并且对国家重点科研领域做出了突出贡献。[③] REPP 按照 RQF 成果质量框架的质量标准进行鉴定，并给出分数和等级。根据研究质量得分划分等级，澳大利亚政府基本上可以对研究型大学或研究机构的科研力量，做出更准确的判断。[④] 关于科研质量的评分，RQF 成果质量框架中确定人文社会科学学术质量的最重要指标之一是基于刊物数据库的引文分析。如澳大利亚医学科学家研究所（AIMS）、国家健康和医学研究理事会（NHMRC）和 ARC 使用的都是美国科学信息研究所的科学引文索引（SCI）、社会

---

① 丁宇、黄艳霞：《新世纪澳大利亚 RQF 制度述评》，《大学教育科学》2008 年第 2 期。
② 同上。
③ 同上。
④ 同上。

科学引文索引（SSCI）和艺术与人文学科引文索引（AHCI），而最常用的引文指标是单一或系列出版物的被引量、被引频次最高的论文和刊物影响因子。[①]

二 澳大利亚人文社会科学行政性评价

随着全球化进程的加快，各个高校之间进行激烈的学术水平、学术资助、学术资源等竞争，政府部门需要通过评价系统来评价学术机构，使公共资源更有效地配置。因此，从学术研究的行政性评价中脱颖而出，也更加突出了学术资源分配的公正性需要。

在澳大利亚，人文社会科学行政性评价主要是运用以评定级的方法。目前，以评定级已经成为用于颁发科学奖项、发表论文、授予学历学位、评定职称、发放科研经费等的主要方式。为此，澳大利亚研究理事会（ARC）单独设立了一个 ARC 专家组，它的成员由从高等院校和公共部门的研究机构挑选出的具有国际地位的专家组成，并直接对 ARC 负责。该评级方法的步骤是：澳大利亚科研机构的研究人员向 ARC 专家组提交待评科研成果；由专家组主持并通过海外合作机构的参与，利用 ARC 的拨款进行评价工作。评价结果也以分级的形式体现出来，被评价的高校和研究人员享有不同等级的国家投入和待遇，如成果命名和学者终身制都是一些比较高的荣誉。

"行政性评价包括高校学术评价、高校名次竞选、评选博士学位点、构建学术基地等。行政性评价对建制发展具有直接影响，近年来轰轰烈烈的高校排名的背后是激烈的高校生源与经费之争。"[②] 因此，ARC 专家组参考 RQF 经费分配框架，将评估的结果作为向大学和研究机构分配经费的依据，以达到优胜劣汰，更有效地利用宝贵的科研经费，节约国家资源，并确保高质量的研究活动有更充足的资金支持的目的。[③] 相较于澳大利亚过去的做法，那种在大学和研究机构对内部研究人员的绩效考核只是为了奖勤罚懒，RQF 经费分配框架体现出

[①] 刘霓：《澳大利亚社会科学研究——回顾与前瞻》，《国外社会科学》2000 年第 4 期。

[②] 刘大椿：《厘清学术性、行政性与社会经济效益性评价——人文社会科学评价活动的反思》，《苏州大学学报》（哲学社会科学版）2011 年第 2 期。

[③] 丁宇、黄艳霞：《新世纪澳大利亚 RQF 制度述评》，《大学教育科学》2008 年第 2 期。

了更高的价值取向，这种系统使全国的科研机构在统一的标准下接受评价，并根据评价结果分配经费，形成了科研质量低劣的科研机构的淘汰机制，鼓励产出高水平的科研成果。ARC 专家组的行政性评估中，采用了 RQF 经费分配框架中给出的一系列指标，如在自然科学领域中使用的引文指标，以及基于代表作制度的人文社会科学同行评议，由大学提供所有符合资格的研究人员及他们的代表作以供评价。ARC 专家组还常常用到数据挖掘评价，也就是从大型科研数据库中提取有用的信息，对科研机构的人员及其成果进行评估，给出适合的经费分配等级。ARC 专家组还定期就评估指标与科研界进行密切切磋，这种方式使足以确保每个评价指标都是适当且必要的，能够明确经费分配等级，并最大限度地减少政府的干预和科研负担，并确保科研成果在既定时代背景下形成强大的影响。

卓越科研（ERA）计划是澳大利亚研究理事会（ARC）2008 年之后推出的科研评价体系，目的是推动澳大利亚人文社会科学高校科研的精益求精，缓和外部评估和进行公正的课题经费分配。[1] 澳大利亚人文社会科学的研究人员 60% 以上集中在大学，企业研究人员略多于 20%，而研究人员在政府机关的比例不到 10%。[2] 对此，ARC 专家组提供了衡量大学科研业绩的评估方案。方案将衡量业绩的指标分为两种：一是高校人文社会科学科研人员的研究收入和获得的课题经费，它们可以间接地解释为一种竞争之下的业绩衡量标准；二是人文社会科学学位的授予情况，这是高校人文社会科学学术能力的直接体现。[3]

三 澳大利亚人文社会科学效益性评价

澳大利亚科学研究所提倡的应用价值在 20 世纪开始得到彰显，并逐渐使人文社会科学研究成为影响社会经济快速发展的重要力量。

---

[1] Vanclay, J. K., "An Evaluation of the Australian Research Council's Journal Ranking", *Journal of Informetrics*, 2011, 5 (2), pp. 265–274.

[2] 丁宇、黄艳霞：《新世纪澳大利亚 RQF 制度述评》，《大学教育科学》2008 年第 2 期。

[3] Kwok, J. T., "Impact of ERA Research Assessment on University Behaviour and Their Staff", *NTEU National Policy and Research Unit Retrieved May*, 2013, 27.

效益性评价是伴随着人文社会科学与现实应用越来越紧密的关联应运而生的。[1]

澳大利亚人文社会科学经济效益性评价流程为：①由人文学科院和社会科学院选拔科研团队；②准备科研评价材料；③科研团队分组评价人文社会科学科研成果的经济效益与影响；④按照科研质量框架给出的A、B、C、D、E五等划分科研成果经济影响等级；⑤将经济效益评价结果向澳大利亚全社会公布。显而易见，澳大利亚人文社会科学经济效益评价由国家全面主导，它将人文社会科学科研成果转化成一种价值追求，代表着国际上效益性评价发展的一种新形势。[2]

科研质量框架中的效益性评价等级分为五等：E等为难以界定被评价的人文社会科学科研成果带来的经济与社会影响；D等为被评价的人文社会科学科研成果带来了一定程度的经济社会影响，但变化不大；C等为被评价的人文社会科学科研成果促使人们的环境和生活发生了转变，带来了很大程度的经济和社会影响；B等为被评价的人文社会科学科研成果给人们的环境和生活带来了明显的转变，产生了非常多的经济和社会效益，包括随处可见的产品和科技革新；A等为被评价的人文社会科学科研成果带来了非常明显的社会和经济效益，人们的生活和环境产生突飞猛进的变革。[3]

在学术研究的社会评价方面，澳大利亚采用了很多指标，包括产业化的收入、孵化产业公司数、用户满意度、国际合作项目数、合作机构数量、作者合著及合作申请专利的次数、获得横向资金的数量、人力和资本支出、政策提案、专家委员会成员资格及发言邀请、培养

---

[1] 丁宇、黄艳霞：《新世纪澳大利亚RQF制度述评》，《大学教育科学》2008年第2期。
Vanclay, J. K., Bornmann, L., "Metrics to Evaluate Research Performance in Academic Institutions: A Critique of ERA 2010 as Applied in Forestry and the Indirect H_2 Index as a Possible Alternative", *Scientometrics*, 2012, 91 (3), pp. 751–771.

[2] 丁宇、黄艳霞：《新世纪澳大利亚RQF制度述评》，《大学教育科学》2008年第2期。

[3] 同上。

的研究生数量、博士后数量、参与合作研究项目成员数等。①ARC依照RQF及ERA提供的三个指标对人文社会科学社会效益进行衡量：①所评价内容的社会化行为或技术转移程度；②所评价内容提出来的社会政策建议，或带来的实际社会影响；③社会对所评价内容的认知程度以及该内容所引发的社会态度的改变。除此之外，科研质量框架还规定，科研成果对经济做出直接贡献的评价要素有四个：①在政策分析上，研究人员能够针对经济发展中存在的问题提出具有参考性的政策建议和分析；②在新技术的产生和应用层面上，研究人员能够研究出新技术，并对新技术进行传播和应用；③研究人员能够分析制约经济的因素，分析经济发展中存在的利弊，并针对经济创新提出创造性问题；④研究人员能够总结新观点，对经济中的政策失败进行专家级的分析，并提出可行性建议。②

这些效益性评价指标，一方面，推动了澳大利亚人文社会科学研究与经济、社会建设结合得越来越紧密，体现了科学研究的经济价值以及社会价值；另一方面，追求效益的思路也限制了学术研究需要自由探索的本质特征，破坏了基于"好奇心"的自然生长土壤，在一定程度上影响了学术研究的进步。

四 澳大利亚人文社会科学科研评价特点与启示

通过研究可见，澳大利亚的人文社会科学科研评价具有以下特点：

第一，由政府主导并实施的特征，在政府对学术研究的影响力、控制力、引导力等方面具有绝对的影响力；

第二，注重科研成果的效益评价，政府的财政拨款由科研评价结果决定；

第三，采用统一标准、同一平台评价全国的科研成果，使质量低劣的成果难以生存，形成了全国范围内的科研竞赛氛围，推动了科研

---

① 朱少强：《国外科学研究计量评价的研究进展》，《重庆大学学报》（社会科学版）2008年第2期。

② 丁宇、黄艳霞：《新世纪澳大利亚RQF制度述评》，《大学教育科学》2008年第2期。

质量的提升；

第四，人文社会科学评价注重代表作，体现了人文社会科学科研的特点；

第五，采用同行评议和文献计量相结合的评价方法，有效地避免了评价中可能出现的偏差。

澳大利亚的科研评价在世界范围内具有独特性，这种独特性推动着澳大利亚人文社会科学科研水平的进步，解决了科研质量下滑的问题，值得其他国家借鉴。特别是澳大利亚建立的全国统一评价制度，在全国范围内使用统一标准与评价平台进行全国性评价的方法，对于解决当前我国不同层次的高校、不同地区常常采用不同的评价标准进行科研评价，给质量低劣的科研成果留下生存空间的问题具有极其重要的借鉴意义。当前，我国在科研成果数量多、质量不高、科研风气需要扭转的情况下，可以借鉴澳大利亚的做法，采用规范、科学的全国统一的科研评价制度，通过改革科研评价制度，推动我国的科研成果质量的提高。同时也应该注意到，过度强调学术研究的效益性，可能会扼杀以兴趣引导、自由探索为特征的学术研究的天性，对学术研究活动产生不利的影响。

第三章 人文社会科学各学科特点及分类评价

　　人文社会科学以人和人类社会为研究对象，以探索、揭示人的本质和人类社会发展规律为目的，是提升国家和民族的思维能力、理论水准、精神素养和文明进程的特殊学科。与自然科学相比，它具有典型的人文特质和社会品性：既具有客观性，又具有主观性；既具有事实性，又具有价值性；既具有真理性，又具有功利性；既具有普遍性，又具有特殊性；既具有必然性，又具有偶然性；既具有理论性，又具有规范性；等等。可以说，综合性是其最根本的特性。因而，人文社会科学研究具有相对的不确定性，其存在的原因极为复杂，既有主观的人为因素，如社会语境的变化造成人文社会科学学科体系的不确定性；也存在人文社会科学学科本身的不确定性，特别是在当前"知识爆炸""信息爆炸"的情形下，新兴学科、交叉学科和横断学科不断出现，产生了学科不断分化，又不断整合的发展趋势；学科分界流动性日益增强，不同学科的学者根据具体的研究对象的不同，灵活采用不同学科的学科概念或研究方法进行问题的研究，极大地拓展了原本学科的研究领域和认知领域。因此，人文社会科学既有不同于自然科学的学科特点，同时就其本身而言，根据不同标准划分出的不同的学科门类和不同级别的学科分类，又都具有其各自学科的特点。即使是跨学科的研究，也由于其研究问题的不同而具有各自的特点。所以，只有按照不同的学科特点对其进行分类评价，才能得出相对客观的评价结果。

第一节　人文社会科学学科分类的标准与学科体系构成

目前，我国学科的发展，主要受到两方面因素的影响：一是学科自身发展的规律。任何学科都处在生长和变化之中，在这个过程中学科的内涵与外延都会有所改变，这也是今天高校在学科研究和发展中，比较多地谈论跨学科和学科互涉问题的原因。学科交叉渗透的最终结果，即产生学科的分化和整合。二是外在制度层面的影响。一个学科的发展除它自己独特的范式外，也有大学建制和社会层面上的影响。包含大学的专业设置、课程设置、学会组织和学术会议制度的建立、专业期刊的创办等。在制度层面，中国人文社会科学学科的制度建设有别于自然科学与工程技术学，也有别于西方人文社会科学的制度安排，因为人文社会科学深深地植根于所在国家和地区的历史、学术和文化传统中，虽然会受到国际化学术思潮的影响乃至冲击，但它对本土的依赖以及和本土文化传统之间的紧密联系是无法分割的。因此，人文社会科学的制度建设和学科体系不可能有一个全世界统一的模式。就高校而言，学科的划分，不仅是学科管理的需要，而且，只有在确定学科分类的基础上，才有可能形成适合该学科的培养目标、课程设置、教学方法、考试制度、评价机制等制度性内容。

一　人文社会科学学科划分的指导性标准

英国著名教育学家赫斯特（P. H. Hirst）指出，独有的概念体系、表达方式和研究方法是知识发展成为学科的必要条件。"学科"一般具有以下特征：①具有在性质上属于该学科特有的某些中心概念；②具有蕴含逻辑结构的有关概念关系网；③具有一些隶属于该学科的独特的表达方式；④具有用来探讨经验和考验其独特的表达方式的特殊技术和技巧。① 就学科发展而言，西方明显走在前列，但是，中西方具有不同的学术传统，中西方在思维方式上也存在相当大的区别。因此，中国的学科设置不能照搬西方的学科制度，对于中国的人文社会科学来说，如何真正实现本土化，才是学科成熟的重要标志。经过长达百年的探索，随着社会的发展，从某种意义上讲，我国的人文社会科学目前正进入国际化和本土化相互推进的复兴时期。国务院学位委员会和教育部颁布的《学位授予和人才培养学科目录设置与管理办法》指出，学科体系的具体表现就是学科专业目录。学科目录对学位（学士、硕士、博士）授予、人才培养、学科建设具有重要的指导作用。

学科目录分为学科门类、一级学科和二级学科三个不同的学科层次，彼此之间既相互联系，又相互制约。学科门类和一级学科是国家进行学位授权审核、学科管理以及学位授予单位进行学位授予与人才培养的基本依据，二级学科是学位授予单位实施人才培养的参考依据。

学科门类是学科目录中的第一层次，是对具有一定关联学科的归类，其设置应符合学科发展和人才培养的需要，并兼顾教育统计分类的惯例。学科门类非常重要，决定了授予学位的名称。国务院学位委员会2011年新修订的《授予博士、硕士学位和培养研究生的学科专业目录》规定了大学所设置的学科包括文学、哲学、法学、教育学、理学、工学、医学、农学、军事学等13个门类，而且进一步理顺和规范了一级学科。截至目前，现行的学科分类标准主要有5种，加上CSSCI的学科分类，我国人文社会科学学科划分，有6种指导性标准。具体介绍如下：

（一）《国家标准学科分类与代码》

国家技术监督局1992年颁布了《国家标准学科分类与代码》（GB/TI3745—1992），共设5大学科门类，依次为：A 自然科学；B 农业科学；C 医药科学；D 工程与技术科学；E 人文与社会科学。也

---

① ［美］华勒斯坦：《学科·知识·权力》，刘健芝等编译，生活·读书·新知三联书店1999年版，第14页。

就是人们习惯上所讲的理、工、农、医、文。共58个一级学科，人文社会科学门下共有19个一级学科，不包括管理学。2006年，国家开始对第一版国家标准进行修订，并于2009年6月26日由国家质量监督检验检疫总局、国家标准化管理委员会通过《中华人民共和国国家标准批准发布公告2009年第6号》（总第146号）发布第二版，即现行最新版（GB/T13745—2009）。本标准代替GB/T13745—1992《学科分类与代码》，门类排列顺序依然是：A自然科学，代码为110—190；B农业科学，代码为210—240；C医药科学，代码为310—360；D工程与技术科学，代码为410—630；E人文与社会科学，代码为710—910。这次调整对于人文社会科学学科而言变化不大。

（二）《授予博士、硕士学位和培养研究生的学科专业目录》

《授予博士、硕士学位和培养研究生的学科专业目录》，由国务院学位委员会、国家教育委员会1997年颁布的共设12个学科门类，分别为哲学、经济学、法学、教育学、文学、历史学、理学、工学、农学、医学、军事学、管理学；其中，人文社会科学领域包括哲学、经济学、法学、教育、文学、历史学和管理学7个学科门类。2011年3月，国务院学位委员会和教育部颁布修订的《学位授予和人才培养学科目录（2011年）》，在原有12个学科门类的基础上，增加了艺术学学科门类（之前，艺术学是作为一级学科被划在文学门类中），使学科门类增加到13个，其中人文社会科学领域包括8个学科门类。鉴于艺术学始终以人为中心，以追问艺术对于人的意义价值和艺术存在本体为己任，所以，艺术门类仍然被认为属于人文学科。

（三）《普通高等学校本科专业目录》

《普通高等学校本科专业目录》，是教育部（原国家教育委员会）制定并修订的有关普通高等学校本科专业的目录。改革开放以来，我国共进行了4次大规模的学科目录和专业设置调整工作。第一次修订目录于1987年颁布实施，修订后的专业种数由1300多种调减到671种。第二次修订目录于1993年正式颁布实施，专业种数为504种。第三次修订目录于1998年颁布实施，本科专业目录的学科门类达到

11个，专业类71个，专业种数由504种调减到249种，与研究生学科专业目录的不同仅在于少了1个军事学门类。第四次修订目录于2012年颁布实施，新目录分为基本专业（352种）和特设专业（154种），并确定了62种专业为国家控制布点专业。本目录的学科门类与国务院学位委员会、教育部2011年印发的《学位授予和人才培养学科目录（2011年）》的学科门类基本一致，新增了艺术学学科门类，但未设军事学学科门类，其代码（11）预留，因而学科门类依然为12个。

（四）《中国图书馆分类法》

《中国图书馆分类法》（原名称为《中国图书馆图书分类法》），是新中国成立后编制出版的一部具有代表性的大型综合性分类法，是当今国内图书馆使用最广泛的分类法体系，简称《中图法》，由国家图书馆出版社出版。《中图法》虽然是针对文献资源的，但文献分类是以学科分类为基础的。《中图法》分为5大部类22大类，其中，人文社会科学部类包括：马列毛邓（马克思主义、列宁主义、毛泽东思想、邓小平理论）、哲学宗教、社会科学总论、政治法律、军事、经济、文教科体（文化、科学、教育、体育）、语言文字、文学、艺术、历史地理11个大类。《中图法》初版于1975年，1980年出版第二版，1990年出版第三版，1999年出版第四版，2010年出版第五版。《中图法》第五版是适应信息环境、技术环境和社会环境的变化对第四版做的修订，第五版新增类目有1600多个，修改类目有5200多个，停用、删除2500多个类，补充了新主题、新概念，调整完善了类目体系，增加了复分标记等，将类目的科学性、实用性有机地统一起来，充分反映和体现了信息组织、知识组织、文献组织的工具性，更好地满足文献标引、信息、知识、文献的检索需求。该分类方法对人文社会科学学科的研究与发展也具有重要的指导意义。

（五）《国家社会科学基金项目申报数据代码表》

《国家社会科学基金项目申报数据代码表》，是由国家社会科学基金与社会科学院系统制定的，用以指导每年社会科学基金项目申请的学科级别分类目录。这个目录的特点在于既注重各学科本身的问题研究，又从社会实际需要出发，注重超越学科设置以外的问题研究。根据2010年度《国家社会科学基金项目申报数据代码表》的信息，文科共分为23个一级学科，即马列·科社、党史·党建、哲学、理论经济、应用经济、统计学、政治学、法学、社会学、人口学、民族问题研究、国际问题研究、中国历史、世界历史、考古学、宗教学、中国文学、外国文学、语言学、新闻学与传播学、图书馆情报与文献学、体育学、管理学，在每个一级学科下除分出若干个二级学科之外，又专门列出其他学科一项，以满足多种研究需要（比如在哲学的现有学科以外列出了哲学其他学科一项）。与往年相比，2010年的《国家社会科学基金项目申报数据代码表》中增加了管理学类，把管理思想史、组织行为理论、人力资源管理、公共管理、劳动就业与保障等偏向文科的管理类别一并纳入管理学大类。

（六）中文核心期刊目录——人文社会科学期刊分类参考标准

从期刊出版领域看，中文核心期刊目录对学科的分类也有一定的指导意义。其中较为权威的是由南京大学中国社会科学研究评价中心开发研制的引文数据库，即中文社会科学引文索引（Chinese Social Sciences Citation Index，CSSCI），用来检索中文人文社会科学领域的论文收录和被引用情况。1997年，南京大学在全国率先提出了研制中文社会科学引文索引（CSSCI）的计划。2001年，由15所著名高校的科学研究与管理专家组成中文社会科学引文索引指导委员会，在指导委员会的指导下，依托南京大学情报学、图书馆学两个博士点的优势，南京大学中国社会科学研究评价中心研制开发了CSSCI数据库。CSSCI的学科共分为25类，包括法学、环境科学、考古学、民族学、体育学、外国文学、艺术学、政治学、综合性社会科学期刊、高校综合性社会科学学报、教育学、历史学、人文（经济）地理、统计学、心理学、语言学、中国文学、管理学、经济学、马克思主义、社会学、图书馆（情报）与文献学、新闻学与传播学、哲学、宗教学。但如果进一步对其收录的高校学报进行观察，就会发现，学界对于人文社会科学不做明确区分，其分类思路与国家社会基金指南目录基本接近。

二　人文社会科学学科的分化与整合及其对学科分类的影响

学科分类是人们为了深入开展研究、教育和管理工作的需要，而通过某种"制度"把学科知识的分类予以自然化和公理化,因此,学科体系的建立既遵循知识体系自身的逻辑,也体现着人为精心策划的社会建构特质。通过科学合理的分类,建构一个中国人文社会科学学科体系的框架,其宗旨和目的是提供一个阐明、解释在当下中国这一历史社会语境下,人文社会科学学科研究、教育和发展的认识框架。这一框架应该具有一定的普适性和通用性,能够在学科制度层面、学科教育、学科管理、文献组织以及学术评价方面起到统一认识、统筹协调的作用,然而,它并非是直接指导某一具体学科建设的学科目录和课程方案。当代社会,人文社会科学学科不断出现的分化与整合现象,正在对学科分类产生新的影响。

(一)学科的分化与整合

在学科发展史上,随着科学的发展、知识量的增加和职能分工的细化,在原有学科基础上分出许多新学科,学科被划分得越来越细。而在历经分化之后又出现了学科整合的大趋势。学科整合的产生,主要是为了适应知识总体性发展的需要和社会生活总体性反思的需要。学科整合的过程,包括学科交叉和传统学科界限的消解、综合性课题与跨学科研究的兴起以及学术共享范式的创生[①],这也使各种学科分类标准和学科体系不断进行修正与调整。

早在 20 世纪五六十年代,英国著名学者 C. P. 诺斯就关注到科学与人文的分裂和融合问题,并提出了著名的"诺斯命题"。其社会背景是,20 世纪 50 年代末 60 年代初,西方国家即将走完战后经济发展的所谓"黄金时期",社会各种矛盾逐渐凸显,一系列重大的综合性社会问题需要解决。这些重大的社会问题,不仅涉及人文社会科学,而且涉及自然科学,更多地还涉及人文社会科学与自然科学的结合问题。诺斯认为,"两种文化"之所以分裂,直接原因有两个方面:一是高等学校对专业化教育的盲目追求。他回顾了英国及欧洲的高等教育历史,认为"两种文化"的分裂就在于高等教育的专业化教育。这种专业化教育,使青年大学生在学习期间面对的就是"两种文化"分

---

① 刘大椿、潘睿:《人文社会科学的分化与整合》,《中国人民大学学报》2009 年第 1 期。

离的现实，接受的就是"两种文化"分离的教育。二是社会形态将其定型化，即社会形态使这种分裂成为惯例。社会现实不仅默认这种分裂，而且还在制度规定、机制运行等方面推进了这种对立。特别是社会现实对自然科学和人文社会科学的评价不是同等的，按我们的说法就是重视自然科学而轻视人文社会科学。

"诺斯命题"探讨的主要是自然科学和人文社会科学的分裂，但是实际上，人文社会科学中"次文化"的分裂、分离化的倾向也是十分严重的。不仅如此，人文学科和社会科学分离化的倾向，以及对人自身文化的研究和对社会现象及制度的研究分离化的倾向，已经成为我们进行多学科融合、跨学科研究以及学科发展创新的鸿沟和樊篱。正是基于以上考虑，人们开始积极探索人文社会科学跨学科研究的路径及其条件。学术界还提出了"软科学"概念，试图把人文与科学、社会与自然融合起来，在复杂和开放的条件下，有机地解决人类认识上的困境，整体地给出科技、社会、经济发展中一系列实践性问题的答案。而后通过"通识"和"桥梁"教育，在交叉学科或跨学科层面聚合了当代中国人文社会科学学科体系的通用框架。

（二）学科研究与问题研究的统合

就人文社会科学领域而言，一般把人文社会科学学科划分为人文学科和社会科学学科。但在当代学科发展的语境下，应该在社会科学学科和人文学科之外，再划分出一个跨学科问题研究领域比较合适。把人文社会科学领域划分为人文学科和社会科学学科，体现的主要是学科之间的形式逻辑关系，强调的是学科之间的差别，这是必要的。而当人们面对社会具体问题、进入复杂的研究领域时，形式逻辑的局限性就表现出来了，人为的强行分割有可能把本来密切的联系割裂开来。这就需要采用辩证发展的思维方式来看待复杂和变化的事物。这实际上还涉及另一个重要问题，就是要搞清和解决人文社会科学学科研究的起点问题：是以学科的研究还是以问题的研究为起点。学科研究和问题研究是高校人文社会科学研究中两个既有联系又有区别的出发点。高校内部的分类必然以学科为基准，这是高校学科建设的根基，也是高校学科发展的必然要求。因此，对于高校而言，在人文社会科学研究中，学科的研究较问题的研究具有压倒性的优势，高校教师更容易以自己所在的单学科的研究为起点，而忽略单一学科之外问题的研究，更缺乏以问题为起点的研究。

学科的研究容易把现有的学科不断深化、不断细化，由此，学科的系统性和稳定性会越来越坚固、越来越精致。问题的研究是按照社会现实的要求设定的，它既不可能以学科的先验划分为依据，也不可能恰好对应于一个或几个学科的范围。问题的研究具有极其广泛的学科的综合性，是以问题本身的需要来组织不同学科的学者的研究过程。在高校强调跨学科研究，就是要解决问题研究在高校存在的必要性和合理性。因为问题研究毕竟是社会发展的需要，是人文社会科学发展的根本方向和价值所在。而高校的教学与科研也同样需要通过学科的分化，促使良好的学术生态的创建和学科发展。为此，应该把学科研究与问题研究统合起来。前面所涉及的人文社会科学学科体系划分的六种指导性分类标准，有从学科本身出发的，也有从社会实际需要出发的，在具体的科研评价中，可以根据实际需要，灵活选用。

第二节 人文社会科学各学科的基本特点

人文社会科学是人文学科和社会科学的总称，有时也被称为哲学社会科学、社会科学、文科等。在我国现的实生活中，学术界多用"人文社会科学"一词，而行政管理部门多用"哲学社会科学"一词，两者可以通用。不过，在某种意义上说，两者之间的差异也并非只是字面上的，而是表现在内涵的取舍上。"哲学社会科学"的称谓是基于哲学的抽象性、统摄性和基础地位，哲学是关于世界观的学说，对人类认识和实践活动具有规范与指导作用，与社会科学研究关系特别密切。因此，将"哲学"与"社会科学"并称为"哲学社会科学"。但是，也应该看到，社会科学并不能涵盖人文学科，哲学学科本身的涵盖面也是较窄的，一般不包括除哲学之外的其他人文学科。相对而言，人文社会科学的外延则较广泛，几乎涵盖了除自然科学之外的所有知识门类，哲学作为它的一个子集也被纳入其中，学问探究的色彩较浓。

一　人文学科与社会科学学科的划分及其发展演变

人文社会科学学科首先可以分为人文学科与社会科学两大学科群。一般认为，人文学科是以人类的精神世界及其沉淀的精神文化为对象；社会科学则以人类社会和人自身所表现出的客观的特定的东西为研究对象。如果说人文学科主要研究人的观念、精神、情感和价值，即人的主观精神世界及其所积淀下来的精神文化的话，那么社会科学更多的是研究客观的人类社会之于具体的个人及其主观世界。前者常用意义分析和解释学的方法，其涵盖文学、历史学、哲学及其衍生出来的美学、宗教学、伦理学、文化学、艺术学等；后者侧重于运用实证的方法。19世纪下半叶以来，人们仿效自然科学模式，借鉴自然科学方法，研究日趋复杂的社会现象，形成了政治学、经济学、社会学、法学、教育学等现代意义上的社会科学。社会科学从多侧面、多视角对人类社会进行分门别类的研究，力图通过对人类社会的结构、机制、变迁、动因等层面的深入研究，把握社会本质和发展规律，更好地建设和管理社会。与人文学科相比，社会科学学科的科学性较强；而与自然科学相比，社会科学的科学性则较弱。人文学科、社会科学和自然科学三大知识领域的科学性依次递增。

由于"人"与"社会"在本质上的一致性和不可分割性，尽管在理论上可以将人文学科与社会科学学科区别开来，而在实际生活中，人们往往是将它们作为一个整体加以讨论的。因为有些学科兼具人文学科与社会科学两者甚至还有自然科学的某些特征。这些学科特征包括该学科的本质、学科的基本问题、学科内容的核心描述、学科内部与外部的边界、学科知识的发展性质、学科的跨学科整合程度、密切相关的学科近邻、不同国家的学科外部形式特征等。下面分别介绍在人文学科和社会科学学科中比较典型的学科在发展中的学科层次变化及其特征、定位。

比如，在我国当代人文社会科学学科体系中的人文学科群中，宗教在教育部本科和研究生目录中都是放在哲学大类之下的，在文献分类法体系中也归在哲学门类下；宗教和哲学虽然都关注永恒的终极问题，有着类似的起源，但两者其实是有着极为分明的界限；哲学指向的是理性，而宗教神学指向的是信仰和上帝，这是泾渭分明的。而且在国家社会科学基金项目指南目录中，宗教研究已经单独立类，人口学、民族问题研究也都已单独立类；在国外的学科目录，如 CIP2000、ISCED 中同样做了如此分类，这说明哲学与宗教的分列是国内外都公认的，因此，在实际研究工作中，把宗教从哲学门下独立出来是合理的，并且是有基础的。

历史学到底属于社会科学还是人文学科，学界还有争议。历史学的特殊之处在于：它是一门综合性的学问体系，是探讨人类过去活动的综合性学问。人类过去活动是如此的广泛，包含人类在政治、经济、社会、文化、心理等领域，就决定了历史学的研究领域必然是异常宽广的。历史学在美国是列入社会科学的，而在中国则列入人文学科。在西方，实证主义在 19 世纪下半叶成为史学的主流，历史学被加以重新认识，认为历史并不仅仅是记录描述过去，更在于探明过去，解释现在，并为未来提供选择和参考。换言之，其宗旨是探寻人类社会的普遍规律，因此，历史学就成为建立在探究基础上的近代知识形态，到 20 世纪，西方历史学就进入了社会科学的学科领域。但是，基于实证的历史学并不能取代人文主义和历史哲学，历史研究中必定存在着在史料的基础上通过想象复原历史原貌的问题，这是无法否认的。而在我国，历史学一直被视为人文学科。在此，我们可以认为，历史学的学科位置介于社会科学与人文学科之间；但结合中国的现实，仍选择将历史学留在人文学科领域，以体现对历史文化传统的继承和发展。

在教育部学科目录中，艺术过去是在文学门类，后来逐渐从文学门类中独立出来，成为艺术学门类。因为虽然文学与艺术联系密切，但两者在学科性质上有着巨大的差别。两者的研究对象、研究方法、研究范式都是截然不同的，国外没有哪个学科的标准，会把艺术放在文学的门类下。国内的社会科学基金项目指南目录中也不设艺术类，艺术类不作为国家社会科学基金支持的范畴，而单独立类予以资助。

艺术作为一个独特的学科体系，是关于人类艺术实践活动系统知识的总和，其基本内涵包括艺术史论和艺术创作实践与应用两大体系，艺术学科体系的外延包括所有关于艺术史论体系和艺术创作实践与应用体系的相关学科，主要有一般艺术学、特殊艺术学、边缘（交叉）艺术学和新兴艺术学四大类。随着人类艺术实践的不断发展，日新月异的新技术在艺术创作中得到了越来越多的应用，同时，随着艺术学理论研究的不断深入，新兴艺术形式和新的艺术学相关学科将不断产生，艺术学科体系的外延和基本构架将一直处于不断丰富及发展中。

二 人文社会科学不同学科门类的学科特点与问题争议

为了学术研究的便利，人类根据研究对象划定若干不同的研究领域进行分工探讨，逐渐形成了不同的学科范围和独立的学科体系。随着近代以来学术分工的细化，学术研究日益学科化，独立的学科相继诞生并得到迅猛发展。每个独立学科均有自己的研究对象、研究领域及相对固定的学科边界，在该领域内形成相应的研究目的和理念以及独特的研究方法及研究规范。这些方法和规范决定了该学科的基本特质，保障了该学科作为一门独立学科的存在和发展。不仅人文学科与社会科学具有不同的学科特点，就是同属于人文学科或者社会科学学科群内部的不同学科门类之间也具有各自不同的学科特点。

以社会科学学科为例，社会科学是一个涵盖内容极为广泛，而又有颇多争议的概念，其范围往往依国家和发展阶段的不同而不同，甚至不同学者也有异议。综合六大分类标准，我们认为，社会科学的学科群大致包括政治学、社会学、经济学、人类学、人口学、地理学、统计学、心理学、行为科学、法学等。在西方，一种较有影响的看法是：社会科学的核心部分包括经济学、社会学、人类学和政治学等学科；外围部分包括跨学科的社会心理学、社会和文化人类学、社会生物学、社会和经济地理学等学科，教育学通常也包括在内。随着文化多元化思潮的传播，在西方不少大学里，社会科学发展演变为众多的教学领域和研究领域，不仅包括其核心部分的若干学科，而且还涉及像劳资关系、国际关系、商业经济或企业管理研究，以及社会（公共）管理等领域。

政治学、社会学是最早进入社会科学领域的制度化学科。政治学研究国家及其赖以发挥治理效能的各种机构、机制和制度。后来发展出来的国际关系学作为政治学的一个分支学科,研究国家与国家之间的关系及各国的外交政策。而社会学研究包括对人类社会的发展、组织结构、社会风俗、社会关系及其相互影响等方面的系统研究。其核心在于探究各种社会力量的行为与理解生活变化的规律,包括寻找通则、探索因果关系等。其研究和发展虽然也不断扩展及多元化,但其学科的本质依然是稳定的,学科之间的边界也是清晰的,对于国家的政治、社会及文明的发展都有重大价值。目前的学科目录中将政治学、社会学放在法学门下是有失偏颇的,政治学和社会学理应独立出来,如此,既能体现与西方主流学科体系的对应,也能满足目前我国社会发展对于社会意识形态领域的新要求。[1]

2005年,国务院学位委员会和教育部根据《中共中央国务院关于进一步加强和改进大学生思想政治教育的意见》和《中共中央关于进一步繁荣发展哲学社会科学的意见》的精神,为了加强马克思主义理论体系研究、马克思主义发展史和马克思主义中国化研究、思想政治教育研究,推进党的思想理论建设和巩固马克思主义在高等学校教育教学中的指导地位,加强高校思想政治理论课建设、培养思想政治教育工作队伍,经专家论证,决定在《授予博士、硕士学位和培养研究生的学科、专业目录》中增设马克思主义理论一级学科及所属二级学科,新增设的马克思主义理论一级学科,暂设在"法学"门类内,下设五个二级学科,即马克思主义基本原理、马克思主义发展史、马克思主义中国化研究、国外马克思主义研究和思想政治教育。政治学一级学科下的"马克思主义理论与思想政治教育"二级学科调整到马克思主义理论一级学科下,分别归入"马克思主义基本原理"和"思想政治教育"二级学科。但是,在具体研究和评价中,同样应把马克思主义理论学科从法学门类中剥离出来。

---

[1] 袁曦临、刘宇、叶继元:《人文社会科学学科分类体系框架初探》,《大学图书馆学报》2010年第1期。

严格意义上的法学涉及对不同国家和不同文化的法学原理、法律体制、法律程序的研究。国外通常认为，法学、教育学、管理学是实用性学科，法学院是独立于文理学院之外的。在此，我们依然把法学放在社会科学基础学科领域中，这符合我国1902年以来的认知和传统。清末，为了推行新政，特别是科举废除之后，法政学堂就成为当时的热门，民国建立之后，这些学堂改为政法学校，读书做官的传统使人们意识到政法学校是通往仕途的一条路径，遂成为学生青睐的选择之一。1952年以前，在清华大学，社会学系是放在法学院的，当时的法学院还包括经济系和政治系。可见，现代中国法学从一开始就与中国的政治和社会情势紧密相关，其合法性很大程度上取决于政治情景的变换。因此，将法学与经济学、政治学分开，独立出来，不仅有助于建构起独立的学术话语体系，也有助于中国法学坚持自由独立的学术立场。①

人类学研究人类文化，侧重社会结构、政治、宗教、法律、语言、艺术、技术等诸多范畴的综合探讨。文化人类学特别对人类的种种行为方式进行归纳，进而对社会现象做出总体描述。这些学科在我国是相对比较弱势的学科，但在国际上却已是非常主流的社会科学学科领域，因此，我国的人类学特别是文化人类学理应在未来得到更大的关注和发展支持。

三　人文社会科学学科研究中的跨学科现象及其特点

跨学科研究泛指人们跨越原有学科边界或多门学科共同研究同一对象的认识活动，这一类研究正日益成为新知识的生长点和新的学科增长点。"跨学科"和"交叉科学"在英文中是同一个词"Interdisciplinary"，指通过不同学科之间观点、方法、概念、科学素材以及组织人员上的交叉、渗透乃至有机整合，形成的相对确定的统一性学科形态。"边界跨越已经成为知识生产过程的一部分，不是一个外围事件，教与学、研究与学术以及服务工作，不再简单的是学科内部与学

---

①　袁曦临、刘宇、叶继元：《人文社会科学学科分类体系框架初探》，《大学图书馆学报》2010年第1期。

科外部的问题，学科互涉问题既在学科之内，也在学科之外。"[①] 长期从事跨学科学研究的学者刘仲林教授认为，广义上凡是超越一个已知学科边界而进行的涉及两个或两个以上学科的实践活动均可称为"跨学科"。跨学科研究的进一步细分，可以根据学科之间不同的融合程度，具有多学科、群学科、交叉学科以及超学科等不同形式。

（一）跨学科现象的产生、发展及其特点

跨学科并不是什么新的事物，实际上，它已成为学科发展的常态。作为一种客观现象，20世纪中叶以来，跨学科研究的蓬勃发展，归根结底，是社会需求强有力推动的结果，是社会发展的实际需要。现代化发展使各国在经济、社会发展过程中面临的理论问题和现实问题在复杂性与综合性方面都有增无减，这些问题既包括地域性的，如中国的人口增长和老龄化、城市化等问题，也包括全球性的，如资源的利用和替代、生态的保护和治理、贫富差距等问题。相应地，这些问题的解决既要依靠自然科学和技术的发展，又要依靠人文社会科学和社会技术。就人文社会科学跨学科的发展而言，随着人文学科内部、社会科学内部、人文学科与社会科学之间以及人文社会科学与自然科学之间的碰撞交融，人文社会科学跨学科研究也在摸索中发展壮大，学者在研究的过程中会从不同角度，采用不同的方法来分析解决问题，必然要越过学科的边界。

由于跨学科研究的对象高度综合，所涉及的学科理论种类繁多，从不同领域借鉴和移植成熟精致的研究方法确实能够达到事半功倍的效果。以体育科学为例，体育科学以运动着的人作为研究对象，其研究对象的自然属性与社会属性的双重复杂性，决定了体育学科必然同时涉及自然科学、社会科学两大科学门类，具有自然性和社会性的双重特征，也决定了在体育科学研究过程中必须从其他自然科学学科和社会科学学科中，去移植借鉴并综合运用多种研究方法。

跨学科研究发展必然会形成交叉学科或综合性学科，从某种意义

---

① ［美］朱丽·汤普森·克莱恩：《跨越边界——知识学科互涉》，姜智芹译，南京大学出版社2005年版，第51页。

上，也可认为这是一个相关联的小学科群，即由具有某种相关性的分支学科组成。换言之，这些相关的学科汇聚在一起，应以一个或几个学科为中心，形成包括主干学科、相应的基础性学科以及交叉学科的三位一体的学科群。需要指出的是，这些相关学科与中心学科具有研究目的和价值取向上的一致性，但这种一致性可以有多种表现形式，比如，由某一学科的研究对象和范围向外学科扩展；或者将一个学科的原理借用或应用到另一学科领域，催生或发展出第三个学科领域；或者某一学科的发展，得益于诸多相关学科在理论方法上的重要支持。例如，民族、地区研究，无疑涉及人类学、历史学、文学和政治科学交叉；政治、经济、社会的交融发展，产生出政治经济学、经济社会学、政治社会学等交叉学科等。

(二) 跨学科研究应当厘清几个基本问题

有鉴于跨学科的以上特征，所以，对于跨学科研究，还应当厘清以下三个基本问题：

第一，跨学科研究的起点问题。即究竟是以学科的研究为起点还是以问题的研究为起点？从学科发展本身来看，学科不断朝着深化和细化的方向发展，其系统性和稳定性越来越强；而问题的研究则是按照社会现实的要求设定，以问题本身的需要来组织不同学科的学者开展研究，具有极为广泛的学科综合性。强调跨学科研究，就是要强调问题研究的必要性和合理性。问题研究是经济社会发展的需要，是人文社会科学发展的根本方向和价值所在。

第二，跨学科研究的过程形式问题。对于问题的研究来讲，首先要打破的就是人文社会科学怎么从学科个体研究的习惯转向团队研究的形式。在以问题为导向的研究过程中，特别需要关注如何顾及人文学科或者个体研究的特色，怎样对社会科学固有的团队特性，设计出更为合理的研究过程，扬学科研究中个体研究和团队研究各自之长，避学科研究中个体研究和团队研究之短。

第三，研究者的个人禀赋问题。面对学科越来越细化、越来越细分的现实，任何个人都不可能成为通晓科技文化和社会文化的学者，也不可能成为通晓人文学科和社会科学的学者，甚至连通晓人文学科或社会科学中所涵盖的多学科的"全才"学者也已经不可能了。因此，我们倡导的跨学科研究，主要不是建立在单个学者个人禀赋的多学科基础上，而是以多个学者群体性禀赋的多学科和跨学科为基础。只有多个学科的研究者的结合，才能形成跨学科研究的知识基础。[①]

第三节　人文社会科学的分类评价

人文社会科学研究具有探求人类活动及命运的真理、评判社会现象的价值、揭示其内在规律的特质，具有建立信仰、培育智慧、传承文化、磨砺思想的重大功能。但作为相对独立的知识体系，人文社会科学是一个界定模糊、争议颇多的基本概念，其中涉及对认识活动、科学划界标准与知识分类等基本理论问题的理解。正因如此，对人文社会科学学科应该进行恰当的分类，把握不同学科门类和不同学科层次的特点，只有合理恰当的分类研究、分类评价，才能得出符合实际需要的研究成果和评价结果。

一　人文社会科学按学科分类评价的必要性

学术评价是评价主体根据一定的目的和标准，采用一定的理论和方法，对学术成果、人员、机构、刊物等展开的价值判断活动，以衡量学术活动及其相关事项的有无、多少、作用和价值。科研活动本身是一项复杂的系统活动，我国科研评价工作目前还处于初步发展阶段，有一些高校甚至对人文社会科学、自然科学（理）和工程科学（工）的科研评价都使用一套评价体系，更别说对人文社会科学研究进行分类评价了。而建立人文社会科学学科研究评价体系的首要任务是厘清人文社会科学学科研究的主要特性，只有抓住其主要特性，才能有的放矢地开展评价，对不同学科研究的内容采用不同的评价方法。对于人文社会科学的不同理解，势必造成人文、社会科学领域学

[①] 参见顾海良《推进跨学科研究　破解重大理论和现实问题》，《光明日报》2010年12月9日。

科分类标准的不同,而学科分类标准的不同又必将带来教育体制和认识方法以及评价方法的完全不同,这一点在1949年以来的人文社会科学领域的发展历史中不难发现。因而对人文社会科学学科的分类评价其实是一种重要的价值选择和价值判断,更多地涉及人的价值观和世界观。由于不同国家的地域、发展程度以及历史文化差异等原因,人文社会科学研究至今没有建构起一套世界公认的评价准则和评估体系。在实际的评价工作中,表现为评价分类不明确,用同一评价标准评价不同类型的研究活动,不能客观、真实、准确地反映不同评价对象的实际情况。而建立科学合理的人文社会科学评估体系的前提是恰当的学科分类。

从国家标准分类目录看,人文社会科学(简称文科)具有不同于理、工、农、医类的学科特点,因而应该运用不同于其他学科的独立的评价方法。同时,人文学科与社会科学学科群之间也有很大的不同,比如,人文学科研究的对象和社会科学研究的对象不同,其学术思维和研究方法也迥然不同。就知识性质而言,自然知识是客观性的、描述性的、普适性的,人文知识是主观性的、个体性的、反思性的,而社会知识介于两者之间,是准客观性的、策略性的、具有地域性的;就知识的进化方式来说,自然知识的进化是线性的,社会知识的进化是阶段性的,而人文知识的进化则是螺旋性的;自然知识的获得和发展依赖于观察和实验,社会知识的研究依赖于实践和案例,人文知识则更多地依赖于反思与阐释。因此,人文学科与社会科学无论从学科的本质特性,还是研究目的与方法,以及相应的教育模式都存在相当的差异,如果不在学科体系分类与评价中体现出这种差别,无疑会损害到人文学科和社会科学这两方面的研究创新和学科发展。

二 人文社会科学分类评价的原则与方法

分类评价是任何学术评价都必须遵循的一个最基本的原则。综合前面对人文社会科学学科特点的介绍,可以认为,人文社会科学学科具有多样性、层次性、复杂性特点,不同的学科领域应有不同的评价标准和评价体系,而不同的数据来源、指标和权重,也都会影响评价的结果。因而人文社会科学学科的学术评价一般应按学科分类评价,只有做到不同的学科领域，采用不同的数据来源、指标和权重，实行同类比较、同行评议，才有可能得出相对合理、客观和公允的评价结果。关于分类评价的原则，教育部、科技部等政府管理部门已有明确规定，提出了"区别不同评价对象，明确各类评价目标，完善各类评价体系"的原则要求。可以说，评价没有分类实施或者分类不够准确，是学术评价缺乏公信力的重要原因之一。而所谓分类实施是指评价工作根据对象的多样性、差异性分门别类地制定规则和标准，并加以实施。

不过，在区分文学、历史学、哲学、经济学、管理学、法学等不同学科门类差异的同时，还要区分学科中基础研究与应用研究、理论研究与实证研究的不同，这既是保证学术评价合理公正的重要前提，也是促进学术资源优化配置，提高学术管理水平的重要手段。而一些综合性大学（含师范院校和多科性大学）固然有其资源丰富、学科交叉等优势，但同时又由于在同一高校中设置了多种不同的学科专业，导致其在兼顾学校的统一管理与各学科的个性化发展时，不可避免地面临着两难的矛盾。一方面，学校为了便于管理，在制定规章制度、评估标准和操作规范等方面，强调各学科之间的"共性"和统一性；另一方面，各学科由于自身的学科特点和个性差异，很难适应这种整齐划一的管理模式，由此造成诸多矛盾和弊端。为此，应当在尊重和遵循各学科自身规律的前提下，建立起相对多元的学科分类评估标准。

三　人文社会科学分类评价的评价对象与标准

人文社会科学的评价涉及众多不同的评价对象，包括宏观层面的学科评价、中观层面的机构评价与科研评价、微观层面的成果评价与科研人员评价。对研究人员和学术机构的评价是推动和引导人文社会科学学术研究和学术发展的关键，涉及学术机构之间相对合理地分配学术资源，也关乎学者和学术机构的声望、地位和发展趋向，因此是人们极其关注且富于挑战性的关键问题。

就对学科的评价而言，学科建制的发展与学科认识水平提升并不等同，人文学科和社会科学就很不相同，一个以人的生存价值和生存意义为其核心，另一个以经世致用为其主题，评价标准显然不同。如果再深入学科内部,文学、历史学、哲学、经济学、法学、教育学、管理学等各门学科各具特色,评价就不能不关注其个性化特征。特别是艺术学科,艺术的本质是审美的、非功利的、人格化的,体现为精神价值和人文关怀,其目的在于对心灵的培育和人格的塑造。在成果的评价上,艺术以善和美为旨归,落实为人性的关怀与人格的提升,往往没有实际的效益和可以量化的指标,应施之以不同的评价标准与管理模式。

从微观层面讲,对于人文社会科学中论文、论著、报告等不同成果形式,标准也是各不相同的。事实上,无法判定一项基础研究类型的著作(如哲学、语言学等)和一项应用研究的社会报告究竟哪个有更大价值。

另外,除按学科分类评价外,即使是对同一学科的评价,还可以区分为基础理论研究标准与应用研究标准之选择。基础研究总体上是以主攻学科前沿的重大难题、探索创新知识、创建新理论的理性追求为其目标,这也是学科主体性的根基所在,评价基础性研究的主要标准往往是学术性和创新性;基础研究常常耗时巨大,其价值也是潜在的;应用研究是运用基础理论和有关知识解决现实问题,评价应用性研究成果的主要标准是研究成果能否向现实生产力的转化、能否为决策层提供有价值的决策咨询等。应用研究常常具有很强的时效性,直接效益比较明显。①

四 人文社会科学分类评价的评价主体

就评价主体而言,在学术评价活动中,选择适当的评价者是评价能否公正合理最基本、最重要的前提条件。虽然学术评价活动与科研管理有着太多的瓜葛,但学术评价的主体无疑还是以学术同行为主。即便文献计量学家可以给出比较客观和有针对性的数据参考,但最终的决断还是要归于学者同行,这一点是毋庸置疑的。因此,人文社会科学学术评价的根本出发点是基于学科分类,建设分学科的学科评价制度,以及分学科的评审专家遴选制度。现行的专家遴选,主要是通

---

① 张建华:《改进高校人文社会科学研究评价:分类实施评价》,《华中科技大学学报》(社会科学版)2008年第4期。

过现行的学科分类系统以及一些刚性指标如专业技术职务、技术职称、学位、年龄、代表作级别、获奖等进行学科专家的选择；其不足在于目前的学科分类体系本身就存在其不合理性，无法真正做到合理的学科分类评价。当然，也无法遴选出真正的分学科的专家同行。因此，只能是一种粗糙的同行评议，特别是对于一些新兴、交叉学科的项目、非共识项目更是难以评价。真正的小同行专家的筛选，需要细致的学科分类，才有可能被发掘。

挖掘真正的学科小同行，实现动态的筛选学科评审专家，建立科学有效的评价专家遴选动态机制，才是科学合理的人文社会科学评价得以实现的前提与基础。而在学科分类的基础上建构不同层次的学术共同体，是目前解决学术评价问题的一个重要因素。学术共同体作为一群有着人文精神和科学精神，对人文社会科学有着长期学术追求的研究者，他们比外行人更清楚某人或某些成果在学术上所达到的高度及应用前景。学术的评价、学术的标准、学术上的分歧，所有学术上的问题，只有在学术共同体内，才有可能得到真正解决。尽管学术共同体也有可能做出错误的判断和决定，但除此之外，没有别的更好的选择。当然，学术共同体的建构尚需解决以下问题：包括该学科领域中的交流模式、出版形式、人际网络结构、学科专业认可的标准、专业术语集合等。能否得到国际认可也是一门学科称其为学科的重要标准之一，这也是学术可靠性、内容恰当性等的核心问题。

五 人文社会科学跨学科研究的分类评价

人文社会科学跨学科研究成果呈现出一些不同于传统人文社会科学研究成果的特征，对跨学科研究的评价是颇具挑战性的重点和难点问题。虽然国内外对人文社会科学跨学科研究人员及成果的评价在某些方面达成了初步的共识，但是，总体上相关探讨尚在起步阶段。为了促进我国跨学科研究的发展，应该在传统的分学科评价机制的基础上，进一步改进人文社会科学研究的评价体制与机制，再建立一套针对跨学科研究自身特点的评价机制和体制。其中，包括对学术内涵的理解、学术分类、学术评价的分层和分解等问题。

首先是学术的内涵。跨学科研究成果并不只是纯粹的论文、著作等，应该把它看成是对经济、政治、社会、文化以及生态文明建设等发展有意义的所有研究和探索的结果，包括咨询报告、政策建议等。应当加大对问题研究的应用型成果的鼓励和支持力度，引导广大学者从学科研究的理论体系的构建转向对问题研究的现实问题的解决。学术分类，不仅仅是学科的分类，因而应突破以学科为学术分类标准的做法，学术成果的评价应该分类和分级，至少应该区分学科研究和问题研究的不同评价标准。① 此外，还可以有规范性标准与创新性标准的不同选择。既有的学科范式在业已形成的学科领域会形成一定的模式和规范，许多研究会被人们归入某个学科，打上鲜明的学科烙印，从而受制于学科的规范性标准。然而，创新性是人文社会科学生命力的体现，没有创新性标准的评价是不完善的。但在学术上，思想创新一开始常为许多同行所不认可，因而无法在以共识为基础的规范性评价中得到承认。特别是一些新兴领域、交叉领域的跨学科问题的研究，无法归入现有学科，属于"非共识性项目"。事实上，"非共识性项目"并不代表其学术上的无意义，这既是一个理论难题也是一个实践难题。因此，创新性评价标准的选择需要有识之士的认同，特别要形成由有识之士组成的学术共同体。

分类是评价的基础，但要做到人文社会科学研究评价的客观、公正与合理，对学术研究分类应该满足两个基本的条件：一是具有较强的涵盖性和区分度；二是具备较强的合理性和实践性。② 以成果评价为例，我们先不论通常采用的研究成果分类法，即著作、学术论文、研究报告，因为这种分类对于跨学科研究成果来说，虽然简单易行，但解决的只是研究成果形式特征上的划分，远远不能突出跨学科研究成果的鲜明特征，也不能较好地区分跨学科研究成果。正如前面论述的，跨学科研究成果的特性在于整合，在于运用多学科的方法、概念或理论，在于其强烈的问题意识。因此，对于跨学科研究成果评价来说，根本在于抓住

---

① 参见顾海良《推进跨学科研究 破解重大理论和现实问题》，《光明日报》2010年12月9日。

② 任全娥：《人文社会科学成果评价研究》，中国社会科学出版社2010年版，第170页。

其研究内容。基于跨学科研究的内容和智力加工深度的不同，对于跨学科研究的分类较有代表性且获得认同较多的分类法有三种，即以学科和知识整合深度为基本原则，从跨学科研究分类引申到跨学科研究成果分类，可以将跨学科研究成果划分为工具型跨学科研究成果、合成型跨学科研究成果和超学科研究成果三类。

工具型跨学科研究成果是用其他学科的概念、方法或理论讨论一门学科的问题，其核心是概念、方法的整合；评价此类成果的指标侧重于其研究方法的科学性、创新性及规范完备性，以及解答问题的情况。

合成型跨学科研究成果较之工具型跨学科研究成果，其最大的努力在于学科建设方面，它尝试打破常规，在原有学科的基础上突破学科分类的限制，开创新的学科领域或产生新的学术生长点；评价此类成果的指标侧重于其理论建构、学科建设价值。当然，还有研究和回答现实社会中单一学科无法解决的问题的情况。

超学科研究成果因为更多的是团队攻关的集体成果，其特色在于研究成果对多种学科知识体系的高度整合和提炼，在于研究成果选题的前沿、尖端，在于研究内容和研究方法的创新，在于其跨地域跨学科的研究规模和研究活动的开展，在于其可能存在的巨大的科学价值或学术价值。因此，对于超学科研究成果的评价，要综合以上几方面，全面地展开评价。

此外，鉴于跨学科研究成果对学科和知识整合深度的强弱和解决问题的难易程度不同，对每一类跨学科研究成果都可以设置高低不同的权重分值，并规定在评价总分中所占的比例。正因为跨学科研究成果的评价分类是基于研究内容和智力加工深度的不同而有所不同，因此，评价主要采用专家定性评价为主，并以定量评价为补充的综合评价方法。目前，首要任务是改进同行评议，建立跨学科专家评议库。但问题在于，真正能跨学科的同行可能较少，在某一传统学科具有较高理论和学术水平的专家学者却不一定具备跨学科的理论知识和实践经验，要熟悉所评审成果所属专业领域在国内外的发展状况更是无从谈起。但即便如此，鉴于同行评议在研究成果定性评价方面发挥的优势作用，吸收多个学科的专家学者组成评价小组仍然是国内外评价跨学科研究成果的主要方式。问题的关键是，在跨学科研究成果评价工作中，要尽量减少跨学科同行评议的不足，最大限度地发挥同行评议好的一面，让那些与被评审成果作者无利益冲突，对于跨学科所涉及的领域有所认知和体会，以及具有良好科学道德和职业道德的学者进入专家库。另外，同行评议不宜采取通信评议制度，更适合选用可直接交流的会议评价方法。

第四章 高校人文社会科学成果分类评价标准及指标体系

成果评价是科研管理的重要内容，2004年，中共中央颁布实施《关于进一步繁荣发展哲学社会科学的意见》（以下简称《意见》）后，哲学社会科学研究领域迎来了大发展大繁荣时期，研究队伍不断扩大，研究成果大量涌现，哲学社会科学研究成果的评价工作越发显得任务艰巨。《意见》指出，要积极推进哲学社会科学管理体制改革，建立和完善哲学社会科学评价和激励机制。"评价哲学社会科学要注重原创性，注重实际价值，推动理论创新，推动理论与实际结合。"为进一步贯彻落实《意见》精神，教育部于2006年出台了《关于大力提高高等学校哲学社会科学研究质量的意见》，特别提出要建立鼓励高质量研究成果的评价体系，要建立以质量为导向的评价标准、建立符合哲学社会科学特点的分类评价标准、建立健全科学合理的评审制度、建立科学合理的评审监督机制、鼓励积极健康的学术批评五项措施。2011年11月，教育部出台了《关于进一步改进高等学校哲学社会科学研究评价的意见》，明确提出，要"确立质量第一的评价导向""实施科学合理的分类评价""完善诚信公正的评价制度"。由此可见，改进高校哲学社会科学成果评价机制，提高成果质量和创新能力已经成为共识。

第一节 高校人文社会科学成果的界定及分类

科研成果的界定和分类，是人文社会科学成果评价的一项基础性工作。公正、合理地评价人文社会科学研究成果,首先需要弄清什么是科研成果及其分类方法,同时也要厘清各类成果之间的相互关系。

一 科研成果的内涵

关于科研成果的含义,夏禹龙提出:"科研成果是指对某一研究课题,通过资料积累、社会调查和逻辑思维活动等所取得的具有一定学术意义或应用价值的创造性成果。"同时指出:"它首先必须……得出过去尚未有过、尚不明确的新观点、新思想、新方法、新理论,或者发掘出前人尚未发现的新资料;其次,它还必须具有一定的学术价值、社会价值或经济价值。"[1]

陈建坤和郑贵斌进一步强调了科研成果的三个特征:一是创造性,即必须是在前人结论的基础上进行更全面、更科学的研究,从而产生出的新的观点、思想和结论;二是科学性,即必须是符合实事求是的科学原则,在严谨的逻辑思维活动的前提下得出的科学结论;三是效益性,即必须对人类社会发展的某些方面产生积极的效益,具体表现为学术效益、社会效益和经济效益。[2]

同时,杨育华指出,社会科学研究成果必须具备五个基本要素:①以社会现象及其发展规律为研究对象;②基础理论研究成果必须经学术权威部门鉴定,应用研究成果必须被实践证明;③有积极的社会效应或一定的经济效益,只有产生正效应的研究结果,才能称为真正意义上的研究成果;④必须有一定的被人们认可的表现形式,如论文、论著、报告等;⑤必须有明确的结论,如创立新的理论、学说,提出新的观点、思想或提出新的策略、对策、措施等。[3]

张国春综合上述各种观点,指出社会科学科研成果是指对人类社会发展或学科发展中的问题,运用科学方法,通过创造性智力劳动,

---

[1] 夏禹龙:《社会科学学》,湖北人民出版社1989年版,第303—304页。
[2] 陈建坤、郑贵斌:《社会科学科研管理概论》,东方出版社1990年版,第71—72页。
[3] 杨育华:《试论社会科学研究成果的评价》,《宁夏社会科学》2002年第5期。

产生出的具有学术价值和社会价值的知识产品。①

任全娥的观点也颇具代表性,她认为:所谓学术成果,是指运用科学的研究方法和学术规范,通过创造性劳动产出的具有一定价值含量(包括学术价值和社会价值)及传播渠道的科学文献。② 从任全娥提出的成果含义可以看出,人文社会科学成果除应该具备"创新性""价值性"和"科学性"之外,还应该具备"规范性"和"文献性"。

另外,张国春指出,在科研成果的界定中需要注意以下三个问题:

第一,要区分文字成果与科研成果。他认为,社会科学"科研成果"理应强调"工作所获"的研究性和原创性,那些日常工作中的文字成果(如公文、工作总结等)、文学作品、编辑成果等,虽然也要耗费脑力劳动,但不属社会科学"科研成果"的范畴。

第二,要考虑社会科学"科研成果"的不同性质和诸多类别。科研成果分类可以从多个角度进行,如从研究性质的角度、成果形式的角度,等等。而且不同研究性质的科研成果还包含有多种成果形式,因此,在进行科研成果界定时,既要考虑到科研成果的普遍特征,从共性的角度做出抽象的界定;也要考虑到科研成果的不同性质和不同形式,从个性的角度做出具体的界定。

第三,要明确科研成果的基本特征。

基于以上论述,本书对人文社会科学科研成果的内涵界定为:针对人文社会现象,运用科学合理的研究方法和学术规范,通过创造性的智力活动,取得的具有一定创新性和价值性(学术价值或社会价值)的知识性产品。创新性、价值性、科学性和规范性是人文社会科学成果的四个基本特征。

二 人文社会科学成果的分类

(一)实践中各类人文社会科学成果的分类

以各类人文社会科学成果评奖为例,其成果分类方式见表 4-1。

---

① 张国春:《社会科学科研成果的界定和分类》,《云梦学刊》2006 年第 6 期。
② 任全娥:《人文社会科学成果评价研究》,中国社会科学出版社 2010 年版,第 163 页。

第四章 高校人文社会科学成果分类评价标准及指标体系　79

表 4-1　　　　各类人文社会科学成果评奖中成果分类

名称	成果类别
第七届高等学校科学研究优秀成果奖（人文社会科学）	①著作（含专著、编著、译著、工具书、古籍整理作品等）； ②学术论文； ③研究报告（含调研报告、咨询报告等）； ④普及读物
北京市第十三届哲学社会科学优秀成果奖	专著、教材、工具书、普及读物、古籍整理作品、论文、调研报告
黑龙江省第十六届社会科学优秀成果奖	专著、编译著（包括编著、译著、工具书、古籍整理、科普作品等）、论文、研究报告
广东省 2012—2013 年度哲学社会科学优秀成果奖	①专著、教材、译著； ②公开发表的论文； ③调研咨询报告
江苏省第十二届哲学社会科学优秀成果奖	①学术著作（含专著、工具书、古籍整理、译著）； ②论文； ③研究报告（含调研报告、咨询报告）； ④普及成果（教材、教辅读物和文学艺术类作品除外）
浙江省第十八届哲学社会科学优秀成果奖	①国内外正式发表或出版的成果（包括著作、论文、研究报告、普及读物、学术性研究类译著、学术资料整理、工具书等）； ②未公开发表和出版但进入党委政府决策、产生重大社会影响的应用对策类研究成果（研究报告）
陕西省第十二次哲学社会科学优秀成果奖	①正式出版或者公开发表的哲学社会科学专著、编著、论文、工具书、学术译著（文）、志书、研究报告、古籍整理出版物、科普读物； ②未公开发表的，但被省（部）级以上党政部门采纳、推广并取得实际成效的调研报告
云南省第十八次哲学社会科学优秀成果奖	①专著、论文、调研报告、古籍整理、工具书、科普读物、教材、译著以及与上述形式相关的非文艺创作类学术理论性音像制品文字版本； ②应用对策性成果，确已被实际工作部门采用，并取得显著的社会效益或经济效益，具有鉴定验收报告和州市（厅）以上部门出具的书面证明

续表

名称	成果类别
重庆市第八次社会科学优秀成果奖	①在国内外公开报刊发表的社会科学论文、研究报告等；②在国内外公开出版发行的学术专著、编著、译著、工具书、教材、古籍整理、普及读物、地方志书；③未曾公开发表但被省（部）级及其以上党政机关采用、推广并出具证明的咨询报告、论证报告、调研报告；列为国家级、省（部）级的社科规划项目并出具结项证明的社科研究成果
2014年度河南省社会科学优秀成果奖	专著、翻译论著、古籍整理、教科书、工具书、普及读物、考古发掘报告、论文、调研报告等
内蒙古自治区哲学社会科学优秀成果奖	学术性研究成果，不包括非学术性的成果如工作总结、时事新闻、文学艺术作品、人物传略、回忆录、大事记、概览、统计资料汇编、领导讲话、公文、法律、法规等汇编
上海市第十二届哲学社会科学优秀成果奖	著作、工具书、古籍整理、理论普及读物、图集、年鉴、论文、研究报告等

（二）人文社会科学科研成果的分类

由表4-1可知，在各类人文社会科学成果奖评选过程中，主要是以成果形式为标准进行分类的。但实际上，成果分类标准并非仅此一种，张国春指出，分类标准有三种：一是按研究性质分类；二是按科研成果形式分类；三是把性质和形式两者结合起来分类。① 具体分类情况如下：

1. 按研究性质分类

梁其健提出，哲学社会科学的研究成果分三类：①基础研究。以解释人类社会普遍性现象为主要目的，其成果功能为揭示人类社会的普遍性规律的哲学社会科学研究。②应用基础研究。以解释人类社会某一特定领域、特定方面或某一特定现象为主要目的，并探寻对相应领域、方面和现象进行改造的一般方式方法，其成果表现为揭示人类

---

① 张国春：《社会科学科研成果的界定和分类》，《云梦学刊》2006年第6期。

社会某一特定领域、特定方面或特定现象的特殊规律且兼有对相应范畴一定的改造功能的哲学社会科学研究。③应用研究。以改造或改变人类社会现象为主要目的，其成果功能也主要表现为对人类社会现象的改造或改变的哲学社会科研研究。①

唐德章提出，根据哲学社会科学的特点，其成果分为：①基础理论性成果。主要指研究社会现象、行为获得的具有系统性、规律性的认识结论。②应用性成果。主要指根据社会发展中某一阶段或时期、某一地区或全社会的实际需要，以社会、政治、经济、文化等方面的具体问题为研究对象，运用社会科学基础理论知识，创造性地提出解决社会实际问题的方针、政策、规划、对策或战略措施等。③编、译、撰成果。②

陈建坤、郑贵斌提出，可参照联合国教科文组织对科研活动的分类，将社会科学成果分为基础研究成果、应用研究成果、开发研究成果。③

张武提出，社会科学成果分为基础研究成果、应用发展研究成果和资料、编译成果三大类型。④

张国春提出，社会科学研究成果分为六大类，即基础研究成果、应用研究成果、开发研究成果、引进介绍成果、科研技术成果和科研资料性成果。⑤

2. 按科研成果形式分类

人文社会科学的成果形式比较多，具体的分类形式大同小异，如教育部第七届高等学校科学研究优秀成果奖将成果形式分为：①著作（含专著、编著、译著、工具书、古籍整理作品等）；②学术论文；③研究报告（含调研报告、咨询报告等）；④普及读物。

---

① 梁其健：《哲学社会科学研究项目（成果）分类的探讨》，《华中师范大学学报》1986年第1期。
② 唐德章：《社会科研成果的界定、分类及其关系》，《西南民族学院学报》1990年第2期。
③ 陈建坤、郑贵斌：《社会科学科研管理概论》，东方出版社1990年版，第74页。
④ 张武：《社会科学管理理论与实践》，湖北人民出版社1993年版，第235页。
⑤ 张国春：《社会科学成果鉴定（评价）初探》，《社会科学管理》1991年第3期。

北京市第十三届哲学社会科学优秀成果奖将成果形式分为专著、教材、工具书、普及读物、古籍整理作品、论文、调研报告。

黑龙江省第十六届社会科学优秀成果奖将成果形式分为专著、编译著（包括编著、译著、工具书、古籍整理、科普作品等）、论文、研究报告。

另外，中国社会科学院科研局曾将科研成果分为专著、论文、研究报告、学术资料、古籍整理、丛书、论文集、译文、译著、工具书、学术普及读物、软件、综述、一般文章、教材、影视片 16 种。中国社会科学院民族研究所将科研成果分为专著、论文、调查报告、研究报告、译著、译文、工具书、古籍整理、教科书、序跋、书评、综述、影视片、软件、学术资料等 17 类。

3. 综合性分类

这是将研究性质和成果形式结合起来的分类方法。张武的分法具有代表性，其将不同形式的科研成果分为三大类：①基础研究成果，具体包括专著、论文、调查报告等；②应用开发研究成果，具体包括调研报告、建议、方案等；③资料、编译成果，包括工具书、古籍整理、译著、资料汇编、论文集等。

另外，张国春将人文社会科学成果分为六类：①基础研究类成果，具体包括专著、学术论文、报刊理论文章、古籍整理等；②应用研究类成果，具体包括研究报告和对策建议等；③学术翻译类成果，具体包括译著、译文等；④科研辅助类成果，具体包括学术资料（集）、工具书、软件等；⑤学术普及类成果，具体包括教材、学术普及读物等；⑥其他成果，具体包括学术评论、图像资料等。

在上述学术成果分类中，本书认同教育部第七届高等学校科学研究优秀成果奖评奖中提出的成果分类方法和张国春提出的综合性分类方法。两种分类方法的出发角度不同，张国春提出的科研成果分类方法涉及的成果种类较多，是一种广义成果的分类方法。教育部第七届高等学校科学研究优秀成果奖评奖中将科研成果按照形式仅分为四类，即著作、学术论文、研究报告和普及性读物，是一种狭义成果的分类方法。

通过查询全国各个高校的科研管理和职称评审条件，目前，绝大多数高校对人文社会科学成果认定只限于学术性研究成果，即学术论文、著作、研究报告（科研项目的成果），所以，本书后续的评价指标设计也以这三种成果形式为主。

第二节　高校人文社会科学成果的评价标准

所谓成果的评价标准，是指"评价主体以内在需求和利益为目的，并受自身的情感、愿望、观念等影响，对成果的价值认证所采取的一种评判尺度或依据"。[①] 评价标准在成果评价中扮演着重要角色，它是实现科研成果评价客观性与公正性的重要前提和保证，对成果的评价、对科研人员及其机构的科研活动以及对学科的发展具有引导和定向功能。

一　实践中人文社会科学成果的评价标准

以各类人文社会科学成果评奖为例，典型的成果评价标准如下：

（一）教育部第七届高等学校科学研究优秀成果奖（人文社会科学）的评奖标准

（1）政治标准：高举中国特色社会主义伟大旗帜，以马克思列宁主义、毛泽东思想、邓小平理论、"三个代表"重要思想、科学发展观为指导，深入贯彻习近平总书记系列重要讲话精神，坚持正确的政治方向和学术方向。

（2）学术标准：必须是具有创新性和前沿性的优秀成果，在理论上有所建树，在学术上有所创新，填补了本研究领域的某些空白，推动了学科建设和理论发展，或在解决国家和区域经济社会发展中的重大现实问题上有所贡献。

（3）学风标准：符合学术道德和学术规范，观点鲜明、论据充分，资料翔实、数据准确，逻辑严密、方法科学，没有知识产权等方

---

① 丁军强、吴桂鸿：《试论社会科学成果的评价标准》，《科技管理研究》2006年第6期。

面的争议。

（4）社会影响：基础研究类成果的学术价值得到学术界的重视和好评，产生了很好的社会影响；应用研究类成果为党和各级政府有关部门、企事业单位提供了具有重要参考价值的决策咨询意见和建议，产生了显著的经济效益和社会效益。

（二）黑龙江省第十六届社会科学优秀成果奖的评奖标准

成果评价主要从科学性、创新性、理论性、应用性、研究方法、逻辑结构、语言文字及所产生的经济和社会效益等方面进行综合考评。对于不同形式的成果，其评价标准不同，具体介绍如下：

（1）专著：对某一领域的现实或历史问题能够进行比较深入、系统、全面的研究，有学术创见和理论创新，具有理论价值和应用价值。

（2）编著：对现有理论进行梳理完善，有独特见解，有个人研究、发现的成果，具有理论价值和应用价值。

（3）译著：译文准确流畅，表意贴切，忠实于原著，对解决重要理论和现实问题、促进学科发展有积极作用。

（4）古籍整理：注释准确，修辞严谨，有补阙拾遗、钩沉补漏的作用，对历史考证、研究有价值。

（5）工具书：数据、资料准确齐全，内容编排科学，检索方便，适应经济社会发展需要，有实用价值。

（6）科普作品：有较强的科学性、知识性、应用性，通俗易懂，在传播和普及社会科学知识方面有积极作用和贡献。

（7）论文：能够科学地论证和回答所提出的重要理论问题及现实问题，观点、内容有创新，有理论价值和应用价值。

（8）研究报告：能够抓住经济社会发展中的重大问题以及领导和群众所关心的热点、难点问题，通过调研和科学分析，提出可行性对策、建议和措施，经实践有理论价值和应用价值。

（三）江苏省第十二届哲学社会科学优秀成果奖的评奖标准

（1）获奖成果必须坚持正确的政治方向，观点鲜明、论据充分，资料翔实、数据准确，逻辑严密、方法科学，具有创新性和前沿性，符合学术道德和学术规范，体现政治标准与学术标准的统一。

（2）基础研究类获奖成果应当在理论上有所建树，在学术上有所创新，填补本研究领域的某些空白，推动学科建设和理论发展，得到学术界的重视和好评。

（3）应用研究类获奖成果应当在解决国家和区域经济社会发展中的重大现实问题上有所突破，为党委、政府、有关部门及企事业单位提供具有重要参考价值的决策咨询意见和建议，产生显著的经济效益和社会效益。

（4）普及类获奖成果应当具有较强的科学性、知识性和可读性，在宣传党的创新理论、阐释解答人民群众关心的热点难点问题以及哲学社会科学知识传播普及方面产生良好的社会效果。

（四）重庆市第八次社会科学优秀成果奖的评奖标准

（1）基础理论研究成果（包括专著、论文等）。

一等奖：选题有重大意义，对某项学科原有理论或方法有所创新，提出了很重要的新观点，填补了相关学科的空白，学术水平高，对学科建设有重大贡献，在国内有重大影响。

二等奖：选题有重要意义，对某项学科原有理论或方法有重要的补充和发展，提出了鲜明的新观点，有较高的学术水平，对学科建设有较大的贡献，在市内有重要影响。

三等奖：选题有意义，对某项学科原有理论或方法有新的补充和发展，提出了某些新的观点，有一定的学术水平，对学科建设有一定贡献，在市内有一定影响。

（2）应用研究成果（包括咨询报告、论证报告、调研报告等）。

一等奖：选题为经济、社会、政治、文化等发展和改革开放、现代化建设中亟待研究和解决的重大问题，经过系统周密的调查和研究，有重大的理论与应用价值，得到市委、市政府以及中央有关部门的充分肯定或运用，推动改革开放和现代化建设取得显著效果，社会评价高，在国内有重大影响。

二等奖：选题为经济、社会、政治、文化等发展和改革开放、现代化建设中亟待研究和解决的重要问题，经过较系统周密的调查和研究，有较大的理论与应用价值，为市委、市政府决策提供了科学依据，推动改革开放和现代化建设取得明显效果，在市内有重要影响。

三等奖：选题有现实意义，经过调查和研究，在理论与实践的结合上分析和解决问题，为党政领导机关决策提供了重要参考，在实践中对推动改革开放和现代化建设发挥了一定作用。

（3）普及读物。

一等奖：观点正确，科学性很强，特色鲜明，语言通俗易懂，发行面广，社会评价高，对普及社会科学知识，促进物质文明、政治文明、精神文明等建设起到重要作用，在国内有重大影响。

二等奖：观点正确，科学性强，新颖生动，语言通俗易懂，社会评价好，对普及社会科学知识，促进物质文明、政治文明、精神文明等建设起到了重要作用，在市内有重要影响。

三等奖：观点正确，科学性强，通俗易懂，受到广大读者的好评，对普及社会科学知识，促进物质文明、政治文明、精神文明等建设起到了良好作用，在市内有一定影响。

（4）工具书（含地方志书等）。

一等奖：适应改革开放和现代化建设的要求及学术研究、学术交流的需要，经过发掘、整理、分析、鉴别，资料翔实，数据准确，体例科学，具有很高的学术和应用价值，对学术交流、学术研究起了重要作用，得到学术界高度评价，在国内有重大影响。

二等奖：体例科学，资料翔实，数据准确，具有较高的学术和应用价值，对学术交流、学术研究起了较大作用，得到学术界充分肯定，在市内有重要影响。

三等奖：编写的资料内容比较丰富，数据可靠，编排科学，检索方便，具有一定的学术和应用价值，在市内有一定的影响。

（5）译著。

一等奖：选题新颖，意义重大，译文质量很高，得到学术界充分肯定，对研究我国改革开放和现代化建设中的重大理论问题与实际问题有很高的参考价值，在国内有重要影响。

二等奖：选题好，意义大，译文质量高，得到学术界普遍肯定，对研究我国改革开放和现代化建设中的重大理论问题与实际问题有一定的参考价值，在市内有重要影响。

三等奖：选题正确，译文准确，受到广大读者好评，在市内有一定影响。

（6）古籍整理成果。

一等奖：底本恰当，版本齐全，校订精密，考据精详，立例精当，方法科学，具有突出的新意和创见，学术价值很高，得到学术界高度评价，在国内有重要影响。

二等奖：底本恰当，版本全面，征引广博，考据缜密，诠释准确，立例恰当，方法科学，有较多新意，得到学术界普遍好评，在市内有重要影响。

三等奖：底本恰当，版本收集比较齐全，征引比较广博，考据比较审慎，诠释准确，立例恰当，方法科学，确有新意，得到学术界好评，在市内有一定影响。

（7）教材。

一等奖：教材能概括吸收国内最新成果，在同类教材中，内容上有较大创新，结构上有较大突破，资料详尽准确，具有较高的系统性和科学性，能反映教育规律，在提高教育教学水平和质量、实现培养目标等方面产生显著效果并取得良好社会效益，在国内有重要影响。

二等奖：教材内容上有所创新，结构上有所突破，资料翔实，对更新教育观念、提高教育教学质量产生积极影响，产生较好的社会效益，在市内有重要影响。

三等奖：教材内容新颖，逻辑性强，资料翔实，对更新教育观念、提高教育教学质量产生一定影响，产生一定社会效益，有一定影响。

二　人文社会科学成果评价标准的确定

标准问题是评价社会科学研究成果的前提和基础。为了客观、公正地评价成果价值，必须厘清标准问题，从而确立科学合理的评价标准。唯有如此，才能推动社会科学成果评价及其学科的健康发展。结合人文社会科学成果的本质特征和实践中的评价标准，本书认为，人文社会科学的评价标准应该从以下四个方面考虑：

(一)政治标准

与自然科学和工程技术不同，人文社会科学研究不可能完全做到价值中立，人文社会科学研究中，工具理性与价值理性是并存的。许多人文社会科学研究是以解决本国、本民族的实际问题为出发点的。而不同的民族和国家，社会制度、文化背景、心理习惯、价值观念等都有差异，这些差异导致评价成果价值标准的不同，一个民族、国家认为好的，另一个民族、国家则可能认为不好；一方认为是正价值的，另一方则可能认为是负价值。人文社会科学还具有阶级性，它必定要为其所处的当前社会环境服务，反映出特定的价值取向，进而反映意识形态的对立，在哲学、宗教、政治、伦理中尤其如此。无论是作为研究对象的人和社会，还是作为研究主体的研究人员，都不可避免地处在特定意识形态主导的社会关系当中，受到民族、地域、文化传统、价值伦理的影响，因而带有一定的民族性和阶级性。当然，也有全人类都可接受的研究成果，特别是距离政治和意识形态较远的学科的成果。但即便如此，大量的人文社会科学研究必然要面向本土，适合本国国情，坚持正确的政治方向和学术方向。

(二)学术标准

学术标准具体包括创新性、科学性、逻辑性、规范性等方面属性。

1. 创新性

在科学研究过程中，创新性具有十分突出的地位，它是科学研究的生命。人文社会科学领域里所说的创新性，是指研究成果在认识和探索人类及某一社会现象的本质及其发展规律时，对人文社会科学知识宝库做出的新贡献。创新性是成果价值的核心，要评价人文社会科学成果的学术价值，最重要的是看它有无创新性及其创新性的大小。正因如此，各种层次的评价中，均把"创新性"作为评价成果特别是基础研究成果的重要标准。

学术界对社会科学成果的创新性做了积极探讨。周起森认为，创新性包括：①选题方面有创新；②开拓材料范围或开辟新的研究领域、扩大认识对象的范围；③修正前人错误的或不完全正确、不全面的认识；④提出与科学发展阶段同步的新见解；⑤技术手段、研究方法有创新；⑥革新著述方式。① 这一认识其实是从内容上对创新性进行分类。李存娜认为，社会科学成果的创新性包括直接创新和间接创新两大方面。② 所谓直接创新，是从成果的内在特征或本质层面进行创新，它是成果创新性的核心部分，具体包括新见解、新理论、补充不足、纠正错误等。所谓间接创新，是从成果的外在特征或形式层面进行创新，它包括新领域、新方法、新材料、新技术等。同时，李存娜也指出，就这两种创新来说，间接创新对研究成果本身而言没有很大的直接意义，但是，正因为这些间接创新的作用催生了直接创新，促使社会科学成果学术价值得以真正实现。因此，间接创新在成果创新性中的地位是不可忽略的，它是评价成果学术价值的一项重要标准。

2. 科学性

科学性是人文社会科学成果评价中的重要标准。许文深等指出：科学性是指稿件的内容是否符合客观实际，是否反映出事物的本质和内在规律，即概念、定义、论点是否正确，论据是否充分，实验材料、实验数据、实验结果是否可靠等。③ 丁军强等认为，科学性即真理性，是"指研究问题的实证性和论证本身的正确性"。④ 同时，丁军强认为，科学性是评价社会科学成果的根本要求和唯物主义的前提，要正确判定某一社会科学成果所反映的内容是否真实，就必须以一定可观察的、可感知的或者可查阅的社会事实为依据。由此可见，科学性也就是客观实证性，即成果所反映的内容与经验事实保持一致的属性。基于此，学术成果的科学性主要包括：①研究问题的真实性，即发现和（或）解决的问题是真问题而不是假问题。②观点（结论）的正确性，即对那些可检验的观点（结论）而言，要能够经得起实践的检验；对那些不可检验的观点（结论）而言，要具有逻辑上的自洽性（自圆其说，自成一家之言）。③论证的正确性，即论证的逻辑是合理

---

① 周祥森：《学术权力与民主——"长江〈读书〉"奖论争备忘》，鹭江出版社2000年版，第422—423页。
② 李存娜：《人文社会科学评价问题与反思》，《学术界》2004年第3期。
③ 许文深、陈俊：《论科技期刊责任编辑与同行专家审稿》，《编辑学报》2002年第2期。
④ 丁军强、吴桂鸿：《试论社会科学成果的评价标准》，《科技管理研究》2006年第6期。

的，事实论据是真实可靠的，理论论据是正确的和有说服力的。

3. 逻辑性

逻辑性标准主要用于评价人文社会科学理论的内部结构和关系，具体包含两层含义。第一，逻辑的自洽性。它是指建构的社会科学理论中，观点或结论之间必须是相容的，不相互矛盾，逻辑推理正确无误，阐述前后一致，结构严谨，自圆其说。逻辑自洽性是任何一个理论能够成立的必备条件。第二，逻辑的简明性。它包括两方面的含义：一是逻辑的简单性，即特指社会科学成果理论基础结构的简单性。在评价社会科学成果价值时，在追求理论内容充实的基础上，必须关注理论基础结构的简单性。二是表述的明确性，即社会科学成果阐述思路清晰，概念明确，不偷换概念，无循环论，叙述清楚，这也是检验成果价值的一条重要标准。

4. 规范性

学术论文的规范性主要包括：首先是论证规范性，即论文使用了专业性的语言（文字、图表、公式、数字等）而非日常生活中的语言，并在解决问题过程中恰当地应用了相应的理论分析工具（理论、方法和技术）；论文不是简单地描述事实、罗列现象或堆砌材料，而是对事实或材料加以抽象、概括和提炼，并通过严密的逻辑论证将这些事实或材料上升到一定的理论高度，从而形成对研究对象的规律性认识。其次，为了适应文献计量法在论文评价中不断增强的趋势，学术论文规范性还应该注意引用的规范性和参考文献的规范性。同时，越来越多的社会科学论文也开始逐渐强调论文结构的规范性，即论文写作模式按照"综述—问题—论证—结论"的结构进行。

（三）学风标准

科研成果是学术研究的结果，学术研究以追求真理，探索新知为己任。学术研究的目的在于创新，其生命力也在于创新。没有创新，就没有真正的学术和学术的发展；没有创新，学术研究就失去了它的应有价值。然而，科研实践中，由于种种因素的影响，学术不端现象时有发生。学术不端与学术创新势不两立。不把精力和时间放在深入研究问题上，而是通过粗制滥造、假冒伪劣、抄袭剽窃等手段来制造学术"成果",不会有学术上的创新。鉴于此,学风标准也应该是评价人文社会科学成果的一个主要标准。

(四)效益标准

效益标准也就是价值标准,规范地讲,成果的价值体现在学术价值和社会价值两个方面,但由于学术价值是通过成果的创新性、科学性等学术标准体现出来的,前文对此已论述,在此不再赘述。鉴于此,此处的效益标准主要指的是社会价值标准,即学术成果对特定社会的经济、文化及人自身的全面协调发展所发挥的积极作用,这是人文社会科学研究的最终目的或归宿。对于人文社会科学成果而言,效益性包括经济效益和社会效益两大方面:(1)经济效益。指社会科学研究成果作用于实践后,给社会经济带来直接或间接的效益。社会科学研究成果的经济效益主要体现在:①对经济建设和改革实践中遇到的问题,从理论和实践结合上做出准确论述,为国家、地方政府部门制定方针政策和战略决策提供理论依据。②在调查研究的基础上,为政府机构决策提供对策、建议和实施方案。③总结国内外经济建设的经验教训,为国家当前和未来的经济发展制定科学的政策和战略。(2)社会效益。社会科学研究成果既能体现经济效益,也可以通过为人们提供科学文化知识,更新人们的政治观念、价值观念、法制观念,转变人们的思维方式、生活方式,强化思想道德建设,以此提高全民族的科学文化素质和思想道德素质,从而产生社会效益。

第三节 高校人文社会科学论文类成果评价指标体系

人文社会科学包括人文学科和社会科学两个方面,人文学科与社会科学之间既有区别又有联系。区别主要表现在两个方面:一是研究对象的不同。人文学科研究的是人的观念、精神、情感和价值,是"人"的精神世界及其所积淀下来的文化。人文学科的价值不在于提供物质财富或实用的技术,而在于为人类提供一个意义的世界,守护一个精神的家园,使人类的心灵有所安顿、有所依归。而社会科学研究的是"社会",

如果说人文学科是研究人的主观世界和人类的精神文化的话，那么社会科学关注的中心则是客观的人类社会，它是外在于具体个人的。一般来说，经济学、政治学、法律学、社会学等属于社会科学，而文学、哲学、历史等则属于人文学科。二是研究方法的不同。人文学科的研究方法主要是意义分析的方法，是一种解释的方法，而社会科学则较多地引进了自然科学的方法，即实证的方法居多。基于此，人文社会科学成果的评价应该从人文学科和社会科学两个角度分别展开。

针对学术成果的评价方法，理论界普遍认为，应该是定性评价与定量评价相结合，其中定性评价采用同行评议为主，定量评议采用文献计量为主。人文社会科学论文类成果的评价方法也不例外。

一 社会科学论文类成果定性评价指标选择的逻辑思路

学术成果评价历来是一个难题。据本课题调查结果，绝大多数学者认为，价值性和创新性理应是评判学术论文质量优劣的两大基本标准。那么，到底应该如何衡量论文类成果的"价值程度"和"创新程度"的大小呢？其逻辑思路是什么呢？下面予以回答。

（一）价值程度评价指标选择的逻辑思路

从哲学范畴来看，价值是指客体满足主体某种需要的属性，或者客体对主体的有用性。从这一认识角度出发，学术论文的价值程度判断可从学术价值和社会价值两个方面进行。所谓学术价值，从科学进步层面看，是指一项成果的出现对某一知识体系的丰富、完善和发展，或开拓性地创立一套新理论或新体系，对人类科学的进步起到了较大的推进作用；从学科建设层面看，可以理解为填补了学科理论上的空白，开创了新学科，较大地推动了某一学科的建设和发展等。所谓社会价值，是指成果的出现对某一国家或地区社会经济发展的推动和贡献，主要包括社会反响和社会效益两方面，具体可理解为成果的出现形成了某种社会思潮，改变了社会意识形态，对社会公民的思想产生了重大影响；或者是解决社会发展中的重大问题，提出符合实际的富有创建的思路和对策，有效地预测了社会经济发展未来趋势等。人文社会科学类学术论文的价值是学术价值和社会价值两者的统一，在考核一项科研成果时，要统筹考虑，不可顾此失彼。但同时也应该注意到不同学科的学术论文，其学术价值和社会价值在其内部的构成比重是不相同的。有的学术性很强的论文，其直接的社会效果特别是经济效果并不明显；而有的社会效益明显的论文，又没有很高的学术价值；还有一些基础理论方面的论文，学术价值是很高的，社会价值也较大，但不是直接地、及时地反映出来。因此，在评判不同学科学术成果价值时，可以结合学科特点，区别对待。

另外，要判断学术论文的价值程度，还应该考虑学术规范和研究科学性两个方面，即"学术规范"和"研究科学性"应该作为判断成果价值的补充指标。其理由如下：在严格的学术规范下，运用科学的研究方法，经过严密的逻辑推导过程，得出了令人信服的、具有一定学术价值或社会价值的论文成果。

(二) 创新程度评价指标选择的逻辑思路

在科学研究领域，有一个普遍的共识，那就是"科学的本质不在于已经认识的真理，而在于探索真理"。由此显示出"创新程度"在科研评价中具有很重要的地位，进而导致"创新性"成为学术论文定性评价（同行评议）过程中一个必不可少的评价标准。评判一项学术论文质量的高低、有无创新性及创新程度大小是首先要考虑的问题。关于创新的内涵，学术界做了诸多的探讨，如有学者认为，人文社会科学成果的创新性主要体现在新理论、新方法、新概念、新应用、新现象、新论证等几个方面（谭贤楚等，2006）；也有学者认为，创新性是指研究选题创新、研究领域创新、研究对象创新、修正前人研究结论、见解创新、研究技术和方法创新、著述方式革新等（李存娜，2004）。另外，还有许多学者对创新性内涵进行了类似的分析。本书认为，人文社会科学论文的创新性可从"内部创新"和"外部创新"两个角度进行分析。从学术论文内在特征和本质层面展现出来的创新就是"内部创新"，这是判断创新程度的核心和关键，主要包括新理论、新观点或新见解等。从论文的外部特征或形式层面所表现出来的创新就是"外部创新"，主要包括新方法、新资料、新领域等。

另外，鉴于不同学科科研活动的研究基础和竞争程度不同，本书认为，在判断创新程度大小的过程中，还应该考虑学术论文形成过程的难易程度，也就是应把"难易性"作为"创新性"的一个补充指标，两者配合起来综合衡量成果的创新程度大小。究其原因，主要是在不同研究领域，其研究过程的困难程度、受关注程度以及研究者人数都不相同。在研究过程越困难、受关注程度越高、研究者越多的情形下，新理论、新思想、新观点、新资料越难以出现，创新相对就比较困难。反之，创新相对就比较容易。基于此，本书认为，应该依据"难易性"和"创新性"对成果的创新程度给予恰当的评价。即"创新性高"和"研究难度大"的成果创新程度最强；"创新性低"和"研究难度不大"的成果创新程度最低；对于"创新性高"和"研究难度低"的成果、"创新性低"和"研究难度大"的成果，其创新程度介于最大和最小之间。

综上所述，人文社会科学类学术论文类成果的评价指标体系从五个方面着手，即学术规范性、研究科学性、价值性、创新性和难易性。其中，前三项指标（学术规范性、研究科学性和价值性）主要用于评价学术成果的价值程度；后两项指标（创新性和难易性）主要用于评价学术成果的创新程度。

二 社会科学论文类成果定性评价的指标体系

基于人文学科和社会科学的差异性，本书对论文类成果定性评价指标体系的设计从社会科学和人文学科两个角度分别展开。

（一）社会科学衡量论文类成果价值程度的相关指标

结合上述分析结果，学术论文价值性评价指标具体如下：

（1）学术规范性。此项指标强调内容结构规范性（按照"综述—问题提出—观点论证—结论"的论文结构）、引用文献规范性和参考文献规范性三个方面，从而有助于读者或同行作进一步研究或证伪。

（2）研究科学性。此项指标可从选题合理性、方法科学性、逻辑严密性、论据充分性等方面进行判断，其目的是通过上述几方面的判读，使读者相信成果的形成过程符合科学规律，从而使其对研究结论的价值判断有意义。

（3）价值性。此项指标直接反映评价对象质量高低和效用程度，具体可从"学术价值"和"社会价值"两个角度展开，其中，学术价值从科学进步价值和学科进步价值两个方面进行评价,而社会价值从社会反响和社会效益两个方面进行评价。

(二) 社会科学衡量论文类成果创新程度的相关指标

创新是科学研究的灵魂,同时相对来讲也是一个易于判断的指标。论文类成果的创新程度评价可从创新性和难易性两个角度展开,具体指标设计如下:

(1) 创新性。借助同行评议、文献查新、成果展示等手段,从理论突破性、观点新颖性、方法创新性、资料整理新颖性(如新资料、新史料、新证据、新数据等)等角度对评价对象的创新程度给予判断。

(2) 难易性。此指标是评价创新性的辅助指标,具体可从论题的复杂程度、资料收集或处理的难度、论题的受关注程度等方面展开。

综合上述分析,社会科学论文类成果同行评议指标体系设计如表4-2所示。

表4-2　　社会科学论文类成果同行评议的指标体系

一级指标	二级指标		评价要点
学术规范性	内容结构规范性		学术规范性研究是研究成果科学性的基本要求。此项指标评价强调首先应注重成果内容结构规范性,按照"综述—问题提出—观点论证—研究结论"框架形成;其次强调引用文献准确、恰当,标注规范;最后强调参考文献全面、真实
	引用文献规范性		
	参考文献规范性		
研究科学性	选题合理性		选题具有理论价值或实践价值;研究方法科学先进;研究成果目标明确、结构合理、逻辑性强;参考资料占用全面、论据充分可信
	方法科学性		
	逻辑严密性		
	论据充分性		
价值性	学术价值	科学进步价值	某一知识体系的丰富、完善和发展;开拓性地创立一套新理论或新体系;填补了学科理论上的空白;开创了新学科;较大地推动了某一学科的建设和发展等
		学科建设价值	
	社会价值	社会反响	形成了某种社会思潮,改变了社会意识形态,对社会公民的思想产生了重大影响;解决了社会发展中的重大问题,提出富有创建的思路和对策,有效地预测了社会经济发展未来趋势等
		社会效益	

续表

一级指标	二级指标	评价要点
创新性	理论突破性	是否具有重大发现或理论创新，填补研究领域空白；是否提出新观点、新视角，促进学科发展；是否引入新颖研究方法，取得有效成果；是否发现新资料、新史料、新证据、新数据
	观点新颖性	
	方法创新性	
	资料整理新颖性	
难易性	论题的复杂程度	论题的论证过程是否复杂、涉及面是否广泛；资料收集是否全面，资料整理难度大小；论题受关注程度大小，研究人员多少（越容易受关注的问题，由于研究人员多，各种观点也多，因此越不容易出现创新）
	资料收集或处理的难度	
	论题的受关注程度	

三 社会科学论文类成果定性评价指标权重的确定

确定学术成果评价指标体系之后，还需要根据各指标相对于评价总目标的重要性为各指标分配权重。权重的确定方法较多，主要有主观赋权法（如 AHP 法、德尔菲法等）和客观赋权法（如主成分分析法、因子分析法、TOPSIS 法等）。不同的权重确定方法各有优缺点和适用领域。就论文类学术成果评价而言，AHP 方法（层次分析法）是较为恰当的选择。AHP 法是一种定性与定量分析相结合的多准则的决策方法，同时也是一种被广泛应用于确定指标权重的方法。利用 AHP 法确定同行评议指标权重的过程如下：

（一）构建层次结构图和判断矩阵

首先，依据表 4-2 中构建的论文类成果同行评议的指标体系，建立评价指标的递阶层次结构图。层次结构图共分为 Q 层（目标层）、R 层（准则层）和 S 层（指标层），具体如图 4-1 所示。

建立层次分析结构图之后，需要对每一层次中各指标相对于上一层的重要性进行两两比较，构造出比较判断矩阵。判断矩阵的构建采用 1—5 级标度法，分别对每一层次的评价指标的相对重要性进行定性描述，各级标度含义见表 4-3。

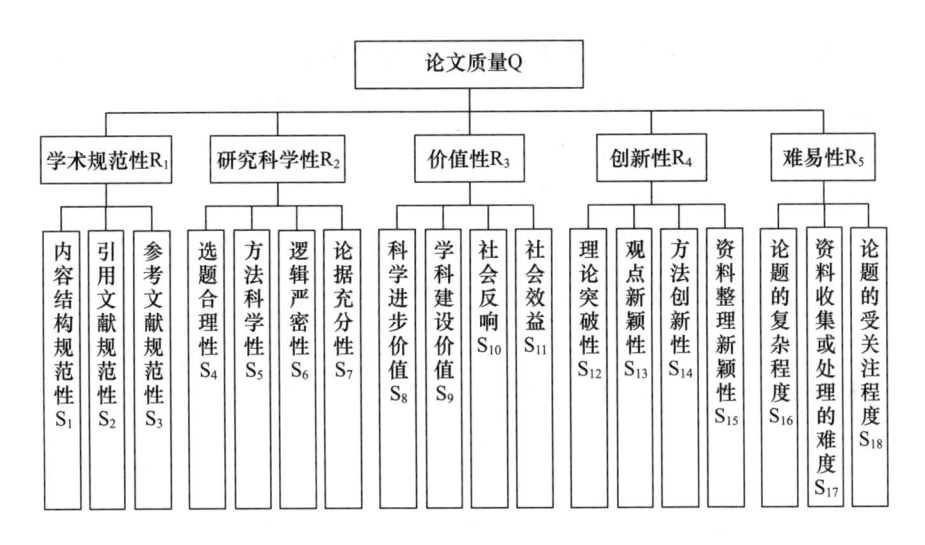

第四章 高校人文社会科学成果分类评价标准及指标体系

图 4-1 人文社会科学论文类成果同行评议指标体系的层次结构

表 4-3　　　　　　　　判断矩阵标度的含义

A_{ij} 的取值	基本含义
1	表示两个元素 A_i 和 A_j 相比，具有同等重要性
2	表示两个元素 A_i 和 A_j 相比，前者比后者稍重要
3	表示两个元素 A_i 和 A_j 相比，前者比后者明显重要
4	表示两个元素 A_i 和 A_j 相比，前者比后者强烈重要
5	表示两个元素 A_i 和 A_j 相比，前者比后者极端重要
1, 2, …, 5 的倒数	若元素 A_i 与元素 A_j 的重要性之比为 A_{ij}，则元素 A_j 与元素 A_i 的重要性之比为 $A_{ji} = 1/A_{ij}$

为了获得各个判断矩阵的数据，本章采用了调查问卷的方式，共向西安地区10所高等院校副高以上职称的人文社会科学领域学者和科研管理者发放调查问卷300份，收回有效问卷286份，然后利用对每一项分值"平均并求整数"的方法，分别获得人文社会科学类学术成果同行评议指标体系中各个层次的判断矩阵中相关数据。具体的目标层到准则层的判断矩阵、准则层到指标层的判断矩阵此处省略。

（二）确定指标权重

依据层次分析法，要确定指标权重，则需要根据判断矩阵计算最大特征值及其对应的特征向量，常用的计算方法有幂法、和积法和方法根三种，其中，和积法计算简便且能够保证足够精确度，因此，本书采用和积法进行相关计算，进而求出各个评价指标的权重。具体计算过程省略。

依据上计算及检验结果，求得人文社会科学论文类学术成果同行评议各项指标权重分配情况，具体如表 4-4 所示。

表 4-4　社会科学论文类成果同行评议指标体系的权重分配

一级指标	一级指标权重	二级指标	二级指标权重	总权重
学术规范性	0.06	内容结构规范性	0.50	0.030
		引用文献规范性	0.25	0.015
		参考文献规范性	0.25	0.015
研究科学性	0.20	选题合理性	0.12	0.024
		方法科学性	0.12	0.024
		逻辑严密性	0.38	0.076
		论据充分性	0.38	0.076
价值性	0.27	科学进步价值	0.30	0.081
		学科建设价值	0.30	0.081
		社会反响	0.15	0.0405
		社会效益	0.25	0.0675
创新性	0.39	理论突破性	0.54	0.2106
		观点新颖性	0.12	0.0468
		方法创新性	0.22	0.0858
		资料整理新颖性	0.12	0.0468
难易性	0.08	论题的复杂程度	0.62	0.0496
		资料收集或处理的难度	0.24	0.0192
		论题的受关注程度	0.12	0.0096

四　人文学科论文类成果定性评价指标体系及权重分配

与社会科学相比较而言，思辨性是人文学科研究的一大特点。思辨性是对认识对象深层本质深刻细密的分析，是对认识对象复杂关系辩证的把握，人文学科成果的研究离不开直觉思维。或者说，人文学科成果的取得在很大程度上依赖于直觉思维，是研究者思辨的结果。因此，个性化、民族性、超越性、非实证性、历史积淀性成为人文学科成果的基本特点，进而导致人文学科成果评价特别重视专家和权威的同行评议（定性评价）。

基于人文学科成果的特点，同时结合社会科学评价指标体系，人文学科论文类成果评价指标体系设计如表 4-5 所示。

表 4-5　　　　人文学科论文类成果同行评议的指标体系

一级指标	一级指标权重	二级指标		二级指标权重	总权重
学术规范性	0.05	引用文献规范性		0.5	0.025
		参考文献规范性		0.5	0.025
研究科学性	0.18	选题合理性		0.2	0.036
		方法科学性		0.2	0.036
		逻辑严密性		0.3	0.054
		论据充分性		0.4	0.072
价值性	0.32	学术价值	科学进步价值	0.25	0.08
			学科建设价值	0.25	0.08
		社会价值	社会反响	0.3	0.096
			社会效益	0.2	0.064
创新性	0.38	理论突破性		0.5	0.190
		观点新颖性		0.2	0.076
		方法创新性		0.15	0.057
		资料整理新颖性		0.15	0.057
难易性	0.07	论题的复杂程度		0.6	0.042
		资料收集或处理的难度		0.25	0.0175
		论题的受关注程度		0.15	0.0105

如表 4-5 所示，人文社会科学评价指标体系与社会科学成果评价指标体系相同，也是从学术规范性、研究科学性、价值性、创新性和难易性五个角度进行，只不过在学术规范性指标中，论文内容结构

的规范性不在强调，但是，引用规范和参考文献规范仍然保留，这主要是为了符合论文类成果评价的国际趋势，同时也是为了便于定量评价。其他指标体系没有太大的变化。尽管指标相同，但是，人文学科论文类成果的权重与社会科学论文类成果的权重却大相径庭。通过专家访谈及调研，并运用 AHP 方法，得到各指标的权重如表 4-5 所示。

五 论文类成果定量评价指标的选择

（一）关于定量指标用于论文评价的争议

1. 完全否定外在指标对于评估学术成果质量的作用

具有代表性的是中国社会科学院卜卫、陈力丹等，其中，卜卫的社会科学成果评估体系被称为"五不评估体系"，即不以课题来源评成果；不考虑媒体的报道和评估；不承认所谓"核心期刊"；不以评奖论英雄；学术同行的引用率暂时无法作为衡量标准。完全不考虑任何外在指标，在同类研究中独树一帜。在成果评估实践中，国家和各省的社会科学成果评估体系，也主要采用同行评议，也不考虑外在指标。

2. 把外在指标作为评估成果质量的重要指标

持这一观点的以科研管理者和部分学者（如叶蓬、沙似鹏、杨家栋等）为主要代表，他们认为，外在指标是评估成果质量的重要依据。叶蓬提出，在论文评价中，"选题来源、出版层次、转载反响、获奖层次、会议入选层次五个硬指标，能与专家在创新程度指标的评估形成一种有益的互补"。[①] 沙似鹏等也表达了类似的观点。[②] 杨家栋等学者提出，针对社会科学研究成果的评价，"为增加诸成果之间的可比性，应尽可能以定量评价为主"，"应从成果属性、成果背景、创新力度、影响广度、作用强度、生命长度六个方面来进行"。[③] 雷二庆

---

① 叶蓬：《人文社会科学研究成果评估指标体系分析》，《探求》2001 年第 1 期。
② 沙似鹏、郑礼、郭才伯、张毅：《人文、社会科学研究成果评估指标体系初探》，《上海高教研究》1994 年第 1 期。
③ 杨家栋、秦兴方：《社会科学研究成果的评估及其指标体系》，《齐鲁学刊》2001 年第 2 期。

指出，对于单篇论文而言，首要评估层次是发表级别。①

3. 目前大多数学者更倾向于内在指标和外在指标两者相结合的观点

比如杨霞等认为，项目级别、引用情况等可作为评估时的"附加分"。② 丁军强、吴桂鸿等认为，人文社会科学成果的评估应将外在指标与内在指标相结合，外在指标和内在指标的权重，在评估成果质量时应"三七开"。③

（二）常见的文献计量指标及其对论文评价的适用性

近年来，文献计量分析作为一种可以客观地、量化地揭示学术研究发展规律的文献分析工具，已在科研管理领域中得到了广泛运用。所谓文献计量分析，是指以文献信息为研究对象、以文献计量学为理论基础的一种研究方法。该方法强调采用数学与统计方法来考察文献的外部特征，从而描述、评价和预测某一学术领域的研究现状与发展趋势。在我国将文献计量学应用于人文社会科学领域学术评价，主要是从20世纪中后期开始的。由于语言障碍等诸多原因，美国《社会科学引文索引》（SSCI）不包括我国大多数社会科学优秀期刊，无法对我国的人文社会科学学术发展进行文献统计。从20世纪90年代中期开始，我国图书文献信息界在引进和自行开发数据库、开始计算机辅助文献计量分析的研究等方面，进行了一些大胆探索，取得了一些成果。目前，我国自行开发的社会科学类引文数据库主要有：中国社会科学院文献信息中心的《中国社会科学引文数据库》（2013年来源期刊733种）和南京大学的《中文社会科学引文索引》（2014—2015年来源期刊533种）以及中国知网（www.cnki.net）开发的《中国引文数据库》。这些引文数据库是我国进行文献计量分析的重要数据源，

---

① 雷二庆：《单篇科技期刊论文评估方法初探》，第十届全国科技评价学术研讨会精选论文集，2010年。

② 杨霞、熊世春：《社会科学研究成果综合评估指标体系研究》，《山西师范大学学报》（社会科学版）2008年第5期。

③ 丁军强等：《社会科学研究成果评估指标体系构建之管见》，《评估与预测》2006年第4期。吴桂鸿：《社会科学研究成果评估指标体系研究》，湖南大学，2006年。

在文献计量研究、期刊评价、项目评估、成果评奖、人才选拔、科研院所和高等学校的绩效评价等方面，提供了科学、客观的统计工具。目前，文献计量学的统计和分析方法，被越来越广泛地用于项目中期阶段性成果的评价以及项目结项后的成果评奖中。

在文献计量分析中，最重要和最基础的是引证关系。引证是文献之间的引用与被引用关系。在学术研究论著中，任何一份文献都不是孤立存在的，而是相互影响和相互联系的，在其中引文又是其必不可少的组成部分。引证包括主动引用和被引两个方面。一篇学术论文的引文，是作者对前人和今人已有研究成果的承认及借鉴、使用的说明，对于被引用者和论著而言，是其对以后的科研人员及他们的学术研究成果产生影响和作用的书面记录与证明。引证，一般意味着引用者由此受到启迪，论文的研究内容在同类学科领域发展进程起到了一定的推动或促进作用，或者论文对引用者形成新的研究思想方面具有一定的意义，论著发表以后被引用的情况总体来说就是广大同行承认的书面记录。因此，在评价论文类成果的时候，不仅要看其发表论文的发表级别等，更重要的是要衡量这项成果的被引用情况，因此，在评价系统中引入引证指标，对提高评价系统的客观性、公正性无疑是有益的。基于引证关系的文献计量指标如表4-6所示。

表4-6　　　　　　学术评价中常见的文献计量指标

指标	含义	论文评价的适用性
被引次数	某一论文或著作被其他论文或著作引用的次数	可针对单篇论文计算
他引次数	某一论文或著作被其他作者撰写的论文或著作引用的次数	可针对单篇论文计算
影响因子	某期刊前两年发表的论文在该报告年份（JCR year）中被引用总次数除以该期刊在这两年内发表的论文总数。这是一个国际上通行的期刊评价指标	针对期刊的主要评价指标，可以间接针对论文进行评价
扩散因子	是一个用于评估期刊影响力的学术指标，显示总被引频次扩散的范围。具体意义为期刊当年每被引100次所涉及的期刊数	显示引用论文所覆盖的期刊范围。评价期刊的指标之一，不适宜用于论文评价

续表

指标	含义	论文评价的适用性
学科影响广度	在所有期刊范围内，引用该刊的期刊数量与其所在学科全部期刊数量之比	显示引用论文所覆盖的学科范围。评价期刊的指标之一，不适宜用于论文评价
被引半衰期	该期刊在统计当年被引用的全部次数中，较新一半是在多长一段时间内发表的	被引半衰期是测度期刊老化速度的一种指标，通常不是针对个别文献或某一组文献，而是对某一学科或专业领域的文献的总和而言的
Web下载量	论文在网上的下载次数	可针对单篇论文计算，在一定程度上反映了论文质量
基金论文比	有基金支持的论文占论文总数的比率	针对期刊，不能改造为针对单篇论文计量，同行及时评议时更为准确
即年指标	是一个表征期刊即时反应速率的指标，主要表述期刊发表的论文在当年被引用的情况，具体算法为：年指标=该期刊当年发表论文在当年被引用的总次数/该期刊当年发表论文总数	不适合单篇论文的评估
载文量地区分布	指来源期刊登载论文所涉及的地区数。这是衡量期刊论文覆盖面和全国影响力大小的一个指标	不能有效反映论文的质量
合著情况	作者的人数情况	不能有效反映论文的质量
参考文献数量	文中列明的参考文献的数量	不能有效反映论文的质量
H指数	在一定期间内，某作者发表的论文至少有h篇的被引频次不低于h次	针对作者进行评估，难以用于单篇论文评估
g指数	论文按被引次数排序后相对排前的累计被引至少 g^2 次的最大论文序次g，亦即第 $(g+1)$ 序次论文对应的累计引文数将小于 $(g+1)^2$	针对作者进行评估，难以用于单篇论文评估

除上述文献计量指标外，实践中，还有一些间接反映论文质量的

指标，具体如4-7所示。

表4-7　　　　　其他间接反映论文质量的定量指标

指标	含义	适用性分析
课题来源	资助论文研究的课题或项目	可用于论文质量的评价
发表层次	论文发表期刊的档次	可用于论文质量的评价
政府采纳	指政府对成果的采纳情况：包括采纳部门的级别、成果被采纳的程度、采用后的效益等	可用于论文质量的评价
获奖情况	指论文获奖的层级。可分为国家级、省部级、厅局级等	可用于论文质量的评价
被转载情况	指依据论文入选会议的情况进行评估	可用于论文质量的评价
会议入选	指依据论文入选会议的情况进行评估。会议可分为国际、国家级、省级等，会议层次越高则表示论文质量越高	可用于论文质量的评价
成果容量	指成果的字数	可用于论文质量的评价
媒体报道	媒体报道被认为是对论文质量的再次肯定和确认，作为成果的"社会反响"指标，主要受到科研管理部门的青睐	可用于论文质量的评价

1. 课题来源

它是指资助论文研究的课题或项目。从目前高校各类评价实践的做法来看，一般有两种做法：一种是把课题分为国家级课题、省部级课题、厅局级课题等不同级别；另一种是把课题按照经费规模和数量进行划分，比如10万元以上、5万—10万元、2万—5万元、2万元以下等。吴桂鸿、唐德章等认为，课题来源指标或用来表示成果的难度和重要性，或用来表示学术创新性和学术价值[①]，因此，可用于学术论文评价，作为反映学术论文质量高低的参考指标之一。但是，也有很多反对者认为，课题来源与成果质量不能完全形成正比。对此，

[①] 吴桂鸿：《社会科学研究成果评估指标体系研究》，湖南大学，2006年。唐德章、夏元林：《社会科学研究成果定量评估方法初探》，《社会科学研究》1989年第1期。

中国人民大学人文社会科学成果评价研究中心[①]认为，课题来源指标在以下两方面能够反映论文质量：第一，大多数情况下，获得课题资助的级别越高、经费越多，获取的研究条件就越充分，越有利于形成高质量的研究成果；第二，大多数情况下，课题立项级别越高，评审越严格，越有利于保障成果的质量。因此，可将这一指标纳入论文评价的范围内，但难点在于：①如何统一不同课题来源的量纲；②如何对该指标进行量化评估。

2. 发表层次

发表层次通常可理解为期刊的级别。"以刊评文"是实践中诸多高校所采取的成果评价方法，通常认为，期刊级别越高，论文质量越高。此种做法有一定的合理性，因为在"马太效应"的作用下，越是影响大的期刊就越有丰富的高质量稿源供编辑筛选。最后，好的期刊会越来越好，论文质量越来越高，而差的期刊则越来越差，并逐渐被淘汰出学术市场。目前，国内外对期刊进行分级评估体系很多，国际很有影响的如 SCI、SSCI、EI 等来源期刊，国内有影响的比如南京大学"CSSCI 来源刊"、武汉大学"中国学术期刊评估"、中信所《中国科技期刊引证报告》、北京大学《核心期刊要目总览》、中国社会科学院《中国人文社会科学核心期刊要览》等。目前，该指标得到大多数评价体系的认可，同时，在高校科研评价实践中应用得最为广泛。

3. 政府采纳

它是指政府对成果的采纳情况，包括采纳部门的级别、成果被采纳的程度、采用后的效益等。采纳的级别可分为国家级、省级、地市级等；采纳的程度可分为全部采纳、部分采纳等；采纳后的效益需要具体计算。政府采纳通常作为反映成果"社会价值"的指标。这一指

---

① 中国人民大学人文社会科学成果评价研究中心：《人文社会科学论文质量评估指标体系实施方案》2010 年 12 月。

标得到部分学者的赞同①，也受到了一些科研管理部门的青睐。但也有学者认为，政府采纳的情况只可能出现在以政府为读者对象的科研成果中（如政策研究类论文），但如果成果的读者对象不是政府，往往难被管理机构获取和采纳，基于此，有专家认为，此指标具有很大的偶然性，若作为评估指标，容易造成结果有失公正。

4. 获奖情况

它是指论文获奖的层级。获奖是对论文质量的再次认可和确认，一般被认为是体现论文"社会反响"的指标。获奖级别可分为国际、国家级、省级、校级等，获奖层次越高则表示论文质量越高。目前，很多高校在科研评价中将是否获奖以及获奖的级别作为判断成果质量高低的一个重要依据。但也有学者认为，国内外的学术获奖活动五花八门，评估标准也不一致，若将获奖情况作为评估指标，容易造成论文评价的不公正。

5. 被转载情况

文献转载或摘录指标是文献在其发表后的传播过程中形成的计量标志，同时也是衡量研究成果质量好坏的一个重要标志。一篇论文经过一定范围内专家同行的评审后，先在一种重要期刊上发表或由知名出版社出版，然后为国际或国内公认的检索系统、检索刊物、评论刊物、文摘刊物全文收录、摘录、作索引等，这就意味着该成果具有较高或很高的学术水平。因此，在评价体系中，可以引入文献摘录这一指标。文献被摘录的方式主要有全文转载式、全文摘载式、内容提要式和文献题录式四种。我国目前人文社会科学权威学术文摘，主要是指《新华文摘》《中国社会科学文摘》《高等学校文科学术文摘》《人大报刊复印资料》等文摘。

6. 媒体报道或网络下载

媒体报道或网络下载量被认为是对论文质量的再次肯定和确认，

---

① 贺忠德：《社会科学研究成果鉴定标准和评估方法初探》，《社科论坛》1998年第1—2期；唐德章、夏元林：《社会科学研究成果定量评估方法初探》，《社会科学研究》1989年第1期；沙似鹏、郑礼、郭才伯、张毅：《人文、社会科学研究成果评估指标体系初探》，《上海高教研究》1994年第1期；吴桂鸿：《社会科学研究成果评估指标体系研究》，湖南大学，2006年。

作为成果的"社会反响"指标,主要受到科研管理部门的青睐。然而,学者普遍反对这一指标,认为媒体报道存在一定的宣传因素,不能有效地反映学术成果的质量。[①]

此外,会议入选和成果容量两个指标的说明参见表4-7。

六 论文类成果定量评价指标

（一）指标的选择

针对前文提出论文类成果的定量评价指标,本章按照下列原则进行遴选:①必要性（普遍认同程度）。理论上和实践中得到广泛认同,是遴选指标的首要原则。②有效性。与论文质量存在正相关,能有效反映论文质量。③相对独立性。在逻辑上,与其他指标不重合,其他指标不可替代。④可操作性。通过分析以及征求专家意见,确定论文类成果定量评价指标如表4-8所示。

表4-8　　　　论文类成果的定量评价指标体系

指标	权重	评价要点
发表期刊的档次	0.25	依据影响因子的大小赋分
他引次数	0.20	依据他引次数的多少赋分
第一作者的H指数	0.10	依据H指数的大小赋分
政府采纳	0.15	按照采纳部门的行政级别赋分
获奖情况	0.15	按照获奖级别赋分
被转载情况	0.15	按照被转载级别赋分

（二）指标的使用说明

（1）对于他引次数、第一作者的H指数和被转载情况采用六等级法赋值。以他引次数为例,六等级法是将单篇文献的被引与其所在学科其他文献的被引进行比较,并以区间的形式反映其在全学科被引中所处的位置,以此来体现其"相对被引"的情况。六等级法所采用

---

① 陈力丹:《谈谈人文社会科学成果的评估标准》,《华中科技大学学报》（社会科学版）2003年第1期。

的方法,是在同一参考系内,将引文数少于某一篇论文 i 引文数的文献数量表示成百分数,百分数四舍五入为整数。也就是说,如果 45.4% 的论文引文数在第 i 篇具有一定引文数的论文以下,则该文章的百分比值将被定在第 45% 的等级。引文等级分为以下 6 个:①50th 以下(百分比少于 50% 的论文);②50th—75th(百分比在 50%—75% 区间的论文);③75th—90th(百分比在 75%—90% 区间的论文);④90th—95th(百分比在 90%—95% 区间的论文);⑤95th—99th(百分比在 95%—99% 区间的论文);⑥Top1%(百分比在 99% 以上的论文)。假设每个在 50% 以下等级的论文的分值算作 50,每上升 1 个百分比区间分值加 10,则在前 1% 区间的论文的分值为 100。六等级法引文评价新指标的引入,一方面从相对被引的角度对成果的被引进行评价,弥补了被引指数下"绝对被引"指标过于绝对化的缺陷;另一方面也从学科整体的角度来评价论文成果在整个学科研究中的价值和地位。同理,第一作者的 H 指数、被转载情况也可按照上述思路赋值。

(2)对于政府采纳和获奖情况指标的赋值,目前通行的做法是按照行政级别赋分,如中央政府采纳 100 分,省级政府采纳 80 分,地市级采纳 60 分,县级及以下采纳 40 分等。同理,论文类成果的获奖赋分也可按照类似的思路进行。

(3)对于发表期刊的档次指标可以按照影响因子的大小赋分,其思路可以借鉴前文的六等级法。

(4)表 4-4 中定量评价指标的权重只是为区分不同指标的重要性而粗略给出的,在实际操作中,应该根据所评价成果的具体情况做出调整。

七 评价方法的引申:基于 PageRank 算法的论文影响力评价

(一)PageRank 算法介绍

PageRank 是一种计算网页排名的技术,发明者是 Google 的创始人拉里·佩奇和谢尔盖·布林。PageRank 算法把从网页 M 到网页 N 的链接解释为网页 M 给网页 N 投票,并认为一个网页拥有的链入网页越多,链入网页重要性越大,该网页的重要性越大。PageRank 基于以下假设：①一个网页被引用（反向连接）的次数越多，则说明越重要；②一个网页虽然没有被多次引用，但是被重要的网页引用，则它也可能是很重要的；③一个网页的重要性被平均地传递到它所引用的网页。

如果网页 T_1、T_2……T_1 链接到网页 A，则网页 A 的 PageRank 值（以下简称 PR 值）可以由式（4-1）计算得到：

$$PR(A) = 1 - d + d\left[\frac{PR(T_1)}{C(T_1)} + \frac{PR(T_2)}{C(T_2)} + \cdots + \frac{PR(T_3)}{C(T_n)}\right] \quad (4-1)$$

其中，$PR(A)$ 描述了网页 A 的重要性，$PR(A)$ 值越大，说明网页 A 的重要性越大，d 是一个阻尼因子，此处取经验值为 0.85；$PR(T_1)$、$PR(T_2)$、$PR(T_3)$……$PR(T_n)$ 是链接到网页 A 的网页 T_1、T_2……T_n 的 PageRank 值；$C(T_i)$ 是网页 T_i 链接到其他网页的数量（$i = 1, 2, \cdots, n$）。

每个网页的 PR(A) 计算出来以后，便可以此对各个网页的影响力进行排序。

（二）基于 PageRank 算法的论文影响力评价

借鉴 Google 评价网页的思路，可将其变通后用于评价论文类成果。相关参数的对应关系如表 4-9 所示，即论文引用类似与"网站链出"，论文被引用类似于网站被链入。如此一来，论文引用次数类似于网站链出的链接数量，论文被引用次数类似于网站链入的链接数量。有了上述的对应关系，便可运用式（4-1）进行论文影响力的评价，其具体计算过程较为复杂，在此不再赘述。

表 4-9　　　　　　网页评价与论文评价参数的对应参数

网站	论文
网站链出	论文引用
网站被链接（链入）	论文被引用
网站链出的链接数量	论文引用次数
网站链入的链接数量	论文被引用次数

需要特别说明的是，利用式（4-1）评价论文时，d 是一个阻尼

因子,其内涵是读者在阅览论文过程中,有多大概率会通过文后的参考文献查找相关论文。对此,本书通过专家调查,得到的结果是人文社会科学类成果的 d 值(阻尼因子)约为 0.75。

研究表明,PageRank 值与总被引次数、影响因子等指标对于成果影响力的衡量上,总体变化趋势是一致的。PageRank 值与总被引次数、影响因子等指标的相关度也较高。它既考虑被引次数,又考虑引用文献的重要性,将各次引用或被引区别对待,是一个受多因素影响的综合性指标,能够全面综合地衡量一种论文的学术影响力,因此,PageRank 是一个综合性、复杂度更高的指标。而由于其他指标考虑较为单一,如仅考虑被引次数等。

第四节 高校人文社会科学著作类成果评价指标体系

在人文社会科学成果中,著作和论文是两种最主要的成果形式,它们都是作者以公开传播的形式来展示其科研成果的主要载体。著作不同于学术论文之处在于"它需要更长时间的思考、积累与撰写,具有较强的系统性与完备性,前期的研究积累对一部学术专著来说非常重要"。[①] 所以,著作作为一种内容丰富、系统性较强的研究成果,一般具有内容新颖、研究规范与体系结构完备等特点,学术影响与社会传播效果也较为明显。

一 著作类成果的特点及评价标准

(一)著作类成果的内涵及特点

百度百科指出:"按照古代的要求,著作是专指创造性的文章而言的。即前人没有阐发过或没有记载过的、第一次出现的文章或书籍,才算是著作。"[②] 白国应认为,学术著作是指"著者经过社会调

[①] 任全娥:《人文社会科学成果评价研究》,中国社会科学出版社 2010 年版,第 294 页。
[②] 百度百科,http://baike.baidu.com/。

查、科学考察或实验,深入研究而进行系统论述的著作";①吴江江提出:"学术著作是为了积累和交流人类从事自然科学和社会科学思维科学实践所获得的知识而创作的具有专门性、理论性和系统性的文字(图表)作品。"②任全娥认为:"人文社会科学研究性著作,在内容上须具备科学创新性,或观点新颖,或论证角度新颖,或发掘了新的论据;在形式上必须符合科学研究著述规范,即论证讲求逻辑,注重注释规范,资料翔实"。③著作一般可分为专著和编著。所谓专著,是指国内外科学专家撰写的学术著作,从内容来说,是对某一知识领域所做的探索,是新的学术研究成果。专著是属于一派一家之言,并以本专业的研究人员及专家学者为主要读者对象的。所谓编著,则是指把现成的文字材料经过选择加工而写的著作。编著与专著相比,不强调创造性,而强调采用最新的研究成果,采用科学的体例编撰成书,它有一定的理论性、学术性,但更强调应用性。本书所提到的著作类成果主要是指专著。

专著型学术图书是著者对某一专题进行专门研究后撰写的学术成果,主要用于同行专家、学者进一步研究之用,它不同于一般高校教材、参考手册和统计资料等,是最为典型的一类学术图书。这类图书大多由一人或少数几人围绕一个专题创作而成,专业性较强,理论色彩浓厚,有助于读者全面、深刻地了解某一问题。与学术论文相比,著作的特点主要体现在以下几点:①创新性更为明显;②体系更完备;③工作量更大。

(二) 著作类成果评价的首要标准

现阶段,全国各类成果评奖活动中通常都把创新性作为著作类成果评价的首要标准。例如:(1)国家社会科学基金项目成果评估指标体系中,针对专著类成果的评价指标构成包括创新程度、完备程度、难易程度和成果价值四项一级指标。其中,创新程度指标权重最高,

---

① 中国出版科学研究所:《实用百科全书》,中国书籍出版社1994年版,第23页。
② 吴江江:《学术著作特征与出版政策研究》,《出版广角》1999年第12期。
③ 任全娥:《人文社会科学成果评价研究》,中国社会科学出版社2010年版,第295页。

为35%。具体表述为：①提出新的学说或系统理论观点，研究取得突破性进展。②提出新的研究方法，使研究取得突破性进展。③对重要领域或重要问题做出系统描述、分析和概括，总结出规律性认识。④通过新的系统论证，丰富和发展了某种重要学说。（2）黑龙江省第十六届社会科学优秀成果奖对著作的评价标准是：专著要对某一领域的现实或历史问题能够进行比较深入、系统、全面的研究，有学术创见和理论创新，具有理论价值和应用价值；编著要对现有理论进行梳理完善，有独特见解，有个人研究、发现的成果，具有理论价值和应用价值。（3）广东省2012—2013年度哲学社会科学优秀成果奖对著作的要求是：专著必须在研究重大的现实、历史和理论问题上有创见，对学科建设有新贡献。（4）云南省第十八次哲学社会科学优秀成果奖对著作等基础理论研究成果的评价标准是：在哲学社会科学各学科、各专业内有所发现，有所创新，提出了有创见性的新观点、新理论。在某一理论问题上做了新的补充和进一步完善，或者在收集丰富材料的基础上对问题有新的阐述。（5）重庆市第八次社会科学优秀成果奖对专著等基础理论研究成果的评价标准是：①一等奖：选题有重大意义，对某项学科原有理论或方法有所创新，提出了很重要的新观点，填补了相关学科的空白，学术水平高，对学科建设有重大贡献，在国内有重大影响；②二等奖：选题有重要意义，对某项学科原有理论或方法有重要的补充和发展，提出了鲜明的新观点，有较高的学术水平，对学科建设有较大的贡献，在市内有重要影响；③三等奖：选题有意义，对某项学科原有理论或方法有新的补充和发展，提出了某些新的观点，有一定的学术水平，对学科建设有一定贡献，在市内有一定影响。

由上述各类成果评奖的标准可以看出，学术界一致认为，著作属于基础理论性研究成果，创新性是其首要评价标准。

二 社会科学著作类成果定性评价指标体系

对于著作类成果，采用的评价方法与学术论文相类似，即采用定性评价和定量评价相结合。对于社会科学著作类成果的定性评价指标，根据本课题的调查结果，众多学者认为，著作类成果的评价指标

第四章 高校人文社会科学成果分类评价标准及指标体系

与论文类成果大致相同,即重点考虑其创新性和价值性。另外,也要关注其完备性和科学性。

(一) 评价指标的选择

社会科学著作类成果定性评价指标概括如表4-10所示。

表4-10 社会科学著作类成果定性评价指标

一级指标	二级指标		评价要点
学术规范性	引用文献规范性		引用文献准确、恰当,标注规范;参考文献全面、真实
	参考文献规范性		
研究科学性	方法科学性		研究方法科学先进;研究成果目标明确、结构合理、逻辑性强;参考资料占用全面、论据充分可信;研究内容阐述全面、精当,知识结构系统完整
	逻辑严密性		
	论据充分性		
	内容完备性		
价值性	学术价值	科学进步价值	对某一知识体系的丰富、完善和发展;开拓性地创立一套新理论或新体系;填补了学科理论上的空白;开创了新学科;较大地推动了某一学科的建设和发展等
		学科建设价值	
	社会价值	社会反响	形成了某种社会思潮,改变了社会意识形态,对社会公民的思想产生了重大影响;解决了社会发展中的重大问题,提出富有创建的思路和对策,有效地预测了社会经济发展未来趋势等
		社会效益	
创新性	理论突破性		具有重大发现或理论创新,填补研究领域空白;提出新观点、新视角,促进学科发展;引入新颖研究方法,取得有效成果;发现新资料、新史料、新证据、新数据等
	观点新颖性		
	方法创新性		
	资料整理新颖性		
难易性	论题的复杂程度		论题的论证过程是否复杂、涉及面是否广泛;资料收集是否全面,资料整理难度大小;论题受关注程度大小,研究人员多少(越容易受关注的问题,由于研究人员多,各种观点也多,因此,越不容易出现创新)
	资料收集或处理的难度		
	论题的受关注程度		

上述指标体系与社会科学论文类成果定性评价指标体系大致相

同，即从学术规范性、研究科学性、价值性、创新性、难易性等角度考虑。其中，学术规范性主要从引用文献规范性和参考文献规范性角度考虑，与学术论文不同之处在于，没有考虑"内容结构规范性"这一指标，这主要是基于人文社会科学著作类成果的多样性而考虑的。研究科学性从方法科学性、逻辑严密性、论据充分性、内容完备性等角度考虑，与论文评价不同之处在于增加了"内容完备性"指标，去掉了"选题合理性"指标。内容价值性仍然从学术价值和社会价值等两个角度评价。创新性从理论突破性、观点新颖性、方法创新性、资料整理新颖性等方面综合考虑。难易性从论题的复杂程度、资料收集或处理的难度、论题的受关注程度等方面综合评价。

（二）指标权重的分配

采用与论文评价方法类似的设计思路与工具，同时结合专家咨询问卷的反馈结果，对各个层次指标重要程度进行比较，形成两两判断矩阵，得出各指标的权重系数，具体如表4-11所示。

表4-11　　社会科学著作类成果定性评价指标的权重分配

一级指标	一级指标权重	二级指标		二级指标权重	总权重
学术规范性	0.08	引用文献规范性		0.50	0.04
		参考文献规范性		0.50	0.04
研究科学性	0.18	方法科学性		0.10	0.018
		逻辑严密性		0.20	0.036
		论据充分性		0.35	0.063
		内容完备性		0.35	0.063
价值性	0.25	学术价值	科学进步价值	0.30	0.075
			学科建设价值	0.30	0.075
		社会价值	社会反响	0.10	0.025
			社会效益	0.30	0.075
创新性	0.40	理论突破性		0.50	0.20
		观点新颖性		0.15	0.06
		方法创新性		0.25	0.10
		资料整理新颖性		0.10	0.04

续表

一级指标	一级指标权重	二级指标	二级指标权重	总权重
难易性	0.09	论题的复杂程度	0.6	0.054
		资料收集或处理的难度	0.25	0.0225
		论题的受关注程度	0.15	0.0135

如表 4-11 所示,社会科学著作类成果与论文类成果的评价指标体系大同小异,不同之处仅在指标的合成、分解以及权重的分配方面。著作的创新性指标与价值性指标的权重相对较大,其中,创新性权重最大,占 40%;价值性指标权重次之,占 25%,从而体现出著作类成果评价应凸显的创新标准和价值标准。另外,研究科学性指标占 18%,难易性指标占 9%,学术规范性指标占 8%。

三 人文学科著作类成果评价指标体系

按照"指标通用、分类设置权重"的思路,在综合考虑人文学科著作类成果特点的基础上,结合专家调查的意见,得到人文学科著作类成果定性评价指标体系,具体如表 4-12 所示。

表 4-12　　人文学科著作类成果定性评价指标体系

一级指标	一级指标权重	二级指标	二级指标权重	总权重
学术规范性	0.06	引用文献规范性	0.50	0.03
		参考文献规范性	0.50	0.03
研究科学性	0.16	方法科学性	0.10	0.016
		逻辑严密性	0.20	0.032
		论据充分性	0.35	0.056
		内容完备性	0.35	0.056
价值性	0.32	科学进步价值	0.30	0.096
		学科建设价值	0.30	0.096
		社会反响	0.25	0.08
		社会效益	0.15	0.048

续表

一级指标	一级指标权重	二级指标	二级指标权重	总权重
创新性	0.38	理论突破性	0.50	0.19
		观点新颖性	0.15	0.057
		方法创新性	0.25	0.095
		资料整理新颖性	0.10	0.038
难易性	0.08	论题的复杂程度	0.60	0.048
		资料收集或处理的难度	0.25	0.20
		论题的受关注程度	0.15	0.012

四 著作类成果定量评价指标体系

（一）著作类成果的定量评价指标的选择

从不同评价角度出发，著作类的定量评价指标体系有所不同。李雁翎等（2013）对此问题做了系统的归纳①，认为著作类成果的定量评价可以从出版社的出版活动、图书馆的图书评价、销售和读者反馈意见等不同角度来设计和选择。但是同时，李雁翎等也指出，如果只采用某一方法或某一模型对图书进行评价，其结果往往会出现一些偏颇结论。因此，结合图书出版和发行的现状及趋势，本书试图从图书馆、出版社、网络舆情、国书销售信息和作者自然信息五个角度综合评价著作类成果，即选取五维空间中具有较好评价效果的定量统计指标作为评价因子，构建著作类成果多角度的综合评价体系。

1. 图书馆角度

国内图书馆图书评价已有的早期评价活动主要采用的是馆藏数量统计、用户评议、馆藏结构分析等方式，缺少对馆藏图书质量的评价；随着图书馆自动化系统的逐渐普及以及文献计量评价研究的发展，评价内容开始转向重视馆藏质量，并以图书阅读量作为重要指标之一。基于图书馆角度的图书评价指标有读者借阅数据、同类图书出借次数的比值、图书最近借阅时间、论文引文统计等。

---

① 李雁翎、孙晓慧、陈玖冰：《五维图书评价体系及分析模型的建构》，《情报科学》2013年第8期。

2. 出版社角度

通过分析围绕出版社生产和管理活动中图书评价方法得知，出版社对图书作者、内容，以及图书质量控制、发行数量的衡量是主要图书评价内容。综合取舍，基于出版社角度的图书定量评价指标有出版社的层次或声誉、发行量、再版次数等。

3. 网络舆情角度

网络书评是人们通过互联网对图书所产生的认知、态度、情感和行为的倾向性信息，作为出版社、图书馆等传统图书评价之外的新维度，日趋重要。该类书评主要存在于图书销售网站、读者博客、BBS论坛中，其数据可反映"评价时间、评价者、评价内容、星级、评价信息"，这其中图书评价内容是网络书评的重要一项，也是最具价值的、最客观的数据，利用文本分析工具，对文本语义倾向进行分析，可判断读者对图书的认同度，是肯定、否定还是折中等。网络舆情角度的图书评价指标主要有评论数、图书质量褒贬词概率、图书的时效性、星级、网络点击量等。

4. 图书销售信息角度

图书受欢迎程度直接影响图书销售情况，基于实体书店和网络销售信息汇总分析得到的排行榜，以及图书销售行为和过程信息监测都是必不可少的评价指标。一般情况下，图书销售信息角度的图书评价指标有销售册数、动态销售率、买家评论等。

5. 作者自然信息角度

主要包括有关作者知名度、美誉度、诚信度的因子分析，具体来讲，作者自然信息角度的图书评价指标有作者的自然情况、受教育程度、学术水平、社会影响、从业领域等。当然，也可以用 H 指数来反映作者的学术水平。

另外，和论文类成果一样，著作类成果的基金资助情况、获奖情况也可以从侧面反映出著作的学术水平或社会价值的大小。

(二) 著作类成果定量评价指标体系的构建

综合上述图书定量评价指标，并结合人文社会科学著作类成果的特点，并考虑到评价指标的可获得性，本书优化了定量评价指标体系，构建了一个动态更新的学术著作评价体系。

1. 指标体系

著作类成果定量评价指标体系概括如表4-13所示。

表4-13 著作类成果定量评价指标体系

一级指标	权重	二级指标	三级指标
引用	0.25	CSSCI引用率	总被引频次、年均被引次数
		CNKI中国引文数据库引用率	总被引频次、年均被引次数
基金	0.15	国家出版基金	是否获资助
		省部级出版基金	是否获资助
获奖	0.20	获奖情况	国家级获奖
			省部级获奖
			厅局级获奖
出版社	0.05	出版社层次或声誉	国家级出版社
			省部级出版社
			其他出版社
网络书评	0.10	卓越网	书评、商品评价星级、评论数
		当当网	书评、商品评价星级、评论数
		豆瓣网	书评、商品评价星级、评论数
图书馆利用	0.05	图书馆馆藏与借阅	借阅率、流通率、复本量、浏览量
		电子图书馆（如超星图书馆）馆藏与借阅	是否入藏、点击量、打印量、下载量
	0.05	书店销售数据	销售数量、销售排行
		版本印次	发行版本、多个语言版本、印刷次数
作者	0.10	作者学术水平	作者H指数

2. 指标的使用说明

（1）表4-13中定量评价指标的权重只是为区分不同指标的重要性而粗略给出的，在实际操作中，应该根据所评价成果的具体情况做出调整。

（2）对于引用次数、作者H指数可采用前文提到的六等级法赋值。

（3）对于基金、获奖指标，可按照行政级别直接赋值。

（4）对于出版社指标，可以按照社会影响大小直接赋分，也可以按照其行政级别（国家级、省部级、其他等）由评价主体直接赋值。

（5）对于网络书评和图书馆利用中各项指标可以根据其与同类成果相关指标的比较来赋值。

第五节　高校人文社会科学研究报告类成果评价指标体系

一　研究报告的特点

随着社会进步和发展，越来越多的人文社会问题引起政府和研究机构的重视，为了寻求此类问题的解决途径，便产生了研究报告类成果。所谓人文社会科学研究报告，是指"受到一定研究基金资助、面向'社会问题'或'人类现象'而进行的具有较强针对性的人文社会科学研究成果"。[①] 由于受到科研经费的资助，资助者的兴趣、经济利益和政治利益，必然会影响到被资助人的研究活动，也影响到预期研究成果的价值取向。一般情况下，人文社会科学研究报告类成果追求一定的社会价值与社会影响，被有关部门采纳是其质量体现与价值实现的主要途径。因此，评价研究报告类成果非常重视其完备性、成熟性、针对性与应用性，而且社会价值更为明显。

二　研究报告评价的主要标准

研究报告往往作为项目成果的主要形式，其与科研项目的关系是一种投入与产出的关系。研究报告一般针对性比较强，具有一定的价

---

① 任全娥：《人文社会科学成果评价研究》，中国社会科学出版社2010年版，第268页。

值预期与经费投入。大量事实表明，科研课题的资助主体、资助金额与资助方式对学者及研究成果的预期效益、学术价值都有深刻影响和强大的导向性。基于此，研究报告评价的核心标准应该是效益标准或价值标准。

与学术论文和著作一样，研究报告的学术价值，在宏观上，主要体现在对人类知识的积累、对科学发展的促进以及对学科建设的贡献等方面。具体来讲，创立的理论体系或探索的研究领域是否在理论上取得突破，或纠正了原理论的错误、补充前人研究的不足，对人类科学进步的推动程度如何；是否填补了学科理论上的空白或开创了新学科，对学科建设或学科某领域建设的贡献程度如何。在微观上，研究报告的学术价值则体现在对学术规范与学术共同体的形成，以及通过对优秀研究报告成果的出版，进一步促进更大范围的学术交流与知识传播等。

尽管研究报告通常也具有一定的学术价值，但社会价值或社会效益才应是人文社会科学研究报告价值实现的重心，其表现形式有多种：①对经济建设和改革实践中遇到的问题，从理论和实践的结合上做出准确论述，为国家、各级政府部门制定方针政策和战略决策提供理论依据。②在调查研究的基础上，为政府机构决策提供对策、建议和实施方案。③总结国内外经济建设的经验教训，为国家当前和未来的经济发展制定科学的政策和战略。④为人们提供科学文化知识，更新人们的政治观念、价值观念、法制观念，转变人们的思维方式、生活方式，强化思想道德建设，以此提高全民族的科学文化素质和思想道德素质。

三　研究报告类成果评价指标体系

（一）评价的基本思路

研究报告类成果是指未出版、未发表的研究报告或调查报告，与论文类和著作类成果评价不同，由于其尚未出版或发表，因此，无法采用定量评价方法进行评价。依据国外的一般做法，应由不同评价主体依据一定的评价标准与指标体系直接对成果进行主观定性评价，之后将各种评价结果加权平均，进而得出研究报告类成果的评价分值。

从性质上看，研究报告类成果属于应用对策类研究，其作用的发挥，一方面可通过为决策者采纳或部分采纳，转化为政策措施，作用于社会实践；另一方面，也可影响决策者或一般公众的决策或启发他们的思想，对其行为起到参谋和咨询的作用。另外，同行专家也理应是评价主体之一。鉴于此，本书拟从决策者、社会公众、同行专家等不同评价主体角度出发，分别对研究报告进行定性评价。不同的评价主体侧重于不同的评价内容。①决策者，主要负责对成果的使用价值及决策咨询效果评价；②社会公众，主要负责对成果的实际效果及社会反响进行评价；③同行专家，主要负责评价成果的科学价值及创新性。具体如图4-2所示。

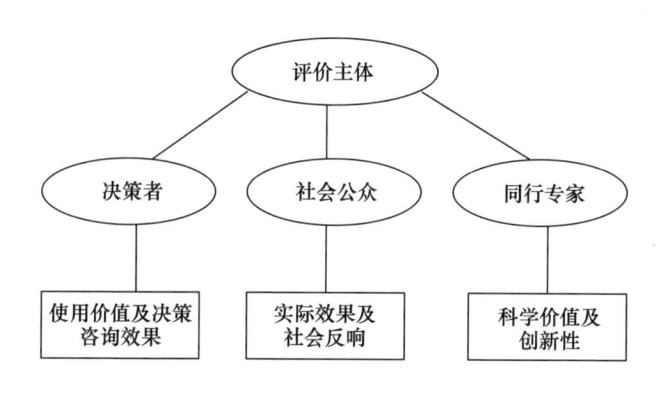

图4-2 研究报告类成果的评价主体

（二）研究报告类成果评价指标体系

依据上述评价思路，研究报告评价体系主要从决策者的评价指标体系、社会公众的评价指标体系和同行专家的评价指标体系三个方面构建。

1. 决策者的评价指标体系

（1）决策者对研究成果价值的判断。首先，决策者应从国家和社会的宏观角度出发，评价该研究成果所涉及的问题是否与国家重大经济或社会文化问题紧密相关；在确定研究成果与对应的重大问题相关后，决策者需要评估报告所提出决策建议的适用范围和适用对象，根据成果内容判断它是否适于作为决策的整体方案或决策参考依据。因此，决策者在评价研究报告的影响时，应该把项目研究的重要程度、决策建议适用范围、采纳借鉴程度作为评价指标加以考虑。

（2）研究成果被整体采纳或部分采纳后，还要观察其对解决实际问题的效用和价值大小，这可由研究报告最终产生的实际效益水平来反映。需要注意的是，研究报告类成果的实际效用价值，往往不能在应用初期就准确地表现出来，需要通过成果应用的过程和长期效果反映出来。因此，研究报告的效益水平也应作为研究报告评价的重要指标。

（3）研究成果要通过一定的上报程序才能到达决策者手中，上报程序的繁简程度、上报至领导决策者所需时间长短直接关系成果能否被领导者及时发现和采纳。此外，成果中的建议只有为决策者吸收和理解，才能有助于决策者知识的积累或提升，进而影响他们对事物的认知或态度，做出相应的决策。基于此，研究成果的可获得性和它为决策者理解和吸收程度也应作为成果价值评价重要标准。

基于以上分析，决策者的评价指标体系如表 4-14 所示。

表 4-14　　　　　决策者的评价指标体系

指标	权重	指标要点	评分标准 A：85—100 分；B：70—85 分 C：60—70 分；D：50 分以下
重要程度	0.2	研究所涉及问题的重要程度	A 涉及国家重大经济、社会或文化发展问题 B 涉及省、市重要经济、社会或文化发展问题 C 涉及区、县或一般性经济社会或文化发展问题 D 无关于社会、经济、文化发展
适用范围	0.15	决策建议所面向的范围和适用对象	A 对国家宏观战略决策产生重要影响 B 对部门、地区、企业决策或管理产生重要影响 C 对个人决策、管理产生影响 D 无政策建议或虽有而无影响

续表

指标	权重	指标要点	评分标准 A：85—100 分；B：70—85 分 C：60—70 分；D：50 分以下
采纳借鉴程度	0.20	研究结论或建议被采纳的程度	A 作为决策或解决问题的整体方案 B 作为决策或解决问题的重要依据 C 结论或建议得到肯定并部分得到采纳或借鉴 D 无采纳借鉴价值
效益水平	0.25	研究所产生实际效益的大小	A 取得重大经济或社会效益 B 有较大（包括潜在）经济或社会效益 C 有一定经济或社会效益 D 无经济或社会效益
可获得性	0.1	成果上报程序的繁简程度，成果上报至决策者所需时间长短	A 成果上报程序简单，上报时间短 B 成果上报比较复杂，但所需时间短 C 成果上报比较复杂，所需时间也较长 D 成果上报极其复杂，所需时间过长
吸收程度	0.1	成果对决策者个人在知识积累或提升、事物认知或态度的改进等方面的影响程度	A 有很大提升或改进 B 有较大提升或改进 C 有所提升或改进，但程度较小 D 毫无提升或改进

需要说明的是，表 4-14 中所给的权重只是为区分不同指标的重要性而粗略地给出的，在实际操作中，应该根据评价成果的具体情况做出调整。

2. 社会公众的评价指标体系

（1）社会公众与决策者都是应用对策类研究项目的潜在受影响者，但是，研究成果在对两者作用的方式有所不同。对于决策者，研究成果主要是通过上报，被其采纳借鉴进而做出决策而起作用。而对于一般公众的影响，很大程度上则是通过决策者采纳了研究建议后做出决策，并将其应用到实践中，对一般公众的社会生活产生影响而发挥作用。因此，有必要将一般公众与决策者对成果的评价指标体系区别开来。

（2）研究报告类成果来源于实践又应用于实践的特点，决定了其在实施过程中会通过与公众的交流而对其产生影响。与决策者具有很大程度的不同，社会公众更关注研究成果对本身所处的环境或日常生活、个人的行为或思想等方面所发挥的作用。因此，对于一般公众，研究的重要程度和适用范围主要从研究所涉及问题与公众的相关程度来判断。

（3）社会公众是否参与到项目中来，是否与项目实施相关人员有所互动，即公众参与度，接触研究成果的便利程度，影响了公众对项目的了解和吸收，在一定程度上反映了研究成果对公众作用的大小。另外，社会公众获取项目成果的相关信息，不像决策者那样，有专门的上报渠道或程度，他们主要从参与项目实践，或从报纸、电视、广播、网络、手机报等多种媒介获得相关信息，这决定了研究成果的可获得性要从媒体宣传报道等媒介上来评价。研究成果对公众的影响，也反映在它对个人在知识积累或提升、事物认知或态度的改进等方面的影响程度，所以个人吸收程度也是公众对成果价值评价的指标之一。

综上所述，社会公众对研究报告的评价指标体系如表4-15所示。

表4-15　　　　社会公众的评价指标体系

指标	权重	指标描述	评分标准 A：85—100分；B：70—85分 C：60—70分；D：50分以下
重要程度	0.10	研究报告所涉及问题与公众个人生活的相关程度	A 对个人生活有重大影响的问题 B 对个人生活有较大影响的问题 C 对个人生活有所影响，但较小的问题 D 对个人生活无影响的问题
适用范围	0.15	研究结论、总结的规律所面向的范围及适用对象	A 对全国各个地区的公众普遍适用 B 决策建议对多数地区的公众普遍适用 C 决策建议对少数地区的公众普遍适用 D 决策建议只适用于极少数的特定对象

第四章　高校人文社会科学成果分类评价标准及指标体系

续表

指标	权重	指标描述	评分标准 A：85—100分；B：70—85分 C：60—70分；D：50分以下
公众参与度	0.20	公众是否参与到研究项目中来，与项目实施相关人员是否有互动，对项目的具体情况是否了解，参与、交流或了解的程度如何	A 有可观数量的公众参与到项目中并与项目组有较多的关于项目的交流 B 有少数公众参与到项目实施中并对项目有一定了解 C 有公众参与到项目实施中但与项目组无交流 D 既没有公众参与到项目中，也与项目组无任何相关的交流、互动
采纳借鉴程度	0.20	研究中的方法、结论或建议被采纳的程度	A 被人们作为日常准则、行为规律 B 被人们作为日常行为、判断的重要依据 C 为人们所肯定并有部分在日常生活中得到采纳或借鉴 D 无采纳借鉴价值
效益水平	0.25	研究所产生实际效益的大小	A 使人们的经济社会生活获得极大的改善与提高 B 使人们的经济社会生活有较大的（包括潜在的）改善与提高 C 使人们的经济社会生活有一定的改善与提高 D 使人们的经济社会生活无改善与提高
成果可获得性	0.10	成果使用者接触研究成果的便利程度	A 可从全国性的报纸、电视、广播、网络、手机报等多种媒介获得相关信息 B 可从地区性报纸、电视、广播、网络等多种媒介获得相关信息 C 只能通过网络检索或与项目负责人交流而获得部分信息 D 成果保密性强，几乎无法获得成果相关信息

需要说明的是，此处所给的权重只是为区分不同指标的重要性而粗略地给出的，在实际操作中，应该根据评价成果的具体情况做出调整。

3. 同行专家评价的指标体系

（1）考虑研究报告的特点及专家评价的视角，专家评价研究报告的指标体系主要由价值性、创新性、难易程度、合作程度、成果交流、人才培养等指标构成。

（2）研究报告的价值性主要从政策咨询价值、科学进步价值和学科建设价值等方面进行评价，其中，政策咨询价值是主要考虑的指标。政策咨询价值是指研究是否提出了与政策、管理或实践等具有利益相关的建议或咨询意见，它与政策、管理或实践的相关程度如何，将产生何种程度的预期效果。科学进步价值是指研究发现是否对相关领域的现有知识或研究有所促进，其促进作用的程度如何，是否经得起时间检验。学科建设价值是指研究发现是否对相关领域的学科理论有所提升或开创了学科，其学科贡献程度如何。

（3）研究报告的创新性从理论创新、方法创新和观点创新等角度进行评价。理论创新是指研究成果是否创立了新的理论体系，建立新的规范和标准，在理论上取得重要突破，总结出新的规律，或者修正、丰富和发展了现有的理论。方法创新是指成果的研究方法和数据、信息获取上是否具有创新性，如是否应用和开发了新的方法或以新的方法用于新问题、新领域且有适用性数据、信息获取方式是否更加简单有效。观点创新是指研究成果是否针对实际问题提出了新见解、新观点，见解或观点是否具有启发性，是否得到同行的认可或获奖，研究视角是否新颖等。

（4）项目的难易程度反映了研究项目所涉及问题的复杂程度，是衡量对研究者对项目投入大小的依据，也可在一定程度上反映项目的价值性和创新性，故应该对项目的难易程度进行评价。同时，成果在科学会议或团体会议中展示或交流，会议的级别和它引起的反响程度，体现了成果的可获得性和成果所产生的知识、思想在学术界的流动性和影响范围和作用的大小。另外，研究报告类成果在研究过程中的人才培养也可反映出其价值，故也应考虑。

综上所述，同行专家对研究报告的评价指标主要有价值性、创新性、难易程度、合作程度、成果交流和人才培养等方面指标。具体如表 4-16 所示。

表 4-16　　　　　　　　　同行专家的评价指标体系

一级指标	权重	指标描述	评分标准 A：85—100 分；B：70—85 分 C：60—70 分；D：50 分以下
价值性	0.45	从研究报告的政策咨询价值、科学进步价值、学科建设价值等角度考虑	A 具有高度的学科建设价值，或科学进步价值，或政策咨询价值 B 具有较大的学科建设价值，或科学进步价值，或咨询建设价值 C 学科建设价值，或科学进步价值，或政策咨询价值一般 D 不具有学科建设价值，或科学进步价值，或政策咨询价值
创新性	0.20	从理论创新、方法创新、观点创新等角度考虑	A 具有突出的理论创新、方法创新或观点创新 B 具有较大的理论创新、方法创新或观点创新 C 理论创新、方法创新或观点创新程度一般 D 无理论创新、方法创新或观点创新
难易程度	0.15	研究问题的复杂程度、资料或数据收集难易程度、项目实施的难易程度等	A 问题复杂，调研规模大，数据收集、处理难度极大 B 问题较复杂，调研难度和数据收集、处理难度较大 C 问题不太复杂，调研难度和数据收集、处理难度不大 D 问题不复杂，调研难度和数据收集、处理难度小
合作程度	0.06	研究开展过程是否具有实质性的国际性、跨部门或跨学科性的合作，其合作程度如何	A 项目有实质内容的国际合作 B 项目有跨部门 C 或跨学科的合作 D 项目无任何合作

续表

一级指标	权重	指标描述	评分标准
			A：85—100 分；B：70—85 分 C：60—70 分；D：50 分以下
成果交流	0.04	成果是否在科学会议或团体会议中交流，在何种级别的会议交流，会议反响程度	A 成果在全国性的科学会议或团体会议中展示并引起重大反响 B 成果在全国性的科学会议或团体会议中展示并引起较大关注 C 成果在地区或本学科领域展示并引起关注 D 成果无任何展示或交流
人才培养	0.1	通过研究项目的实施，促进人才培养的程度	A 在项目研究中培养出学科带头人 B 因项目研究培养出更多的博士生和研究生 C 提升项目参与者的研究和实践能力 D 无人才培养和提升效果

需要说明的是，此处给的权重只是为区分不同指标的重要性而粗略地给出的，在实际操作中，应该根据评价成果的具体情况做出调整。

四 不同主体评价结果的处理思路

在分别确定决策者、社会公众、同行专家针对研究报告类成果评价指标体系之后，还需要根据各评价主体的评分相对于总体目标的重要性为各评价主体分配权重，最终形成研究报告的整体评价指标体系。如与论文类成果指标权重的分配一样，先采取调查问卷方式展开调查，结合专家咨询问卷的反馈结果，对各个层次指标重要程度进行比较，形成两两判断矩阵，不同评价主体评价分值的权重分配。具体如表 4 - 17 所示。

表 4 - 17　　　　　　不同评价主体评价分值的权重分配

指标	权重	指标分值的处理
决策者	0.45	根据决策者对研究成果给出分值，并结合其权重计算出其对成果的最终分值
社会公众	0.20	根据社会公众对研究成果给出分值，并结合其权重计算其对成果的最终分值

续表

指标	权重	指标分值的处理
同行专家	0.35	根据同行专家对研究成果给出分值，并结合其权重计算出其对成果的最终分值

依据表4-16，将不同评价主体的最终得分进行加总，便可得出研究报告最终得分，据此就可确立成果的等级，比如，依据得分的不同，可将研究报告的等级设置为优秀、良好、合格和不合格四类。

第六节 高校人文社会科学成果评价机制的改革与完善

近年来，许多高校都在探索改进哲学社会科学成果评价机制的问题，同时也推出了一些行之有效的改革措施，如复旦大学的"代表性成果"评价措施等，这些措施有力地调动了广大哲学社会科学工作者的积极性、主动性和创造性。但是，与提高成果质量和创新能力的本质要求相比，目前高校哲学社会科学成果评价机制仍然存在许多亟待解决的问题。因此，为了进一步提高哲学社会科学成果质量，促进我国哲学社会科学繁荣发展，现阶段，应该针对实际中存在的问题，采取相关措施，不断改进和完善哲学社会科学评价机制。

一 高校哲学社会科学成果评价机制中存在的问题

毋庸置疑，我国高校现行的哲学社会科学评价机制中有很多经验值得总结，但从总体上看，现行评价机制还不成熟，不能适应进一步繁荣发展哲学社会科学的要求。目前，存在的问题主要表现在以下六个方面：

（一）学术评价行政化

从本质意义上说，学术评价是一种由学术共同体主持，以学术水准为对象，以推动学术的继承与创新为目的，与资源配置相联系，与物质—精神激励相结合，与学者学衔—地位相挂钩的学术活动。然而，在很多高校，由于行政权力和学术权力的界限未能理顺，行政权力干预学术评价的现象十分普遍，教授委员会或学术委员会等学术共同体形同虚设，根本没有发挥出其在评价中应有的作用。学术评价过程中，行政权力扩大化衍生的危害不仅仅局限于此，由于学术评价本身具有决策、激励、导向和规范四大功能，行政权力过大，容易导致许多研究者无法潜心于学术研究，不思如何努力提高学术成果的质量，而把许多精力放在如何迎合行政部门的要求，导致学术功利化和浮躁化现象普遍存在，进而扼杀了许多高校教师的积极性和创造性，同时对许多有研究潜力的年轻人才也造成很大负面影响，大大影响了哲学社会科学繁荣发展的进程。

（二）评价标准模糊化和异化

所谓评价标准，是评价主体在评价活动中应用于评价对象的价值尺度和界限。评价标准是评价活动方案的核心部分，是评价主体对客体价值认识的反映，它表明评价主体重视什么、忽视什么，具有引导被评价者向何处努力的功能。评价标准是学术评价结论能否达到客观公正要求的基础和保障，然而，在现行评价体制中，到底依据什么标准来判断哲学社会科学成果的质量高低，尚无统一的标准，或者标准比较模糊。许多评价活动中，制定的评价标准主要包括创新性标准、价值性标准、客观性标准等，表面上看起来评价标准比较明确，但是，往往在实践中，许多评价主体对于如何把握创新程度、价值程度及客观程度的问题显得无所适从。另外，针对不同的评价目的，同一个评价对象的评价标准也应该不尽相同，但是，实际中显然对此考虑较少。另外，由于成果评价本身的复杂性，导致量化评价标准盛行，以量取胜、以刊评文等成为管理部门钟爱的评价标准和普遍做法。

（三）评价主体失位化

评价主体是评价活动的具体操作者，国内外大量理论研究表明，哲学社会科学成果的评价主体应是学术共同体中的同行专家。学术共同体是指具有相同或相近的价值取向、文化生活、内在精神和具有特殊专业技能的人为了共同的价值理念或兴趣目标，并且遵循一定的行为规范而构成的一个群体。然而，在实际评价活动中，往往由于选择标准不明、评审专家库信息不全，选出的评价专家或同行多数不是真正的小同行或同行专家，而是大同行或外领域专家，或是低于被评价者的水平，导致"外行评内行"或"劣币驱除良币"现象的时有发生。同时，在我国特殊的文化背景下，即使是真正的同行专家作为评价主体，鉴于人情关系、利益关系等诸多因素的影响，同行专家也很难保证做到真正的公平公正。

（四）评价方法过分量化

学术评价体系中，最主要的两种方法是同行评议法和文献计量法。在西方学术界，同行评议始终是最主要的评价方法，而以所谓"核心期刊"发文数、影响因子、引用率等为主要指标的量化评价方法虽然越来越受到重视，但依旧属于辅助手段。然而，综观我国各个高校的学术评价机制，不论是年度考核还是职称晋升，项目数量、经费数量、论文数量、图书数量、获奖层次成为判读学者优劣与否的主要指标，而针对学者所提供的研究成果的实质性内容（如创新程度、价值程度等）却很少考虑。另外，即使是对成果进行实质性评价，往往也流于形式。这种过分的数量化评价方式是当前高校粗放式管理的典型表现，无法发挥学术评价的正向激励作用，反而助长了学术不端行为和学术研究的急功近利趋势。

（五）评价程序失范化

客观公正的评价结果要靠规范的评价制度来保障。对于哲学社会科学成果评价机制来讲，更应该强调评价程序的完备性和规范化。借鉴西方的评价经验，当"形式正义"和"实质正义"存在矛盾时，总是遵循形式正义的原则。然而，在许多高校的学术评价过程中，评价程序和制度的失范或随意成为普遍现象，朝令夕改、因人设规现象时有发生，大大影响了学术评价活动的严肃性。从完整意义上看，评价程序贯穿从评价准备、评价实施、评价结论的得出、结果应用和反馈等一系列环节上，评价程序一般涉及成果查新、成果分类、方法选择、指标选取、专家遴选、专家轮换、专家回避、结果公示、意见反馈、异议申诉等。目前，很少有高校的学术评价机制，能够全面考虑上述评价环节，从而制定出完整的评价程序和评价制度。

（六）评价工具落后化

"工欲善其事，必先利其器"。评价工具的先进与否在很大程度上影响评价效率的高低和评价结果的理想度。对于哲学社会科学成果评价，目前公认的方法是"以同行评议为主、以文献计量为辅"，但这两种方法，尤其是同行评议法的具体实施措施比较落后，如同行专家的选择，往往是评价管理机构根据以往经验人为随机地选择，这就容易导致评价专家出现"外行化""低水平化"现象。再如，对于评价结果的得出，往往采取的是专家打分算术平均法，根本没有考虑不同专家的异质性对于评分的影响，即由于不同专家在学术水平、学术背景、参照体系等方面存在差异性，从而使他们对评分标准的认识和尺度掌握存在一定的差异，对于同一学术成果，评分宽松的专家所打的分数往往相对较高，而较为苛刻的专家打分较低。如此一来，如果直接对评委的主观评分进行简单平均，肯定会引起一定的误差，然而对此，很少有评价管理机构能够考虑到要对评价结果依不同专家而进行调整。

二 改进高校哲学社会科学成果评价机制的原则及思路

（一）改进高校哲学社会科学成果评价机制的原则

按照"提升质量，推动创新"的指导思想，建立高校哲学社会科学评价体系应该遵循以下原则：（1）服务学术发展，促进学术繁荣。哲学社会科学评价的目的是以评价促创新、以评价促发展。（2）尊重学术规律，分级分类评价。深刻认识哲学社会科学研究及其评价的复杂性，根据其特点和规律，采取适宜的评价方式实施分类评价，以此提高评价的针对性和有效性。（3）注重同行专家评价。与哲学社会科学的特点相适应，其评价体系应该突出同行专家评价的主导地位，注重发挥"小同行"的重要作用，保障评价结果的客观性。（4）克服科研评价功利性取向。充分发挥学术评价的"质量和创新"导向功能，努力克服评价激励的功利性，最大限度地激发哲学社会科学研究人员的工作积极性。

（二）改进高校哲学社会科学成果评价机制的思路

1. 构建多元化评价主体

评价主体多元化能够有效地打破学术评价的行政主导现状，最大限度地保障哲学社会科学研究成果评价的公正性和公平性。现阶段，构建高等院校多元化评价主体应该着重从以下两方面入手：一是构建完善的学术委员会制度。面对高校学术委员会权威和公信力日趋下降的趋势，应该逐步改进学术委员会的运行机制和效率，增强学术委员会在学术评价中的"话语权"，逐步落实"教授治学"理念。二是培育第三方评价机构。建立学术评价中介组织，开展中介性的学术评价，是哲学社会科学评价走向社会化、民主化和制度化的内在要求和必然趋势。第三方评价由于其"旁观者"角色和"中介性"立场，因而可以较为合理、公正地开展学术评价，理应成为高校哲学社会科学评价主体之一。

2. 建立以"质量和创新"为导向的评价标准

与基于事实判断的自然科学不同，哲学社会科学评价体现为基于一定事实认定基础之上的学术共同体的共识性价值判断，这就使哲学社会科学评价具有价值判断和事实判断双重属性，由此导致哲学社会科学评价标准的多样性。因此，在对哲学社会科学各学科实施分类评价时，首先要掌握各学科发展的学术规律，在此基础上，建立健全以质量和创新为导向的分类评价标准，有差异地运用学术标准和价值标准、规范性标准和创新性标准、内容评价标准和形式评价标准、本土化标准和国际性标准等，根据不同学科、不同的成果，确定不同的评价标准，避免"一刀切"和评价标准简单化。

3. 根据评价对象的特点，建立有针对性的分类评价指标体系

哲学社会科学评价可以坚持"以学科分类为基础，以成果为对象"，对论文、著作、教材、研究报告、普及读物、非纸质出版物等研究成果，按照成果类型和所属学科特点，采取有差异的分类评价指标体系。基础性研究成果评价要以理论创新为主，评价指标的设置以"定性评价为主、定量评价为辅"；应用性成果评价要以解决重大问题为主，评价指标的设置以"定量评价为主、定性评价为辅"；综合性成果评价要兼顾理论创新和解决重大问题，评价指标设置要以"定量评价与定性评价并重"；咨询服务性评价要以服务质量为主，评价指标设置以"定量评价为主、定性评价为参考"；普及性成果评价要以

成果普及面和普及效果为主，评价指标的设置以"定量评价为主、定性评价为参考"。通过上述措施，实现对哲学社会科学不同领域的不同类型成果，采取有差异的标准和指标体系进行评价，提高评价的针对性、客观性和公正性。

4. 综合运用适宜的评价方法

要深刻认识哲学社会科学研究评价的复杂性和多样性，充分探究哲学社会科学各学科的学术规律和学科特点，同时根据不同研究成果的特点和所属学科的规律，综合运用同行评议法、文献计量法、科学计量法、代表作评价法、实践检验法等，坚持同行评议和社会评价相协调、定性评价和定量评价相结合、过程评价和结果评价相衔接、当前评价和长远评价相补充，努力从成果形式、成果内容和成果影响力多角度出发，对科研成果进行全方位学术评价，增强评价结果的科学性和公信度。考虑到哲学社会科学的特点，要逐步推广代表作评价方法，并使代表作评价法与其他评价方法有机结合，形成适宜于哲学社会科学特点的研究成果评价方法和评价机制。同时，哲学社会科学成果评价应该综合利用定性和定量两种评价方法，即以定量指标作为一种信息工具，与同行评议相互补充、相互启发、相互比较，为同行评议提供辅助性的评价信息，要特别防止科研管理机构对定量指标作用的盲目拔高和误用。

三 健全哲学社会科学成果评价机制的制度保障

（一）进一步完善现有的哲学社会科学评价制度

目前，在哲学社会科学评价制度中已经建立了代表作制度、答辩制度、回避制度、公示制度、反馈制度、申诉制度、举报制度和回溯评价制度等。除此之外，还应健全以随机、回避、轮换为基本原则的专家遴选制度，大力推行匿名评审、署名评价；建立健全评价专家信誉制度、问责制度，规范评价主体的评价行为；建立评价结果的公布和共享制度。同时，积极探索"非共识"研究项目和成果的评价等制度，形成完备的评价制度体系。

（二）逐步建立有制约的同行评议制度

突出专家与同行在哲学社会科学分类评价中的主导地位，注重发挥"小同行"的重要作用。要着重解决同行专家"缺位"和"失位"问题，逐步从宽泛的同行评议制度转变为有制约的同行评议制度，不仅要进一步完善随机专家遴选制度，而且要扩大备选专家规模，增加同行专家与被评价对象之间的相关度，同时，要建立健全同行专家评价结果的"后评估制度"和"惩戒制度"，从而有效地规避个别同行专家评价的随意性。

（三）积极推动学术单位体向学术共同体转变

在哲学社会科学分类评价过程中，应该大力积极推动学术单位体向学术共同体的转变。改变目前学术评价中"以政代学"的弊端，进一步彰显大学作为学术共同体的独特价值，坚持"以育人为根本，以学术为志业"的核心理念，完善大学内部治理机构，尊重学术发展的自身规律，努力构建行政权力、学术权力和监督权力既相互制约又相互协调的运行格局。

（四）建立科学合理的评价监督机制

建立健全评审结果的公示制度，接受社会对评审结果的监督。建立学术评审申诉制度，设立专门机构受理对评价结果的质疑和投诉。加强对学术评价机构、评审专家的监督，建立评审专家的信誉制度，促进评价制度的不断完善，杜绝在学术评价中徇私舞弊。逐步提高学术共同体评价的透明度，确保科研评价利益相关者的知情权和监督权，倡导学术争鸣、百花齐放。要明确学术不端的判定标准和处理程序，科学划分各类评价主体在处理学术不端方面的权责范围。

（五）逐步建立并完善哲学社会科学评价工具系统

为了适应"定性评价与定量评价相结合"的评价方法的要求，应该逐步建立并完善各项评价工具系统。首先，充分利用互联网和信息化发展的最新技术，逐步建立全国统一的、适宜于进行"精细化学术评价"的专家评审信息系统，彻底改变目前同行专家"缺位"和"失位"的现状。专家评审信息系统从专家入库、专家遴选、成果评价、评价结论公示、同行评议、专家信誉动态化、专家奖惩制度、被评人申诉制度等角度建立和不断完善，从而确保专家在维护自身信誉的情况下，主动开展诚信公正的评价。其次，还应该建立健全哲学社会科学成果查新系统、文献计量分析系统、期刊等级系统等。最后，借鉴国外经验，针对传统同行评议存在缺乏交流、时滞明显等缺点，试行哲学社会科学成果发表的"开放存取期刊"制度及开发相应的开放同行评议系统。

第五章　高校人文社会科学人员分类评价标准及指标体系

考核与评价制度是促进高校发展的重要杠杆，考核评价是高校人员选聘、任用、薪酬、奖惩等人事管理的基础和依据。高校的主体是教师，教学、科研、教书、育人，教师都在其中担当了主干的角色。所以，高校人员考评的重心是对教师的考核与评价。科学有效的考核评价是调动高校教师工作积极性、主动性的指挥棒，对新时期高校办学具有全局性、基础性的影响。为此，教育部在2016年8月发布了《关于深化高校教师考核评价制度改革的指导意见》（以下简称《意见》），《意见》作为指导性文件确定了各高校开展教师考核评价制度改革的总体要求、整体框架和基础内容，也为高校人文社会科学人员评价提供了基本指导。人员评价可以表现在多个方面，常见的有职称评定、绩效考核、岗位聘任、科研评奖、科研立项、年终或周期性考核等；制度化的人员评价，在职称评定中表现得比较典型，而各级各类人文社会科学杰出人才的评价，则是对人员学术成就和贡献的综合性评价。通过建构科学的分类评价标准和评价指标体系，对人员做出客观公正的评价，在此基础上通过激励机制作用的发挥，无疑会有效地促进高校人文社会科学整体水平的提升，对于提高高校竞争力与保持可持续发展能力，具有重要意义。

第一节　高校人文社会科学人员的分类及其评价原则

在对高校人文社会科学人员的具体评价中，考虑到学校差异、学科差异、院系差异、研究性质差异及具体人员的差异等因素，其评价的侧重点应有所不同。正如《意见》所指出的那样，要坚持分类指导与分层次考核评价相结合，根据高校的不同类型或高校中不同类型教师的岗位职责和工作特点，以及教师所处职业生涯的不同阶段，分类分层次分学科设置考核内容和考核方式，健全教师分类管理和评价办法。

一　高校人文社会科学人员的分类及其要求

进行分类评价的前提条件是科学分类。不同的高校具有不同的学科结构、人员结构，这就要求分类时必须根据本校的具体情况进行分类。不过，对人员的岗位分类，都应该遵循划分标准一致、同类比较、简洁明了的原则。如果分类的标准不一，指标体系过多，就很难在实践中操作。而高校从事人文社会科学实际工作的人员一般都具有教师身份，因而高校人文社会科学人员评价主要针对从事人文社会科学教学与研究工作的教师，他们都承担一定量的教学工作任务和科研工作任务。按照高校岗位设置以及其所承担教学工作量和科研工作量的大小，研究成果的性质、学术价值、社会影响力等因素，大体可以将其划分为教学型、教学科研型和科研型三类。每一大类下再划分出不同的小类。比如，人文社会学科内部分为若干学科，且各具特色，不可能用统一标准。同一学科内部基础研究、应用研究的评价标准不同，评价论文的标准与评价著作的标准也有差异，规范性标准与创新性标准也会有冲突。另外，不同层次的人员也要有不同的标准要求。标准的多元并不代表标准的虚无或泛滥，不同标准之间也有着内在联系。为操作方便起见，我们把研究人员按岗位设置以及教学、科研工作量所占比重的不同分为科研为主型、教学科研型和教学为主型三大类，每一大类下面可再区分出人文学科与社会科学学科，这是目前中国高校比较普遍的分类方法。

（一）科研为主型人员

科研为主型人员，是指以科研工作为主、以教学工作为辅的高校人文社会科学研究人员。他们一般具有较强的科研能力和比较深厚的学术造诣，是所在高等院校或科研院所学科建设团队或学术研究团队的主要研究人员，是高校从事科学研究的核心力量，也是科研分类评价研究的重点。这类人员在科研评价标准要求上要高于教学科研型以及教学为主型人员，但是，对其教学要求低于教学为主型和教学科研型人员。

对科研为主型人员的评价，要根据其所从事的基础研究、应用研究、社会服务等不同类型科研活动的特点，明确相应的评价标准和具体指标。基础研究重在原始性创新，应当在立足于鼓励探索、宽容失败的基础上构建评价标准，主要考察学术贡献、理论水平和学术影响力；应用研究的评价则应紧密结合经济建设和社会发展的需求，以自主知识产权的产出、潜在的经济社会效益等要素为主要评价标准，主要考察经济社会效益；特别是对于社会工作、公共政策等实践性较强的学科，并不一味地强调其学术贡献，而是注重考察其政策影响和对实践领域的贡献。在具体的评价和考核中，应根据不同的岗位和层级要求设置不同的评价标准。

（二）教学科研型人员

人文社会科学领域的教学科研型人员是指同时从事科研工作和教学工作的人员。他们一般都具有比较扎实的专业知识，既具有一定的学术造诣，又具有较为丰富的教学经验和教学研究成果；能够及时关注本学科专业领域比较前沿的学术问题和教育教学热点问题，参与国内外学术交流和教学经验交流活动，能够及时消化吸收新的研究成果，并运用于教学中去，实现教学与科研的相互促进；他们在开展科研工作的同时，一般都要完成规定数量以上的教学工作任务。从这个意义上讲，大部分的高校教师都应该是教学科研兼顾，属于教学科研型人员。尤其是面对新时代和高校发展的新形势，要成为一名合格的高校教师，必须在教学和科研两个方面都做出成绩，才无愧于自己的岗位。不过，按照分类评价的原则，在具体的人员评价中，对这类人员的科研要求可低于科研为主型但高于教学为主型，教学方面的要求则低于教学为主型，而高于科研为主型。

（三）教学为主型人员

人文社会科学领域的教学为主型人员，主要是指以教学工作为主、以科研工作为辅的高校教师。他们主要是从事专业基础课和公共课教育的专任教师，其中，大部分主要从事全校性的公共课教育教学工作。他们主要从事教学工作，同时也具有一定的科研能力，从事一定科研工作。由于教学工作量大，任务繁重，所以，对这类人员的总体评价一般重点考察其教学业绩和成果，对其科研工作要求总体上要低于科研为主型和教学科研型人员，但对其教学工作有较高的数量和质量要求。

总体上看，各高校教学为主型人员的科研成果总体数量少、人均量较低。对这类人员的评价要从实际出发，科研成果要求不能太高，但也要有一定的质量和数量要求，这里可以看作是对科研的底线要求或最低科研量的评价要求。因为一个能真正将新的学术创见传授给学生的老师，必然是一个读书广泛、能敏锐地发现问题并有足够的能力解决问题的人。而科研与教学的互促关系，在教育部的《意见》中也得到了充分的体现和强调。对于不同院系、学科与基地，以及不同学科的人文社会科学专任教师，应设置底线指标与人均指标，对于所有师资，设置不同职称的最低科研工作量。必须保证各个院系专任教师有最低的科研成果发表，以科研促进教学，并将最前沿的学术研究融入教学活动中。

二　高校人文社会科学人员分类评价中应遵循的基本原则

针对各高校在人员评价中存在的一些普遍问题，教育部出台了《关于深化高校教师考核评价制度改革的指导意见》，将改革考核评价机制作为当前和今后一个时期推进高校综合改革的切入点，提出了以"师德为先、教学为要、科研为基、发展为本"的基本要求；提出要坚持社会主义办学方向，坚持德才兼备，注重凭能力、实绩和贡献评价教师,克服唯学历、唯职称、唯论文等倾向;提出要把全面考核与突出重点相结合、分类指导与分层次考核相结合、发展性评价与奖惩性评价相结合,推动学校和教师共同发展。以学术评价为例,学术评价的目的不能简单地通过刚性的量化评价指标,得出终结性评价结论,并以此为依据,决定是否对相关人员予以续聘、解聘、晋级等奖惩措施。更重要的是应该深入了解各类人员的个人价值、伦理价值和专业价值,培养他们的主体意识和创新精神,激发内在潜质,鼓励学术创新、促进专业发展。① 因此,要坚持"以人为本"的评价理念和基本原则,以人员的全面发展为出发点和归宿确定评价规范,重视形成性评价的作用,通过管理评价向发展评价的转变,改变评价者与评价对象之间分离和对立的评价关系,在和谐、宽松、温情的环境中,激励教师自觉主动地发展,促进教师自我实现需要与学校发展需要的统一、现有水平与未来发展的统一。具体而言,应该坚持以下四个基本原则:

(一)要把短期评价与长期评价相结合,把增量与存量相结合,坚持评价适度原则

对人员的评价一般会和绩效激励相关联,从某种意义上讲,人员评价实际上更多的是一种绩效评价。绩效激励是为了对人员产生积极的影响,引导他们发展的方向。如果绩效评价让他们产生过大的压力,对工作产生负面情绪,甚至对立情绪,往往会阻碍他们的发展。这就要求高校的评价主体在实施绩效评价时应综合考虑,准确把握绩效评价的程度,绩效评价活动周期的确定要适度,不宜过长,也不宜过短,应将高校的内部管理需要与对工作的实际需要相结合,建立短期和中长期相结合的考核评价机制。尤其对科研评价更应避免急功近利。科学研究具有自身的特点和规律,它是一个循序渐进、厚积薄发的长期过程,而非一朝一夕所能完成。对于探索性的科研活动,所产生的成果或社会效益也并非短时期内所能呈现,特别是以追踪学科前沿问题、探索创新知识和创新理论为终极目标的基础研究,更需要厚

---

① 参见刘尧《发展性教师评价的理论与模式》,《教育理论与实践》2001 年第 12 期。

积薄发。因而短时期很难对一个人、一个理论、一项科研成果做出合理评价。为了尊重科学研究的内在规律，鼓励教师和研究人员诚信治学、潜心治学，科研评价应持有某种"时滞"观念，特别是对人文学科以及长期从事基础研究的教师，考核和检查不应过于频繁，而应以中长期为主，并视其学科主体性的差异以及受聘岗位层级的不同分别确定相应的考评期限。

教育部在《意见》中也指出，要建立合理的科研评价周期。建议教师科研评价周期原则上不少于 3 年；科研团队考核评价周期原则上不少于 5 年。统筹年度考核、聘期考核、晋升考核等各类考核形式，根据绩效情况，可以减少、减免考核，适当延长考核评价周期。事实证明，延长考核评价工作周期的做法，符合科研工作的本质规律，也有助于高校教师沉下心来做更有价值的创新工作。要鼓励科研人员从事"打基础、顾大局、管长远"的工作，给其一定的空间和时间潜心学问，以避免急功近利的"快餐效应"产生。对正在进行重大理论和现实问题研究的教师还可进一步放宽或延缓绩效评价时间，对一些学术造诣高深、学术贡献突出、学界公认的一流学者，甚至可免予考评。只有让科研工作者在宽松、安定、自由的环境中激发创新的灵感，才能创造出高水平、高质量、经得起历史检验的学术精品。

一般来说，高校对教师和科研人员的学术研究绩效考核为年度考核，每年年终由各部门统计所属人员的当年科研情况及具体的科研积分。由于我国当前人文社会科学的发展正进入一个全方位、多层面、跨学科的理论创新、方法创新的新阶段，研究成果的学术价值、社会效益需要在一定的学术积累基础上进行。① 建议科研考评可以采取短期与长期相结合的办法，短期为 1 年，长期以 3—5 年为宜，或进行聘期考核，部分特殊专业可考虑延长至 5—10 年甚至更长时间。对于年度考核，院系、科研处可根据年终科研情况，对完成额定科研工作量的人员予以奖励，超额部分按分值予以双倍奖励。科研积分也可留存部分计入下一年度。未完成额定科研工作量的教师和科研人员则不

---

① 刘大椿：《人文社会科学评价问题的思考》，《光明日报》2004 年 10 月 8 日。

予奖励。拖欠部分的分值计入下一年应完成科研工作量额度。这样，既实现了对科研业绩的及时总结、准确把握，也在制度上保障教师和科研人员能够对科研工作进行合理规划，不必为了完成定期科研工作量而疲于奔命或疲于应付，符合哲学社会科学研究的客观规律，避免了急功近利的短期行为，有利于保障了抵制浮躁风气和学术劣质品，引导教师和科研人员潜心钻研、铸造精品目标的实现。

另外，还要注意在评价中把增量与存量相结合。增量是指事物在某一时间段变化的数量；存量则是指事物从开始到现在累积的数量。一般的绩效评价是对某一时间段内科研人员的工作情况进行评价，但是，在某种情况下，对科研人员的评价不能忽视其以前的表现，职业生涯是一个整体，不能将某一时间段孤立开来。因此，评价活动不能仅仅考虑考核期内的增量，应将增量与存量有机结合，适当考虑存量的应用。比如，对高校科研人员获得的重大奖项、杰出人才荣誉称号等的评价，应以存量为考核数据，而在其他评价指标下则以增量为考核数据。

（二）遵循以制度为依据的评价程序，坚持激励机制和约束机制并重的原则

设定严密、科学、合理的程序，是做好学术评价的重要前提，也是落实评价标准的基本要求，程序所强调的是制度化，贯穿于整个评价过程中。需要以科学的评价理念为指导，以行政思维向学术思维转变为基础，将制定评价制度、严肃评价纪律纳入法制规范轨道，真正起到维护学术评价工作的民主性、公正性和监督性。科学的决策来源于对集体智慧的正确集中。要改变以行政为主导的自上而下的单向性学术管理体制，建构全员参与学术评价的"阳光模式"。评价制度、评价规则要通过评价主体和客体充分协商、达成共识的渠道和方式建立，要把对人员的评价、对学术成果的评价权力从行政化的框架中剥离出来，赋予高校教师充分的话语权，使学术成果的评价制度和评价过程具有集思广益的民主化特点。

再好的评价标准指标体系，如果没有严格执行评价制度，遵循评价规则，那就难以杜绝利用课题评审、成果鉴定、职务晋升、评奖评

优等学术资源进行权钱交易、官学结合或学术垄断的现象，因此，要排除人为操控、门户之见、亲疏之分等非学术因素的干扰，保证学术评价工作的公正与公平，就要加强监督，建立对学术评议者、评价活动和评价机构的有效监督机制，要在学校内外部的评价体系中，建立评价内容和评价结果公示制度、公开答辩和学术声誉制度、匿名评审和评审责任制度、评审专家的遴选和回避制度以及对违规行为的责任追究制度。避免行政权力在学术领域的垄断，避免因学术权力的滥用催生学术泡沫，避免学术研究失范导致学术道德和学术尊严的丧失。

同时，要坚持"两条腿走路"的原则，充分发挥激励机制和约束机制针对不同群体的不同作用，通过科学合理的科研评价，在研究人员职务评聘、业绩津贴发放、人才推荐选拔、学术称号及荣誉获取等方面加强激励和约束机制的导向。切实保障对科研活动活跃人员予以褒奖，对科研活动惰性较强的人员加强督促。营造一种大力倡导和鼓励研究人员参与科研的学术氛围。对在学科建设、科学研究、成果产出、教书育人等工作中做出突出贡献的人员给予相应的学术地位，对长期没有业绩的人员，进行低聘或调离岗位，真正建立人员能上能下、能进能出的流动机制。特别要通过科学合理的科研评价，扶持中青年研究人员，坚守研究旨趣、坚实研究基础、长期学术积淀、关注现实问题，潜心研究，厚积薄发，培育出一批学术名家。

（三）坚持"数量质量并重、质量为先"的原则

数量是衡量人文社会科学研究的基础性指标，没有数量的积累，就不会有质量的提升。但是，在坚持数量指标的同时，必须确立"质量第一"的评价导向。因为学术评价是一把"双刃剑"，有效的评价机制会促进学术研究的良性发展，但是，如果运用不当，会显现其负面效应。过分强调产出和效率的导向，片面追求数量和形式评价，将造成重数量轻质量，重形式轻内涵，助长学风浮躁、学术泡沫现象。教育部在《意见》中也强调要扭转重数量、轻质量的科研评价倾向，鼓励潜心研究、长期积累，遏制急功近利的短期行为；完善同行专家评价机制，积极探索建立以"代表性成果"和实际贡献为主要内容的评价方式，将具有创新性和显示度的学术成果作为评价教师科研工作

的重要依据；扭转将科研项目与经费数量过分指标化、目标化的倾向，改变在教师职称（职务）评聘、收入分配中过度依赖和不合理使用论文、专利、项目和经费等方面的量化评价指标的做法。

在评价体系的改革和完善上，应该淡化学术成果数量指标，注重水平和质量，强化代表作制度在学术评价中的作用，关注学术成果的原创性、创新性价值，关注研究者的科学精神和独立思想；把是否发现新问题、运用新方法、提出新观点、构建新体系、创造新理论、形成新对策作为衡量研究成果质量的主要内容；要尊重差异、宽容失败，建立对创新性成果进行长期检验和科学评价的体制机制；鼓励自由探索和潜心钻研，给予成果产出和孕育的时间和空间；大力加强创新基地和平台建设，推动基地和平台改革创新、开放发展、凝练方向、激发活力，为重大标志性成果的产出打造科研合作平台。

（四）尊重学科差异，运用多元化的评价标准，坚持多样化原则

对高校科研人员的评价，绕不开学科差异性这一问题。需要运用恰当的方法对不同学科的差异进行调节，以使学科差异性对评价结果的影响降到最低。尤其是人文社会科学的学术创新具有个性化的特点，真正要落实以人为本，摒弃千篇一律，就要针对不同领域，设立不同的评价标准要求，坚持有针对性的评价导向。应制定与实际相适应的多元学术评价标准，包括数量与质量的评价、显性与潜性的评价、间接与直接的评价、微观与宏观的评价、静态与动态的评价、成功与失败的评价、主体与客体的评价、个人与团队的评价、对评价者的再评价等，并针对不同科研性质、不同研究领域进行不同侧重点的学术评价，力求以包容、拓展的评价理念，在多元中建立主导，在多样中谋求共识，促进多种可能的学术创新和学术发展。

基础理论研究要以巩固马克思主义指导地位、提高国家文化软实力为导向，突出社会主义意识形态与人文社会科学发展目标的有机结合，坚持服务国家目标与自由探索相结合，以推动社会主义文化大发展大繁荣的原始性创新和集成性创新、解决国家重大需求的实质性贡献以及优秀创新性人才的培养为主要评价标准。自由探索性的基础研究要以推进学科体系、学术观点、科研方法创新、增强人文社会科学

发展活力为导向，要在思想理论上有所创新，在传承文明上有所贡献，在学科建设上有所推动。

应用性研究评价应紧密结合国家和区域政治、经济、社会、文化和生态文明发展的需求，以重大现实问题为主攻方向，建立跨学科研究成果的评价指标体系。要以研究成果能否实现向现实力的转化、能否提供有价值的决策咨询服务并在实际工作中予以采纳、推广、取得明显成效等为主要评价标准，把对国民经济、社会可持续发展的贡献作为评价的重点，注重整合、共享与服务，在服务现实中彰显人文社会科学的生命力。

交叉科学是人文社会科学发展与科学技术发展的重要趋势。人文社会科学学科中新兴、交叉学科研究的评价应注意广泛吸收相关学科专家、学者的意见，强调和注重创新性标准和交叉学科人才培养。在实践中，要充分考虑交叉科学的发展规律和特点，注意公平对待"小人物"和"非共识"项目。对探索性、风险性高的项目和创新性强的"非共识"项目应淡化对项目有关研究基础、可行性分析的评价，为创新性项目提供探索性机会，促进创新人才脱颖而出。

第二节 高校人文社会科学人员分类评价标准及指标体系

在实际的人员评价中，由于定量标准因学科不同、研究性质不同、学校不同而有所差异，具体差异将体现在指标体系中，在此只提出定性评价标准。指标体系是对分类评价标准的具体化；在建构评价指标体系时，可使用统一的指标结构，但由于不同类型、不同学科的人员在日常工作中的侧重点不同，因而对不同类型的人员进行不同的指标权重分配，对同一类型但不同学科的人员，可以采用具有特定学科特点的评价方法和观测点。为了便于操作，一般对同一类型人员在学科上主要区分为人文学科和社会科学学科两大类。

一 高校人文社会科学人员分类评价标准

基于上一节对人员的分类以及各高校的普遍情况，可以看出，高校人文社会科学人员分类评价标准有一定的共性，也有一定的差异性。共性在于：高校从事人文社会科学教学与研究工作的主体是教师，他们都承担一定的教学和科研任务，因而在定性评价上有一定的共性；其差异性主要在于侧重点不同，具体表现为教学为主型侧重教学，科研为主型侧重科研，教学科研型则是两者兼顾。另外，教育部《意见》提出了"以师德为先、教学为要、科研为基、发展为本"的基本要求，提出要坚持全面考核与突出重点相结合，全面考核教师的师德师风、教育教学、科学研究、社会服务、专业发展等内容，同时针对当前教师队伍发展的突出问题和薄弱环节，进行重点考察和评价。有鉴于此，我们从政治标准、师德标准、教学质量标准、科研水平标准、社会服务标准和专业发展标准六个方面入手，先提出统一的评价标准，而三类人员评价的差异性和侧重点则主要体现在评价指标体系的不同权重中。

（一）政治标准

从事人文社会科学教学与研究的人员，都会有一定的政治立场，也不可避免地处在特定意识形态主导的社会关系当中，受到一定社会的文化传统和价值观念的影响。世界各国的人文社会科学研究以及教育教学也都有一个面向本土、适合本国国情的问题。就中国而言，三类人员的政治标准都是要高举中国特色社会主义伟大旗帜，以马克思列宁主义、毛泽东思想、邓小平理论、"三个代表"重要思想、科学发展观、习近平新时代中国特色社会主义思想为指导，自觉肩负起国家使命和社会责任，自觉做中国特色社会主义共同理想和中华民族伟大复兴中国梦的积极传播者。

教育部《意见》也明确提出，要把思想政治素质作为教师选聘考核的基本要求，贯穿到教师管理和职业发展全过程。在教师招聘过程中，坚持思想政治素质和业务能力双重考察，将思想政治要求纳入教师聘用合同，并作为教师职称（职务）评聘、岗位聘用和聘期考核的重要内容。要把坚持党的基本路线作为教学基本要求，坚持正确的育人导向，严格高校课堂教学纪律，加强对教师课堂教学活动、教学实践环节等的督导力度。对在课堂传播违法、有害观点和言论的，依纪依法严肃处理。因而无论从事教学还是科研工作，都要坚持正确的政治方向和学术方向，具有较高的政治素养和理论水平，拥有清醒的政治头脑和较强的政治敏锐性。自觉服从和服务于党和国家的发展大局，在思想和行动上始终与党中央保持高度一致。

（二）师德标准

教师的品德和素养是教育事业发展的重要前提。教师的人格力量是影响教育质量的潜在因素，高尚的师德是建设一流师资队伍的第一要素，比言语教育具有更强的心灵渗透力，对教育质量的影响更生动、更持久、更深远。高校人文社会科学工作人员作为教师，必须自觉坚守精神家园和人格底线，树立崇高职业理想，坚定职业信念，静下心来教书、潜下心来钻研，做爱岗敬业的模范，做以德施教、以德立身的楷模，身体力行地把社会主义核心价值观的要求融入日常的教育、教学、管理及与学生的交往中，以自己的高尚师德和点滴行为潜移默化地影响和激励每一个学生。

教育部在《意见》中也特别强调要加强师德考核力度，将师德摆在教师评价的首位。提出要将师德考核贯穿于日常教育教学、科学研究和社会服务的全过程。推行师德考核负面清单制度，建立教师师德档案。将师德表现作为教师绩效考核、职称（职务）评聘、岗位聘用和奖惩的首要内容。高校教师有师德禁行行为的，师德考核不合格，并依法依规分别给予相应处分，实行师德"一票否决"。

（三）教学质量标准

高等学校的根本任务是人才培养，教学是人才培养的主要渠道，教学质量评价是保障人才培养质量的重要环节。教学质量标准既是对教学工作进行价值判断的依据，也是教学追求的目标。对高校人文社会科学人员，尤其是教学为主型以及教学科研兼顾的人员，依据科学合理的教学质量标准，进行教学质量评价，对于促进其提高教学水平、增加教学投入、推动教学内容方法手段改革、确保人才培养质量都具有重要的作用。教师教学质量评价标准可以分为多种类型，比如，从评价内容上可分为教师素质标准、职责标准和效能标准。素质标准规定教师承担各种职责应具备的基本条件，职责标准主要看教师的教学过程、工作任务和态度，效能标准主要指教学效果。

教育部在《意见》中明确指出，要切实扭转对教师从事教育教学工作重视不够的现象。加强对教学工作的激励和约束，提高教师教学业绩在校内绩效分配、职称评聘、岗位晋级考核中的比重，充分调动教师从事教育教学工作的积极性。要求高校明确教授、副教授承担本专科生课程、研究生基础公共课程的教学课时要求，加强教学质量评价，多维度考评教学规范、教学运行、课堂教学效果、教学改革与研究、教学获奖等教学工作实绩。引导教师贯彻党的教育方针，遵守教学纪律，改进教学方法，启发学生思考，指导合作学习与研究性学习。学校应实行教师自评、学生评价、同行评议、督导评价等多种形式相结合的教学质量综合评价，切实将人才培养的中心任务落到实处。

（四）科研水平标准

科研水平标准也叫作学术标准。体现在治学方面，就是要求研究者关注本学科最前沿的问题，具有独立的学术见解，并能用扎实的专业知识与宽广的多学科知识深化本学科的前沿问题研究，遵循学术规范，注重创新。在学术研究成果方面，要求政治方向正确，学术成果具有创新性、科学性、逻辑性、规范性；能够推动学科建设和理论发展，或在解决国家和区域经济社会发展中的重大现实问题上有所贡献。在学术交流方面，能适应国际化的总体趋势，紧跟国际前沿，不断消化吸收国外先进的研究成果，并能够提出具有中国特色的理论观点。

教育部在《意见》中强调，要调整完善科研评价导向。鼓励潜心研究、长期积累，遏制急功近利的短期行为。针对不同学科领域和研究类型，建立分类评价标准和合理的科研评价周期。对从事基础研究的教师主要考察学术贡献、理论水平和学术影响力。对从事应用研究的教师主要考察经济社会效益和实际贡献。对科研团队实行以解决重大科研问题与合作机制为重点的整体性评价。注重个体评价与团队评价的结合。科研评价周期原则上不少于3年；科研团队考核评价周期原则上不少于5年。统筹年度考核、聘期考核、晋升考核等各类考核形式，根据绩效情况，可以减少、减免考核，适当延长考核评价周期。

（五）社会服务标准

提供社会服务是高校人文社会科学人员的重要职责之一，它以直接满足社会的现实需要为目的，以教学和科研职能为依托，有目的、有计划地向社会提供服务。对社会服务的评价，主要是通过社会效益来体现。在高校无论从事教学还是科研，都有一个社会价值和效益的问题，教学讲求教学质量和效果，注重人才培养的效益。科研讲求研究成果的学术价值和社会影响。比如，基础研究类理论成果能得到有效传播与应用；应用研究类成果为各级政府有关部门、行业、产业、区域经济发展提供了具有重要参考价值的决策咨询意见和建议，产生了显著的经济效益和社会效益等。

对于社会服务的考核评价，教育部在《意见》中指出，要综合考评教师社会服务。突出社会效益和长远利益，综合评价教师参与学科建设、人才培训、科技推广、专家咨询和承担公共学术事务等方面的工作。鼓励引导教师积极开展科学普及工作，提高公众科学素质和人文素质。鼓励引导教师主动推进文化传播，弘扬中华优秀传统文化，发展先进文化。充分认可教师在政府政策咨询、智库建设、在新闻媒体及网络上发表引领性文章方面的贡献。要坚持服务国家需求和注重实际贡献的评价导向。鼓励原始创新和聚焦国家重大需求，引导教师主动服务国家创新驱动发展战略和地方经济社会发展。要完善科研成果转化业绩的考核。大力促进教师开展科研成果转化工作。鼓励教师积极参与技术创新和产品研发，把科研成果转化作为着力培育"大众创业、万众创新"的新引擎。

（六）专业发展标准

面对新时代大学生群体的新特点，面对时代发展对教师的专业能力和素养的新要求，教育部的《意见》特别提出，要促进教师可持续发展，将教师专业发展纳入考核评价体系，要求高校在教师考核指标体系中增设教师专业发展指标，根据各个学校实际情况细化对教师专业发展的要求。其目的主要是引导各高校支持广大教师牢固树立正确的学术理念和终身学习的理念，具备扎实的知识功底、过硬的教学能力、勤勉的教学态度、科学的教学方法；准确把握学生成长规律，不断更新专业理念，提高教育教学质量；善于运用新技术，提高教学设计、教学实施、教学评价的专业能力，努力使自己成为业务精湛、学生喜爱的高素质教师，始终为学生提供最有效的指导和最好的教育。

教师的专业发展包含两个方面：一是教师职业的专业提升。指政府、学校通过学习、培训、考核、奖励、惩罚等日常手段促使教师职业专业化或专业达标的过程，体现为数量指标。二是教师个体的专业成长。指政府或学校设计相应的制度引导教师个体在专业观念、态度、知识、能力、情意等方面的长期发展，形成自觉追求或自我实现的愿望，实现个体专业化的过程，它体现为质量指标。我们这里所关注的主要是教师个体的专业成长。[①] 从历史发展的总趋势看，教师的专业发展及其研究经历了由被忽视到逐渐关注；由关注教师专业群体的专业化到关注教师个体的专业性发展；由关注专业发展的外部环境和社会对专业的认可到关注内部专业素质提高的过程。教师专业发展最终体现于个体的专业性发展，依赖于教师个体对专业性发展的追求，是教师在专业生活过程中其内在专业结构不断丰富和完善的过程。

《意见》鼓励教师开展教学改革与研究，提升教师教学和学术发展能力；落实每五年一周期的全员培训制度，加强教师教学基本功训练和信息技术能力培训。鼓励青年教师到企事业单位挂职锻炼，到国内外高水平大学、科研院所访学以及在职研修等。职业院校专业课教师每五年到企业顶岗实践不少于6个月。支持高校普遍建立教师发展中心，完善教师培训和专业发展机制。支持高校开展教师发展性评价改革，加大对教师专业发展的政策支持与经费投入。通过树立发展性评价的考核导向，有助于帮助高校教师尤其是年轻教师提升教学与科

[①] 陈梦然：《高校教师专业发展的基本标准》，《高校教育管理》2013年第2期。

研能力，特别是可持续发展的能力。

二 高校人文社会科学人员评价指标体系的构建

教育部在《意见》中要求各高校"要结合实际制订本校教师考核评价制度改革实施方案"。要根据研究性质、研究领域制定相适应的评价标准体系，实行分类科研评价。另外，还要按照评价对象所从事教学、科研的任务要求，制定不同的量化指标。事实上，在全国2000所高校中，大类上有普通高校和成人高校之分；从不同角度还可分为本科和专科、公办和民办、综合和专业等各种类型。仅仅这些类型上的差异就意味着各高校在战略定位上的差异，因而对各类人员考核评价的要求也必然不同，表现在教育教学、科研和社会服务等方面权重必然不同。理论上说，每一个高校的教师考核评价实施方案应该都是独一无二的。因此，本书所提出的评价标准和指标体系，对于具体高校而言仅具有参考价值。

（一）高校人文社会科学人员评价指标体系建构面临的困难和问题

构建人文社会科学人员评价指标体系和评价规则要充分体现人文社会科学的特点和规律，做到同等对待理论创新和实践创新，注重数量评价与质量评价、过程评价与结果评价、即效评价与后效评价、引导评价与发展评价的结合与统一，等等。而正是这些因素决定了人文社会科学人员评价的难点。

第一，学术成果的非确定性困扰着评价指标的统一性。由于人文社会科学的学术成果不具有绝对性和唯一性，其潜在价值与现实价值存在时间与空间的双重制约；现实与未来不同时段对其的认可、接受程度不一定对等，政治标准与学术标准、学术性与思想性、学术指标与学术精神等衔接点难以恰当把握，这些非确定性因素决定了评价的复杂性、模糊性和相对性。同时，又由于人文社会科学中不同类型、不同性质的学术研究成果具有各自的独特性，其价值取向、研究对象及侧重点不尽相同，服务于社会的功能、时效也各有特点。学术评价不可能严格对应地制定指标体系，也不能以某种具体而统一的学科标准为所有知识门类的共同规范，否则知识的地盘将会不断萎缩。同

第五章　高校人文社会科学人员分类评价标准及指标体系　153

时，这些不同性质、不同标准的评价结果如何达成共识，也是评价实践中难以把握的问题。

第二，评价指标潜在的变数制约评价标准的科学性。当前高校学术管理中，评判人文社会科学人员科研工作业绩和学术水平的基本依据，是在一定考核期内完成的学术论文、著作、科研项目及获奖等情况，并以此作为职务评聘、岗位聘任、奖励晋级等核心参照值。由于数量指标易于统计，在判断相对复杂的学术质量问题上，学术管理者往往根据刊物、授奖、课题的级别等因素，制定分类评价的定性标准，如最优刊物、核心期刊、国内外排名刊物、省部级或国家级项目及获奖等。实际上，这些评价指标因其相关性的不确定，划分中有许多难以掌握的变量。例如，对于最优刊物、核心期刊甚至Ａ、Ｂ、Ｃ类论文等级的分类，既存在刊物本身不同的侧重点如何统一标准、科学分类的问题，各高校之间口径不一、尺度不同的问题，也存在同一种期刊中论文质量有高低之别的问题，处于动态情况下的刊物分类如何体现时效性的问题。这些变数显然制约着人文社会科学人员学术成果评价的科学性。[①]

第三，国际化过程中高校教师科研考核评价出现过度国际化倾向。近年来，我国经济和教育领域的国际化节奏加快。本土人才走出去、海外人才引回来同步进行，这使我国高校和国际接轨的程度大大提升。提升我国高校的国际竞争力也成为教育界的共识。在这个背景下，一些高校在教师评价工作中出现过度强调国际化的新倾向，集中表现在教师的考核尤其是晋升中，没有海外学习经历和海外学术期刊论文就得不到晋升机会。重视国际化，使近年来我国的学术研究水平与国际发达国家的差距快速缩小，但也带来了潜在的弊端：在这种导向下，教师为了实现研究成果的国际化，从科研的选题、过程、技术方法、论文写作、投稿等环节都以国外学术刊物审稿条件为标准。这带来的直接问题是：越来越多的科研工作者不再关心我们国家和社会的现实需求，而是关心国外的学术期刊偏好，同时带来我国优质学

[①]　参见杨慧丽《高校人文社会科学教师学术评价探论》，《教学与研究》2009年第3期。

资源的大量外流，不但挤出了必要的本土化，丧失了民族自信心，一定程度上削弱了国家软实力，而实际上越是民族的才越是世界的。

（二）高校人文社会科学人员评价指标体系的建构原则

鉴于评价中存在的以上问题和困难，要构建公正、有效的评价指标体系，应当结合高校人文社会科学人员的特点，既有充分的理论支持，又有很强的实用性和可操作性，为此，评价指标的甄选应当符合下面几个重要原则：

第一，针对性原则。人文社会科学人员评价指标的选择一定要符合不同高校不同人群的特质，必须仅仅抓住能够体现处于不同层次、不同阶段的人文社会科学人员的素质特点和工作特点，甄选出那些能够真正体现各个类型人文社会科学人员能力水平的指标来构建评价体系，提高指标的适应性，才能使评价科学合理。

第二，系统性原则。所设计出的评价指标体系应该包含少量比较科学合理的指标，不宜过多，能够基本上较为全面地反映人员的水平，协调各层次的关系，因为有些指标存在相互制衡的关系，在构建评价指标体系时，必须统筹所有的指标。此外，所构建的评价体系并不是很多指标的简单罗列，所设计的各个评价指标应当不存在交叉和重复，最后集成为一个完整的评价指标体系，进而用来评价一个高校人文社会科学人员的整体水平。

第三，实用性原则。这一原则要求我们所设计出的指标不宜过于复杂，使用方法也要简便易行，评价体系要繁简适中，评价结果要公正、客观，在科学合理的大前提下，应当去除一些影响较小的评价指标，无论是评价指标还是所使用的评价方法都要严格标准化，还应当严格控制数据的准确性和来源的可靠性。

第四，数据可得性原则。进行评价时所需要的数据应该容易获得，并且数据来源要可信有依据，能对评价提供客观有力的支持，如果指标不易获得，就会增加评价成本甚至代价过大，数据的不科学、不客观会造成评价结果的歪曲。

第五，有效性原则。所选出的评价指标和高校人文社会科学人员的特点相匹配时，才能真正体现出他们的水平状况，无论是评价指标的选择还是指标权重的分配都应当有充足的依据，遵循人文社会科学研究的规律，体现不同类人员的实情。

第六，动态性原则。高校人文社会科学不是一个简单静态的概念，因而对高校人文社会科学人员教学与科研状况的评价，也应当是一个动态的过程。随着社会的发展，各个评价指标的作用效果，体现的价值也在不断地变化，正由于评价环境的不断变化，所设计的评价体系也要满足动态发展的要求，如果经济社会、人文环境等方面发生了重大的变化，设计出的评价指标体系也同样要做出与之匹配的调整与改进。

（三）评价指标体系的设计

指标体系的建构主要是对评价标准的具体化。尽管我们把研究人员分为教学为主型、科研为主型、教学科研型，但他们一般都是既承担科研任务，也承担教学任务（包括研究生教学），同时也都发挥着服务社会的作用，而且在政治标准、师德标准和专业发展标准等方面都具有共性，因而在建构评价指标体系时，可使用统一的指标结构。不过，由于不同类型、不同学科的人员在日常工作中的工作侧重点不同，可以通过对不同类型人员进行不同的指标权重分配来加以区别。另外，为了避免各章在评价指标上的重复设置，凡是涉及科研成果、科研项目、科研获奖等方面的指标要素，请参考本书相关章节内容。

具体指标设计如表 5-1 所示。

表 5-1　　高校人文社会科学人员分类评价指标体系

一级指标	二级指标	评价要点
政治合格	政治方向和思想政治水平	政治方向、学术方向和育人导向是否正确；是否具有较高的政治素养和马克思主义理论水平；能否自觉服从和服务于党和国家的发展大局，在思想和行动上始终与党中央保持高度一致
	遵纪守法	能否严格遵守高校课堂教学纪律，是否在课堂上传播违法、有害观点和言论，有无违反法律法规和校纪校规现象

续表

一级指标	二级指标	评价要点
师德师风	思想道德	能否坚守精神家园和人格底线，以德施教、以德立身，关爱学生、静心教书、潜心育人
	岗位素质	是否具备坚定的职业信念，爱岗敬业，履行职责，严谨治学，从严执教；有无教学事故
教学质量	个人素质	适宜的职业个性与特色；学科知识素养；运用新技术提高教学设计和教育教学技能；语言文字表达能力；教学研究能力
	教学态度	敬业精神和责任心；课前准备情况；辅导、答疑和批改作业等方面的表现；对教学问题的反思意识和改进措施；对学校教学规章和纪律的遵守情况
	教学内容	教学内容的科学性；讲授学科知识的交叉性、包容性、前瞻性和创新性
	教学方法与效果	教学内容与学生需求的适应性，同生产、社会实践的关联性；教学方法与课程内容的适宜性；达到教学目的，激发学习兴趣，课堂接受率高
	教学研究与改革	获得教学改革立项、教学成果奖、各类教学竞赛的数量与级别；教学研究论文的数量与级别；参与教学团队、精品课程建设情况等
科研水平	科研项目	项目成果的创新性和实际应用价值
	学术著作、教材	出版社、发行量、社会影响
	学术论文	论文检索收录、转载、引用等质量指标
	研究报告	被各级政府部门和相关单位采用情况
	获奖	获奖数量、等级
	人才计划	省部级以上人才计划（国家高层次人才特殊支持计划、长江学者奖励计划、新世纪百千万人才工程等）
	学术交流	在国际会议、全国性会议上主题发言或交流
社会服务	决策咨询	为政府部门、企事业单位提供决策咨询和专业化服务
	科研成果转化	通过促进科研成果的转化，提高社会生产率，解决社会难题，服务地方经济社会发展
	文化科学知识传播与普及	为当地企事业单位、社区、居民进行知识讲座；弘扬优秀文化，推进精神文明建设；宣传党的路线方针政策等

续表

一级指标	二级指标	评价要点
专业发展	专业理想与发展规划	能否牢固树立正确的学术理念和终身学习的理念，明确专业发展的目的、价值追求；具有个人专业发展具体规划
	专业知识拓展与深化	能否不断地更新补充专业知识，扩大知识范围；从对知识的理解、掌握到对知识的批判和创新；以广泛的文化基础知识为背景，以精深的学科知识为主干，以相关学科知识为补充，以教育科学知识和心理科学知识为支撑，不断优化知识结构
	专业能力提升	能否在具备扎实知识功底的基础上，不断更新专业理念，开展教学改革与研究，提升教学和学术发展能力，提高教育教学质量和科研成果的质量

三 高校人文社会科学人员分类评价指标体系的权重分配

大量的调查结果显示，就高校人文社会科学的人员评价而言，大部分评价指标是完全相同的，区别只在于权重的大小。而有些指标是不易量化的，如政治标准、师德标准、专业发展标准等，因而主要以定性评价为主。教育部《意见》也明确指出，在考核标准方面要淡化量化指标，对于政治标准、师德标准，建议实行"一票否决"；对于专业发展则建议各高校根据实际情况做出具体要求。因此，本书在人文社会科学各类人员评价指标体系的权重分配上，对于政治标准、师德标准的指标不再具体设置权重，而主要针对不同类型人员评价的教学质量指标、科研水平指标、社会服务指标和专业发展指标进行权重分配。鉴于专业发展是提升教学、科研和社会服务能力的必要前提，不论是哪一类人员都存在一个不断学习和自我提升的问题，因而对各类人员都要设置一个专业发展指标要求。不过，在权重上应根据各个学校的实际确定，不宜固化。

（一）科研为主型

科研为主型人员虽然也承担少量的教学任务，但其主要任务是从事科学研究，同时也会从事一定的社会服务工作。因而其评价指标体系在权重分配时，教学所占比重较小，社会服务的比重也不大，而科研所占比重较大。按照我国高校的普遍做法和实际调研情况，科研为主型人员的指标体系的权重分配如下：

（1）在一级指标权重分配上，教学质量指标权重占15%，科研水平指标权重占65%，社会服务指标权重占10%，专业发展指标权重占10%。

（2）在二级指标权重分配上，教学质量指标权重主要体现在教学态度、教学内容和方法上；社会服务指标主要体现在科研成果转化方面；专业发展主要体现在专业理念、专业知识、专业能力等不断地更新和发展。由于科研为主型人员的一级指标在教学与社会服务和专业发展方面的权重总体上所占比重不大，这里不再列出。在此主要列出科研水平指标中的二级指标权重，具体包括：科研项目占20%（其中经费占5%，结题与鉴定情况占5%），学术著作占10%，学术论文占45%（其中论文检索收录占10%，转载占10%，引用率占10%），研究报告被采用情况占5%，获奖占10%，人才计划占5%，学术交流占5%。

就科研评价本身而言，指标的设计和权重分配还应遵循以下几个原则：一是科学性原则。评估指标体系要力求科学、公平、公正、客观、真实地反映被评估对象的本质属性，重要的是能体现质量而不是数量。二是激励与导向性原则。指标体系应能更好地引导和激发教师从事科学研究的积极性，对评估对象应具有指引、导向的作用。三是以定量评价为主原则。应尽量多地使用定量指标，定量指标越多，评价过程相对越公平、客观，评价结果受主观因素的影响也就越小。

（二）教学科研型

教学和科研具有相辅相成、相互促进的关系，因此，对教学科研型人员的评价指标体系的权重分配上，要注意体现教学与科研的并重以及两者的相互促进作用。根据我们的实际调研情况以及我国高校的普遍做法，教学科研型人员评价指标体系的权重分配如下：

（1）一级指标的权重分配：教学质量占40%，科研水平占40%，社会服务占10%，专业发展占10%。

(2) 二级指标的权重分配：在教学质量方面，个人素质占15%，教学态度占25%，教学内容占15%，教学方法与效果占30%，教学研究与改革占15%；在科研水平方面，科研项目占20%，学术著作占10%，学术论文占45%，研究报告占5%，获奖占10%，人才计划占5%，学术交流占5%；在社会服务方面，教学科研型人员的权重主要体现在文化知识传播和理论宣讲方面，成果转化的权重占比相对较小。在专业发展方面，要体现在教学和科研两个层面上。这里不再赘述。

(三) 教学为主型

教学为主型人员由于主要承担大量的教学任务，从事科研工作也主要是为了促进教学工作，在具体的人员评价过程中，对科研和社会服务方面一般不做过多的要求。本书通过调研分析、专家咨询、教师座谈、学生问卷等方式，并按照各高校的普遍做法来确定指标权重，在指标体系的权重分配上，主要倾向于教学质量要求，具体权重分配如下：

(1) 一级指标权重分配为：教学质量占65%，科研水平占15%，社会服务占10%，专业发展指标权重占10%。

(2) 二级指标权重分配：对教学为主型人员而言，在科研水平上主要体现为编写教材、发表与教学有关的论文等方面；社会服务主要表现在文化知识传播和宣传党的大政方针政策等方面；专业发展主要表现为专业知识的不断优化、基于教学实践基础上的教学研究的深化、教学能力的不断提升。由于三者在一级指标中权重较小，这里不再列出其具体权重。在教学质量指标体系中，由于影响教学质量的因素较多，指标体系的建构和权重分配要"抓住关键、突出重点"。教学质量的二级指标权重分配具体如下：个人素质占15%，教学态度占20%，教学内容占20%，教学方法与效果占30%，教学研究与改革占15%。

第三节　高校人文社会科学人员分类评价的基本方法

对人文社会科学人员分类评价的目的不仅仅是要得出一个评价结果，评价的真正目的是通过评价总结成绩和经验，找出科研工作中存在的问题，进而有目的、有针对性、有重点地加以改进，更好地发挥人员评价对繁荣发展人文社会科学的导向、激励与诊断作用，促进人员的自我完善、自我发展，进一步提高大学的综合实力。而高校人文社会科学人员评价是一个系统工程，涉及评价对象、评议专家、评价管理者等诸多方面，评价对象又在不同的学科从事教学与研究，并可分为不同的层次。如前所述，为操作方便，在具体评价中，不再对评价指标做更细的划分，标准的区分主要体现在权重上，同时，对于不同学科、不同类型的人员，在具体的评价方法运用上也应有所不同。总之，要坚持正确的理念和原则，营造一个有利于人文社会科学人员评价良性运行的制度环境，建立有效的激励机制，运用科学合理的评价方法，推动高校人文社会科学的繁荣发展。下面我们主要从科研和教学两个方面来阐述人员评价的基本方法。

一　以质量为导向的学术评价基本方法

在坚持正确的政治方向的前提下，对人文社会科学人员的学术评价，其最高宗旨和终极目标在于激励研究者潜心研究、深入探索，获得高质量、有价值的学术成果，这种以激发内在驱动力为主的学术评价机制，必须实现学术性功能的回归，实现评价规则从形式评价向内涵和实质评价的转变，克服追求成果数量带来的学术浮躁、急功近利等弊端。要根据人文社会科学的特殊性，建构以质量为最高指向的评价方法体系。在对高校人文社会科学人员的科研评价活动中，有五种评价方法比较常见和实用，即刊物评价、文摘评价、引文评价、H指数评价和同行评议。鉴于同行评议的方法在其他章节已有详细介绍，这里不再赘述。下面主要介绍前四种方法，当然，这四种方法各有其利弊，应根据实际情况酌情使用。

（一）刊物评价

刊物评价就是通过论文发表的刊物级别高低和影响力大小，来评价论文水平和作者水平高低的评价方法。从宏观角度来说，以刊评文符合概率统计学的原理。一般来讲，高级别权威性刊物上的论文比一般刊物上的论文水平要高，发表论文的作者相应的学术水平也更高。当然也不能否认，在一些低水平的刊物上也会有一些高水平的人才发表的很有深度的论文。根据刊物的水平和权威性来判定论文和人才的水平简单易行，具有可操作性，因而无论是在学术界还是在管理层上都有很大的影响。

值得注意的是，单纯根据期刊的级别和权威性来判定文章的质量和人才的水平，难免产生不恰当的结果。现在被大家广泛推崇的核心期刊制度，盲目地夸大了核心期刊的作用，不恰当地用它作为与人才评价相关的评价机制，如人才职位的晋升、科研的奖励，对人才的长期培养和发展造成了不好的影响，很容易助长学术不端的行为。

（二）文摘评价

文摘评价是同行评议法的一种衍生方法，就是论文发表后，又被再次转载发表，这也是一种优选法。从本质上看，文摘评价是对人才评价的一种间接方法，但这种方法使很多人文社会科学人才不得不为了迎合某些期刊的要求煞费心思。利用文摘间接地对人才进行评价，简单易行，学术界对权威的文摘也有着较大的认可度。比如，很多高校在考察研究人员发表论文的同时，也要考核其被转载的次数，这比简单的量化分析有了一定的进步。

但是，文摘评价也有一定的弊端，具体体现在：一是根据文摘进行评价是即时性的。它仅仅是对当代科研人才刚刚问世的学术成果的一种肯定和推崇，这种一次性的选择和推荐具有很大偶然性，即使是很权威的文摘也无法避免偶尔的选择性失误。而且文摘评价法一般仅在一年内的时间区间里比较有效，没有经过更长时间的论证和检验。二是从现实情况看，文摘评价对不同学科的人才评价存在一定的不公平性，比较专业的文摘不能形成很好的覆盖广度，即使是综合性的文摘，各个学科也存在重视程度不均衡的问题。三是文摘评价也很容易忽略那些新兴学科人才的发展，新兴学科由于在其初期很少会被足够的重视和关注，所以，很多具有独创性的人才不能被认同。四是文摘评价也比较容易导致学术舞弊和学术腐败。文摘的编辑往往是固定的一组人员，他们如果不能做到客观公正，容易产生人情文摘和关系文摘的现象。

（三）引文评价

引文评价就是从论文被引用的角度，根据引用的期刊级别和作者的影响力来评价论文及其作者本身的学术价值和学术水平。引文属于学术共同体在学术研究过程中直接使用的被引文献。引文评价实际上是一种引用认同，是引用者对于当今学术前沿的学术成果的一种同行认可。显而易见，科研人员在进行学术研究时不会毫无缘由地引用他人的文章，只有认为他人文献的观点或者方法具有价值时，才会拿来作为参考。事实上，引文具有一定的客观性，数量上也具有累积性，因而引文评价有科学合理的一面，同时也比较便于操作，并且更适合从综合的角度评价人才。西方早已将引文评价作为重要的评价方法之一。从20世纪80年代开始，中国也从国外引进了这一评价的概念、方法，并使引文评价的方法取得了长足的发展和完善。

不过，引文评价法也有其不可避免的缺点和不足：一是对引文的利用具有不可确定性，文章的作者并不一定会把全部引用过的文献都列示出来，可能并没有利用此篇文献也把它列示出来。另外，即使引用了该文献，也不能完全说明文献作者的水平就高，因为可能由于客观的限制，暂时无法得到更高水平的文献作为参考。二是作者有时会自我引用和否定引用，在一些极端情况下，反复对一篇有错误的论文进行批评和论战反而会增加其被引用的次数。三是不标准、不规范的引文著录也会对这种方法的操作使用产生不良影响，比如一些人文社会科学期刊并不明确列示被引用的文献，导致引文无法计量，真实数字的不可得性也使引文评价法的准确度大为降低。

（四）H指数评价

评价一个研究人员的学术成就，光看其发表的论文总数并不妥，还要看这些论文的质量，但是，把期刊的影响力视为论文的质量指标也不妥，必须具体地看其论文的情况，总体地衡量其论文被引用的情况。一种常用的简单方法就是统计一个人发表的所有论文被引用的总次数，但这也不是一种准确的方法。如果某人曾经发表过一两篇高概率被引论文，即使其他论文被引次数低，他的总体成就也会因此被夸大。另一种方法是把被引用总次数除以总论文数，得到平均被引次数，但是，这种做法对论文少的人有利，而对论文多的人不利。为了解决这些问题，美国加州大学圣地亚哥分校的物理学家乔治·赫希2005年提出了一种新的计量办法，这种方法称为H指数，H代表"高引用次数"。一个人的H指数是指他至多有H篇论文分别被引用了至少H次。与其他统计方法不同的是，要确定一个人的H指数非常容易，用赫希的话说，只需要到SCI网站，查出某个人发表的所有SCI论文，让其按被引次数从高到低排列，往下核对，直到某篇论文的序号大于该论文被引次数，那个序号减去1就是H指数。对于非SCI论文，同样可通过相关科技论文数据库进行H指数统计。H指数能够比较准确地反映一个人的学术成就。一个人的H指数越高，则表明他的论文影响力越大。[1]

H指数在一定程度上能够解决传统的文献计量学指标在个人绩效评价中的局限性，能够同时对论文产出力和引文影响力进行测量，在鉴定杰出成就时，毫无疑问是非常有效的；H指数是一个稳健的累计指标，不随未被引用论文数的增加而改变，因而单纯论文数量的增长对该指标不会产生直接的影响；H指数能够测度科研人员的持久绩效，而不仅仅是测量其科研成就的峰值。

但是，H指数也存在缺陷：第一，H指数的高低与从事科研的时间长短有关，发表论文太少，论文的数目成了其H指数的上限，计算其H指数没有太大意义；H指数对于那些刚开始从事科学研究的人员而言是不利的，因为他们的论文产出和引文率相对较低。第二，根据H指数的定义，它不能超越论文数量的界限，因此，它不利于那些论文数量少而被引频次高的科研人员。第三，这项指标有可能造成科研

---

[1] 朱大明：《基于引证的科研人员学术影响力评价方法讨论》，《科技管理研究》2008年第11期。

人员继续科研的动力不足，因为一个人的 H 指数不会随着时间推移而减少，只会增加或保持不变，即使没有新的论文产生，以往的论文仍然有可能获得被引数量。第四，H 指数的获取是基于文献计量学方法上的引文数据库的统计分析结果，因此，其评价标准的科学性、全面性也取决于引文数据库的收录质量和收录范围等。①

二 高校教师教学质量评价的基本方法

不同于对科研水平的评价，对教学质量的评价不易使用量化指标，因而教学质量评价相对比较困难，尤其是对于教学为主型人员的评价。在诸如绩效考核、职称评定等人员评价中，如何考察教学人员的水平和绩效，这是我国高校普遍面临的难题之一。我国的教学质量评价是分层次、分类型进行的，有研究生教学、本科教学、高等职业和高等专科教育、成人教学等，这里仅就高等学校教育中教师教学质量评价的一般方法进行探讨。

（一）分类分级的教学质量评价方法

一般高等学校教育对教师的教学通常采用统一的标准进行评价。但是，综合性、多科性高校一般都分文科、理科和工科，不同的专业，课程设置不同；各专业的课程设置又分公共基础课、专业基础课和专业课，不同类型的课程在教学目标、教学方法、教学实践等方面的要求不尽相同，其实施过程、方法、教学组织形式也有差异，同一个标准很难适应不同专业、不同课程的具体需要，用同样一份评价表也很难衡量所有的课程；同时，教师的情况也具有复杂性，在职称上有初级、中级和高级职称的区别。不同学历、不同级别的教师，其知识结构、知识水平、科研水平等一般存在一定的差异，因而评价要求和评价指标也应该是不同的，只有采用分类的评价方法，才能更公正、客观地对教师进行教学质量评价。

1. 采用多元化的评价标准，制定科学、适用的、形式内容各异的评价表

综合类高校可将课程分成文科类、理科类和工科类，评价表依此

---

① 何燕、朱紫阳：《传统学术评价方法与 H 指数的比较》，《图书馆学刊》2008 年第 3 期。

分为三种类型。对每个类型，要分成两部分进行考核：一是基本要求，包括教学设计、教学内容、教学方法、教学态度等内容，这部分是各门课程所共有的，具有一般性。二是根据不同课程的特点，对其教学方法、教学环节、考试方式和教学目标的实现等进行评价。在考核表的具体设计中，对不同课程，可设计多元化的考核表，如对语言类课程，要设计考核口语表达能力、流利程度、发音的准确性、学生对于语言使用技能的掌握程度等专项；对计算机类和具有实践环节的课程要设计考核学生动手能力、实际操作能力和创新能力的培养等。

2. 制定不同的评价标准，实行教师发展性评价

分级教学评价的主要想法是针对高校不同教龄（老年、中年、青年）、不同职称的教师（初级、中级、高级）根据其不同的知识结构、科研水平、教学经验以及教学对象，制定不同的评价方法。

（1）对具有初级职称（助教）的青年教师（包括具有博士学位，刚参加工作不久的青年讲师）的教学评价。青年教师一般刚刚完成从学生到教师的转换，具有从事教学工作时间短、教学经验不足的特点。对青年教师教学工作的考核与评价，应主要注重考核其教学基本功、传授知识的准确性和熟练性、教学内容难易程度的适宜性等。其中，教学基本功包括仪态、板书、声音、表达能力、使用多媒体教学的能力，等等。

（2）对具有中级职称教师（讲师）的教学评价。讲师一般已从教师的成长期逐步过渡到成熟期，可以独立承担教学任务，按照教学大纲完成教学任务。对讲师的考核和评价，除必须满足对助教的那些要求以外，应该着重考核其教学方法的灵活性和多样性，教学内容的系统性、适宜的深度和广度、对教材的选用和处理、对学生学习能力、发现问题和解决问题的能力及创新能力的培养，以及独立承担两门以上课程的能力和基本的科研能力。

（3）对具有高级职称教师（副教授、教授）的教学评价。副教授和教授处于教师的升华期，具有趋于成熟的教学理论和方法，具有较为深厚的理论基础、较高的学术水平、较强的科研能力和创新能力。对他们的评价应该更多地关注其教学中的创新点，其自身独到的

学术见解，对传授知识的适时更新，对学科前沿信息和科研新成果的传授等。同时，对其在研究生培养和学科建设方面的工作，也应该成为评价的重要部分。

（二）教考分离的教学质量评价方法

教考分离，即将教学和考核分开进行，任课教师只负责教学，具体包括授课、批改作业和课后辅导等，不直接参加考试命题；考试由第三方或教学单位统一组织，具体包括教学大纲与考核要求的制定、出试卷、制定标准答案以及评分标准、评卷等。在执行中，对于重要基础课如大学英语、高等数学、大学物理等课程，由于其覆盖面大，可完全采用上述方法，在评卷中可采用流水作业，由任课教师共同批卷，以保证成绩的公正性。对于专业课和专业基础课，由于这些课程覆盖面较小，可以部分采用上述方法，如可以成立学科组，由本学科的学科带头人或权威专家把关，进行集体命题和评卷。

教考分离可以提高考试成绩的客观性和有效性，进而将学生的考试成绩作为评价任课教师教学效果的一项重要指标。教考分离，使考试既能检查学生对知识的掌握情况，同时也可以检验任课教师对教学大纲的执行情况、课堂教学效果以及课后辅导等情况。教考分离也有利于督促学生自主学习，调动教师积极性，通过教学相长，提高教学质量。但是，需要强调的是，教考分离只是教学质量综合评价中的一个重要环节和组成部分，不宜孤立使用。

（三）教学质量的多元化综合评价方法

对教师的教学质量评价宜采用多元化评价方式，即评价方式的多元化、评价参与者的多元化和评价内容的多元化。比如，可以采取教师自评、相关课程教师互评、学生评价，以及主管领导、专家和管理人员督导性评价相结合的方法。其中，专职督导人员由于时间相对充裕，并具有比较丰富的教学经验，在教师教学质量评价中应发挥主力作用。每学期开始，由多元评价主体组成的听课人员重点选择新上岗教师、重点课程任课教师以及在其他评价中对其教学有争议的任课教师进行听课。听课人员根据课堂教学情况分别就教师举止、教学内容、教学方法、师生互动、时间安排、教学技术手段、对学科前沿知识的补充、逻辑性及系统性、对学生实用技能和创新能力的培养等方面进行考核和评价，同时考查学生到课率和课堂秩序，听课人员要写出评语和评价等级。与之相匹配的是，学生应参与填写该课程的教学调查表，从学生的视角评价该课程的教学情况。在评价过程中，还要注重开展发展性评价。即以教师的主体性发展为目标的评价，通过评价来形成良性教学循环，帮助教师不断进步，促进教师、学生、教学环境的协调发展。

第六章 高校人文社会科学研究机构分类评价标准及指标体系

科研评价工作是教育管理部门的重要职责。2002年,教育部和科技部在《关于充分发挥高等学校科技创新作用的若干意见》中指出:高等院校应充分利用自身的技术优势和人才优势,建立和培育独立的社会化的中介性科学评价机构,积极开展科学评价工作。[①] 2003年,科技部、教育部、中国科学院、中国工程院和国家自然科学基金会联合下发《关于改进科学技术评价工作的决定》。[②] 此后,我国的科学研究评价工作取得了显著的发展,对于科学研究起到了重要的推动作用。相比于自然科学研究的评价工作,人文社会科学研究的评价工作还是比较滞后的。积极推进人文社会科学研究的评价工作具有重要的意义。[③] 在高校人文社会科学的评价活动中,科研机构的评价是整体评价活动的重要组成部分。开展科研机构的评价工作就是为了引导和鼓励科研机构更好地开展工作,从中发现问题和不足,在此基础上改进存在的问题和不足,从而更好地实现知识生产和创新。高校科研机构评价是高校科研管理的重要组成部分,在高等教育管理中具有重要作用。从宏观上看,它是繁荣哲学社会科学、促进高校人文社会科学研究机构的重要举措。对于科研机构的考核能够产生必要的压力,促进机构之间的竞争与合作,推动我国高校人文社会科学的发展。从微

---

① http://www.most.gov.cn/ztzl/qgkjdh/qgkjdhzywj/qgkjdhxgzc/qgkjdhqt/200601/t20060105_27577.htm.

② http://www.most.gov.cn/tjcw/tczcwj/200708/t20070813_52375.htm.

③ 邱均平、谭春辉:《中国人文社会科学评价的意义、体系与实践》,《重庆大学学报》2007年第5期。

观上看，它是调动科研人员的积极性，促进高校人文社会科学研究机构提升科研管理水平，提高科研效率的有力途径。因此，现阶段我国逐步推行的高校人文社会科学研究机构的评价改革，是新时代推动我国高校人文社会科学研究工作的重要改革举措。积极探索新的改革举措，将会极大地推动我国高等教育的发展。

第一节　高校人文社会科学研究机构的内涵与分类

一　高校人文社会科学研究机构的内涵

科研机构是有明确的研究方向，有相应数量的科研人员，承担着科研任务，并且周期性地产出科研成果的组织机构。高校科研机构包括高校的科研院系、研究基地、研究中心、研究所等不同的类型。尽管名称相同，但是，从构成要素上看，高校科研机构需要具备以下三个方面的要素：科研活动、科研人员和科研成果。科研活动是科研机构职能的核心，科研机构需要将科研放在首要的位置。科研人员是科研活动的承担者，是科研机构得以运行的决定性力量。科研成果是科研机构工作成果的最终体现，反映了科研人员从事智力活动的成效。只有具备了上述三个要素，科研机构才能够顺利运转，并在社会生活中发挥积极的推进作用。

高校人文社会科学研究机构是指从事人文学科和社会科学的研究机构。在我国高校中，人文社会科学科研机构具有众多的种类，这既包括教育部设立的重点研究基地、重点学科平台；同时也包括各种级别的研究院、研究中心、研究所等。经过几十年的发展，高校人文社会科学研究机构在数量上大大增加，在类型上也变得多样化。人文社会科学科研机构是高校人文社会科学知识创新的重要载体，承担着人文社会科学知识生产和人才培养的重要功能。从科研管理的角度看，必须采取有效措施，做好高校人文社科研机构的管理工作，不断加强对于高校人文社会科学科研机构的管理创新，推动这些科研机构合理分配科研资源，提高科研机构的发展水平。

高校人文社会科学科研机构是指隶属于高校管理的研究基地、研究中心、研究所等在高等教育中承担着科研任务的组织机构。与一般性科研机构相比，高校人文社会科学机构具有两方面的不同之处。一是高校人文社会科学机构不仅仅从事着相关的科研任务，还需要承担着人才培养的工作。在社会的分工体系中，大学的主要职能是知识生产和人才培养的机构。因此，人才培养工作是高校人文社会科学研究机构所必须承担的组织职能。这与纯粹从事科研工作的机构存在差别。二是高校的人文社会科学研究机构以知识的创新作为科研的根本宗旨。大学的重要职责是知识的生产，创新构成了大学精神的核心。对大学的科研机构而言，知识创新是其最为根本的使命。与从事应用对策性研究的智库等机构不同，高校人文社会科学研究机构最为重要的职能是专注于学术的研究和知识的创新。只有这样，才能彰显高校科研机构的特点。

二 高校人文社会科学研究机构的分类及其特征

从人类的知识门类来看，根据研究对象和研究方法的不同，可以分为自然科学、社会科学和人文学科。[①] 所谓科学，李醒民教授认为："是人运用实证、理性和臻美诸方法，就自然以及社会乃至人本身进行研究所取得的知识的体系化之结果。这样的结果形成自然科学的所有学科，以及社会科学的部分学科和人文学科的个别领域。科学不仅仅在于已经认识的真理，更在于探索真理的活动。即上述研究的整个过程。同时，科学也是一种社会职业和社会建制。作为知识体系的科学，既是静态的也是动态的——思想可以产生思想，知识在进化中可以被遗弃、修正和更新。作为研究过程和社会建制的科学是人的一种社会活动——以自然研究为主的智力探索过程之活动和以职业的形式出现的社会建制之活动。"[②] 上述定义详尽地阐述了科学的内涵及特

---

① 李醒民：《知识的三大部类：自然科学、社会科学和人文学科》，《学术界》2012年第8期。

② 李醒民：《科学是什么》，《湖南社会科学》2007年第1期。

征,从而有助于我们划分现代的知识门类。结合上述分析,我们认为,人文社会科学涵盖了社会科学和人文学科两个不同特征的知识门类。从各个学科的研究对象和研究方法来看,两者之间的差异非常显著。对于从事人文社会科学研究的机构而言,按照上述分类,针对不同的学科特点进行分类就显得极其必要了。根据国内外对于人文社会科学的一般性划分,通常将其划分为人文学科和社会科学两个部分。本章同样采取这个划分方法,并将其作为本章讨论的基础。

(一)人文学科科研机构及其特征

人文学科是指以人的内心活动、精神世界以及作为人的精神世界的客观表达的文化传统及其辩证关系为研究内容、研究对象的学科体系。它是以人的生存价值和生存意义为其学术研究主题的[①],因此,它所研究的内容是一个精神与意义的世界。人文学科是关于人与人的特殊性的学科群,主要研究人本身或与个体精神直接相关的信仰、情感、心态、理想、道德、审美、意义、价值等的各门学科的总称。[②]其关注的焦点是人类思维和精神产物的个体及其表现,因而具有较强的在地文化脉络性,不易也不必超越地域或文化的限制。从涵盖的学科来看,人文学科的代表学科是文学、历史学、哲学,以及艺术。广义的人文学科还包括语言学、考古学乃至含有人道主义内容并运用人道主义的方法进行研究的社会科学。

与社会科学相比,人文学科具有以下四个方面的特点:

首先,民族性。人文学科研究主题和研究范畴的形成与每个民族的特征密切相关。这种民族性特征从本质上反映了不同文明和文化的差异性、多元性。

其次,历史性。人文学科由于将人类存在的体验、感悟等问题作为自身的研究对象,因而人文学科的研究,从时间上来看,具有突出历史传承的特点。

---

① 赖金良:《人文社会科学的概念基础》,《浙江社会科学》2004 年第 4 期。
② 李醒民:《知识的三大部类:自然科学、社会科学和人文学科》,《学术界》2012 年第 8 期。

再次，贯通性。人文学科的研究就特征而言，具有视野广阔，跨越具体学科局限的特征。人文学科的研究需要深厚的人文素养和广博的知识视野、独特的鉴赏品位和敏锐的洞察力。这些特征的实现，离不开人文学科研究的贯通性。

最后，非实用性。人文学科的研究对象使其研究者难以获得一般意义上的物质好处。与自然科学和社会科学不同，人文学科在研究内容上偏重于进行价值规范的内容，因而其对于研究者而言，这类研究难以带来通常意义上的现实利益，而更多地能够给予研究者以精神的丰富和心灵的满足。人文学科的研究成果同样具有非实用性的特点。

人文学科的上述特点决定着人文学科科研机构的基本特征。具体而言，人文学科科研机构具有以下四个方面的特征：

（1）知识生产的周期较长。由于人文学科的研究对象是人类所面临的永恒性的价值问题，而这类问题并没有确定性的答案，而是随着人类的不断发展，人类的探索和认知方式也随之变化。因此，人文学科所寻求的知识在对象上具有相当的稳定性，因而在知识的更新方面也相对缓慢。人文学科的这个特点同样决定着人文学科科研机构的研究状况。相比于社会科学和应用性学科，人文学科科研机构的知识生产周期是比较长的。从世界范围内来看，人文学科的佳作通常都经历了漫长的知识生产周期，其时间从几年到几十年不等。基于这个原因，在评价人文学科科研机构方面，一定要考虑到人文学科的这个特点，为人文学科科研机构的发展给予充分的时间。

（2）知识生产以学者个人单独性生产为主。因为人文学科在本质上是学者对于人类社会普遍面临的价值性问题的探索，因此，人文学科的研究在相当程度上与学者自身的体验、敏锐、个性等因素密切相关。由于每一个研究者在个人经历、研究旨趣、价值偏好和学识修养等方面所存在的差异，因而对同样的研究对象而言，人文学科的研究者所生产的成果不尽相同，而各具特色。从一定意义上讲，人文学科的研究具有不可复制性，是学者自身思考的特定产物。综观世界范围内人文学科的发展，其知识生产方式绝大多数都是学者个人单独完成的。这其中的原因，就在于人文学科的学术成果是学者个人一系列因素作用下独特的产物。在古代是如此，在当今的环境下，这个状况依旧如此。因此，尽管在当代的学术研究中，团队研究和合作研究已经渐渐成了重要趋势，但是，对于人文学科而言，这种方式并不常见。所以，人文学科不必要刻意强调或者强求组建现在通行学术团队研究模式，因为学术团队的形成极有可能损耗掉学者独具个性的研究。

（3）人文学科科研机构的成效不能以单纯的经济效益作为衡量标准。从知识的功能上看，人文学科的研究是为人类活动的价值和规范提供富有创建和启迪的思考，这具体表现为创新性的思想。由于人文学科并不是以直接的社会现实问题为研究对象，因而其研究成果并不具有直接转为经济效益的能力。与之相反，人文学科研究的影响是间接的，它表现为深刻改变人类的思想和观念，为人类的发展和进步提供精神的动力。因此，人文学科科研机构的研究在衡量上不能够依据单纯的经济效益，而应该放在该学科自身发展脉络之中来衡量其价值。考察该研究机构是不是在自身的领域中实现了学术观点的创新和突破，是不是推动了该领域学术的发展。上述的分析提示我们，在人文学科的机构评价中，需要提出现在所盛行的功利主义思维方式，以学术为本位，进行科研机构评价。

（4）人文学科的科研机构的管理应该更加具有弹性，避免盛行的科学管理模式对于人文学科研究机构的限制。人文学科在知识生产方面的周期较长，而且由于其研究内容侧重于价值判断，因而与社会科学相比缺乏其现实实用性。人文学科的上述特点要求人文学科科研机构在管理过程中需要给予研究者宽松的范围，更加灵活和弹性化的管理方式。尽管随着现代管理思想的形成，科学管理的思想和实践越来越多地运用到科研机构之中，但是，在人文学科的科研机构管理中，仍然应该保持着开放、自由、宽松、自主的管理模式。在人文学科科研机构的管理中，需要避免当前所盛行的数量化和标准化考评模式，而应该以根据人文学科的知识生产特点，以科研机构的内涵式发展为考评依据。

（二）社会科学科研机构及其特征

社会科学以社会为研究对象，其目标在于认识各种社会现象并尽可能找出它们之间的关联。① 社会科学是用科学的方法，研究人类社会的种种现象的各学科总体或其中任一学科。通常是指研究社会现象及其规律的科学，它是一个以社会客体为对象，包括法学、经济学、政治学、社会学、历史学等学科的庞大知识体系。尽管社会科学在精准性方面还达不到自然科学的水平，但两者在研究旨趣和基本目标方面却是一致的。② 因此，从研究方法来讲，社会科学与自然科学在本质上具有相同之处，其研究旨趣存在相当的一致性。

社会科学具有以下三个方面的特征：

（1）社会科学重视客观性和科学性。由于社会科学在研究旨趣和研究方法上更多地受惠于现代自然科学的发展，因而社会科学的研究需要以客观实在的社会现象为研究对象，借助于一系列的概念和理论对于社会现象进行解析。客观性是指研究者对于社会现象保持客观的态度，不能让自己的情感和价值判断影响到研究过程。科学性是指社会科学的研究具有比较严格的研究程式和方法，这些程式和方法在社会科学研究中被反复使用，确保研究的准确性。

（2）社会科学研究具有可验证性。社会科学研究是需要对于社会现象给予科学有效的解释。在已有的学术概念和研究程式的基础上，这种解释只有被证明为准确，相关的研究成果才具有价值和意义。因此，社会科学的研究是具有可验证性的。

（3）社会科学研究重视成果的现实针对性。社会科学是对于现实社会问题进行的科学研究，其主旨就是增进人们对于社会的科学认识，为相关社会问题的解决提供科学的知识基础。好的社会科学研究，都是从理论层面对于当时社会问题进行的回应。

社会科学研究机构是以承担社会科学研究任务的学术机构。结合

---

① 李醒民：《知识的三大部类：自然科学、社会科学和人文学科》，《学术界》2012年第8期。

② 程群：《论西方社会科学的起源——兼谈社会科学的目的》，《华东理工大学学报》（社会科学版）2005年第2期。

第六章 高校人文社会科学研究机构分类评价标准及指标体系

上述的分析讨论，本书认为，社会科学研究机构具有以下四个方面的特点：

（1）社会科学研究机构需要注重研究工作的时效性。社会科学的研究对象是现实存在的社会现象，而随着社会的快速发展，各类社会新的现象和新的问题也不断产生。要解析和归纳社会生活中的因果性规律，就需要研究者紧密地追踪社会现象，尽可能迅速地对这些社会现象提出科学的解释。社会科学的研究需要保持其与社会现实的密切关系，保持其时效性。

（2）社会科学研究机构倡导学术合作。从历史角度来看，现代社会科学的发展和分化是 20 世纪人类学术发展的重要趋势。随着人类社会的日趋复杂化和多样化，社会科学也分化为越来越多的学科，在此基础上对于人类社会的发展也越加深入。但是，辩证地看，学科越分化，专业越细分，人类对于社会现象的分析和总结就越需要进行更多的综合。只有在充分专业化基础上的综合，人类对于社会现象的认识才能够不断地深化和推进。否则，人类的知识将陷入管中窥豹和盲人摸象的境地。对于社会科学的研究机构来说，由于社会现象的复杂性，仅靠单个学者将承担起相应的研究任务，而只有依靠学术合作，才能够推进人类在特定领域的知识积累。社会科学研究机构在这样的历史背景下，需要在推进学术合作方面发挥更加积极的作用。一方面，社会科学研究机构需要在科研管理中倡导团队合作的研究方式，通过科学合理的分工，提高社会科学研究的效率，生产最好的研究成果；另一方面，社会科学研究机构需要在鼓励本科研机构与其他科研机构之间的合作研究，实现研究机构之间的强强联合。

（3）社会科学研究机构需要关注其研究成果的社会效益和影响力。由于社会科学以社会中现实存在的社会现象为研究对象，因而其研究成果将能够对于社会的发展产生比较明显的影响。大量的案例证明，优秀的社会科学研究成果将能够促进社会中特定问题的解决，对于社会的发展与进步产生推动作用。在这个意义上说，社会科学研究机构需要关注其研究成果的社会影响与效益，满足社会发展对于科研机构所提出的需求。

（4）社会科学的研究机构适宜借鉴自然科学研究机构的管理模式。如前所述，社会科学的研究在基本理念和方式上与自然科学具有内在的一致性，因此，在机构管理理念和模式上也能够更多地借鉴自然科学研究机构的管理模式。比较而言，科技机构管理已经形成了一整套相对完善的制度设计和程序规范，它伴随着现代自然科学的发展而逐步完善。由于社会科学自身发展的历史比较短暂，因此，社会科学研究机构在管理模式方面相比于自然科学而言，还具有比较大的差距。在现阶段，积极借鉴自然科学比较成熟的管理模式对于促进社会科学研究机构的发展具有重要的作用。

高校人文学科与社会科学研究机构的有效差异性可以总结如表6-1所示。

表6-1　　高校人文学科与社会科学研究机构的差异性

不同类型机构之间的差异性	人文学科研究机构	社会科学研究机构
知识生产周期	较长	较短
生产方式	个人	个人或团队合作
时效性	较弱	较强
社会实际效用	不明显	明显
管理模式	弹性化，宽松化管理	科学化，标准化管理

三　高校人文社会科学研究机构分类评价的意义

考虑到我国高校人文社会科学机构数量庞大，特点各异，在进行科研管理过程中，进行分类管理是尤为必要的。从管理效率来看，分类管理能够更好地服务于当前我国高校人文社会科学快速发展的状况，是科研管理部门提升管理效果的重要途径。从世界范围内来看，对科研机构进行评价是发达国家进行科研机构管理的普遍做法。通过对于科研机构进行评价，一方面，能够鉴别科研机构的科研水平。作为科研管理部门，如何将有限的科研资源进行科学合理的配置，从而提高资源使用效率是实施科研管理工作的重要使命。对科研机构进行评价，能够对科研管理部门进行科研资源的分配提供有力的参照，是推动科研管理工作的重要举措。另一方面,能够发现科研机构的优势和劣势,进而制定相应的发展战略和改进措施。长期以来,如何更加有效地提高科研经费的使用效率,增强科研机构的创新能力是科研机构管理面临的难题。从这个意义上讲,对于科研机构进行评价工作将对此发挥积极的推动作用。基于上述两个方面的考虑,对于科研机构进行评价是科研管理部门工作的重要方式。在此基础上,如何将评价工作更加科学、规范地进行,是科研管理部门的工作重点。

在对于科研机构进行评价管理中,自然科学在这方面已经进行了众多的有益尝试,建立了具有可操作性和较强客观性的科研机构评价体系。改革开放以来,我国科研管理部门对于自然科学科研机构的评价工作已经比较成熟,收到了比较好的效果。相比之下,对于人文社会科学进行评价的实践还比较滞后,近些年,才逐步进行这些方面的改革尝试。这里需要指出的是,在探索对于人文社会科学科研机构分类评价的过程中,我们往往借鉴自然科学的有关做法,试图建立对于人文社会科学机构的科学化和程式化评价方式。近些年来,在对于人文社会科学机构的评价方面,仿照从事自然科学研究机构的做法,试图建立同样的评价方式和指标体系的做法成为主导的方式。但实事求是地讲,由于笼统地将人文社会科学作为一个统一的评价对象,从而导致了在科研机构评价方面,并没有针对不同研究机构的各自特点,建立起具有针对性的分类评价标准。因此,建立科研机构的分类评价体系具有现实紧迫性。具体而言,体现在以下三个层面:

第一,从宏观上看,科研机构的分类评价有利于科研管理部门提高决策和管理的科学化水平,使科研管理部门对于科研机构的管理和考核工作更加具有针对性。近年来,在繁荣哲学社会科学的方针指导下,国家加大了对于人文社会科学研究的投入力度。在科研项目上,国家哲学社会科学办公室,教育部,各省、自治区、直辖市、行业部委等都设立了服务于人文社会科学发展的各类型项目。在人才培养上,国家加大对于人文社会科学人才的支持力度,国内访学、出国深造等方面,国家形成了多样化的自主体系。近些年来,国家对于人文社会科学的资金投入也显著增加。从总体上看,人文社会科学的发展面临着良好的外部环境。

随着我国对于科研投入的显著增加，提高科研管理部门对于科研机构的管理水平就更加具有重要的作用。具体而言，在推动科研部门管理水平的提升方面，分类管理具有积极的作用：一方面，科研机构的分类管理提高了教育部门在管理工作方面的针对性和准确性。由于各个不同的科研机构所属的学科门类不同，其研究对象和运行方式也存在显著的差别；而作为教育科研管理部门，在面对着数量众多的科研机构时，通常都是制定一套普遍适用的评价规则。从管理的过程来看，这种方式符合韦伯意义上的科层化管理的基本特征。但其不足也是明显的，就是忽略了不同类别研究机构之间存在的差异性。随着人文社会科学的发展，尤其是学科日趋分化，教育管理部门需要针对不同机构类型，对科研机构进行分类管理工作，在这种情况下，进行科研机构分类评价就势在必行。因此，分类评价能够有效地提高教育管理部门工作的针对性和准确性。另一方面，科研机构的分类评价有助于教育管理部门政策制定的科学性。政策制定是政府管理部门的重要职责，而科学合理的决策就需要科学可靠的信息作为保障。对于科研机构进行分类评价工作，能够大大地增加教育管理部门在信息获取方面的科学性和准确性，使教育管理部门能够在进行管理决策过程中进行科学决策，提高决策水平。

第二，从中观上看，科研机构的分类管理是适应学科日益分化、研究日益专业化、科研机构种类日益多样化发展趋势的必然选择。在人类知识发展过程中，随着研究方法的更新、研究对象的不断细化，人类的知识门类也越来越复杂。如果说在古代，哲学是各个学科之母、涵盖了众多的研究领域的话，那么到了近代以来，随着科学研究方法的运用，众多原先在哲学研究范围内的领域相继独立出来，成为独立的学科。人文社会科学总体的发展趋势也在不断细化、专业化。从根本上看，这个趋势是根源于人类不断探索和追求真理动力以及人类社会不断现代化的趋势。19世纪末20世纪初，现代意义上的学术体系和知识门类已经基本成型，并在此基础上推动了人类对于社会问题的认识。在第二次世界大战结束后，一个重要的趋势就是交叉学科的快速发展。因为各个学科仅仅是将复杂的和整体性的社会按照学科的概念和知识范畴进行了划分和建构，因此，已有这些学科的知识在相当程度上是被建构起来的，而我们要获得对于社会现象的更加全面和真实的理解，就需要进一步跨越这些具体学科樊篱的阻碍，在已有学科研究的基础上进行综合整理。无论是学科的分化还是学科间的综合，都反映了人类认识社会的深入过程。反映在高校人文社会科学研究机构方面，分类管理的必要性尤为突出。如上所述，一部分高校人文社会科学研究机构基于自身学科的特点和传统在不断加强和完善自身的组织机构；同时也需要看到，新兴学科和跨学科的发展则提出了科研机构发展的新特点，这需要教育管理部门根据其特点进行管理创新。正是在这个趋势下，对于科研机构进行分类管理是教育管理部门的重要改革议程。

第三，从微观上看，科研机构的分类评价有利于教育管理部门提高对于科研机构的管理效率，构建有效的激励机制。近年来，随着我国高校人文社会科学的快速发展，各类研究机构也快速发展起来。数量众多的人文社会科学研究机构给教育管理部门的管理工作提出了挑战，如何更加科学有效地进行科研机构的管理工作，面对挑战，分类评价是教育管理部门实现管理科学化和高效化的重要途径。通过对于科研机构进行科学合理的划分，教育管理部门能够在现有条件下更好地提升管理效率，提高科研管理工作的针对性。另外，知识的生产过程不仅需要充分的物质基础作为保障，同时还需要适当的激励机制作为前提。在激励机制的设计过程中，分类评价能够提供制度设计所需要的详细信息，使激励机制的设计更加合理。因为分类评价本身就是一种激励机制，对于科研机构所进行的评价，将会对于科研机构及其人员形成必要的压力和刺激，这也将推动科研机构的发展。

第二节　高校人文社会科学研究机构分类评价的标准

所谓评价标准，就是衡量和考核科研机构所采取的维度和视角。评价标准的选择是否科学合理将决定着科研机构评价的最终成果。考虑到人文社会科学众多学科之间存在的差异，在进行人文社会科学机构评价时就需要进行分类化处理，结合不同学科之间的差异，进行分类化评价。从总体上看，高校人文社会科学机构的评价标准应该包括学术评价标准、社会评价标准和组织评价标准三个方面。

一　学术评价标准

学术是大学之基。现代大学的兴起是人类在探索知识、追求真理过程中形成的。一所大学只有将学术作为安身立命之本，大学才能够获得发展。对于高校人文社会科学的研究机构而言，学术评价标准更是最为根本的评价指标。一方面，科研机构的根本任务就是追求真理，进行学术研究；另一方面，对于人文社会科学的研究，相比于实用性的技术性研究而言，其学术性的发展才能推动社会的进步。在当今世界范围内，各个研究机构之间存在着日趋激烈的竞争，一个科研机构只有将学术创新放在首要的地位，才能够在激烈的竞争中立于不败之地。

对于一个人文社会科学机构而言，学术评价标准应该重点关注研究成果的创新水平。对于一个科研机构而言，研究成果是其最为典型的学术产品，代表着一个研究机构的研究水准。能否产生具有学术创新性的研究成果，已经成为衡量一个科研机构研究实力的决定性因素。人文社会科学的研究机构同样如此。无论是人文学科还是社会科学研究机构，其研究成果是否提出了新的学术观点和新的思想，或开辟了新的研究领域，更新了研究方法，这些都是研究成果的学术创新的体现。

在当前的学术研究环境下，研究成果的学术创新需要重点强调质的突破，而不是量的增加。由于现阶段，科学的管理模式已经被大量地运用到人文社会科学研究领域之中，在科学计量管理的名义下，通过增加科研成果的数量来提升管理效果已经大行其道。其结果是，大量没有学术创新的科研成果被生产出来，严重冲击了正常的学术研究生态。由于通过数量来进行科研机构的衡量，同时也滋生了学术抄袭和学术腐败的问题。与此同时，另一种科研机构评价现象同样值得警惕，即大量学术伪创新成果的存在。从知识的生产过程来看，真正意义上的学术创新是非常稀缺的，同时也是异常艰难的。研究者需要在大量已有研究的基础上，进行艰苦的思维活动，才能够实现学术的创新。但是，在当前的科研机构评价中，为了追求学术创新的目标，不少学术成果通过各种方式对于没有创新的研究成果进行学术包装，使其看起来具有了学术创新的特点。从这个意义上讲，对于这类所谓进行了学术创新的成果需要保持高度警惕，避免这些伪创新成果阻碍和影响科研机构的评价工作。

　　研究成果的创新水平需要依据学术共同体来确定。随着人文社会科学各个学科的快速发展，各学科的研究人员和研究机构在规模上都有了明显的增加。在这个发展趋势下，首先在各个学科内部形成了学术共同体，在此基础上，相近学科之间也逐步形成了学术共同体。这里所谓的学术共同体，指的是从事相同或者相似学术研究对象和内容的人员和机构所形成的一种非正式的学术网络，它们有着比较一致的研究目标，遵守着学术研究规范，拥有大体一致的学术评价标准。在学术共同体范围内，人员与机构之间进行了频繁的信息交流、学术合作、思想批判。[1] 尽管学术共同体并不是一个实体性的组织性机构，但是，它在推动学术规范、学术创新等方面却发挥着极其重要的作用。[2] 近年来，在我国科研机构的发展中学术共同体也逐步形成。这些学术共同体有一些是以学会、协会等方式来实现的，还有一些是通

---

[1] 王成奎：《中国大学：期待学术共同体的回归与重塑》，《南京社会科学》2009年第8期。

[2] 詹先明：《"学术共同体"建设：学术规范、学术批评与学术创新》，《江苏高教》2009年第3期。

过非正式的学术交流网络来形成的。不管采取何种方式,一个科研机构只有融入学术共同体的发展之中,被学术共同体认可,该机构的学术地位和能力才能够被认可。

学术评价标准是人文社会科学研究机构进行衡量和评价的根本标准,这意味着在各种各样的科研机构考核评价中,学术评价是根本标准。如果离开了学术标准来考评科研机构的话,那将彻底背离了科研机构评价的根本宗旨。在市场经济大潮袭来的今天,一些科研机构越来越多地将目光放在了如何进行创收、收获更多的经济利益的挑战情况下,牢固树立科研机构评价中学术标准的绝对优先性是促进人文社会科学研究机构健康顺利发展的重要举措。而只有牢牢坚持上述学术优先的地位,我们才能够为整个科研事业的发展夯实基础。

二 社会评价标准

社会评价是指人文社会科学研究机构在服务社会、推进社会文化建设方面所发挥的作用。由于人文社会科学机构是以广义上的社会作为研究对象的,因此,在人文社会科学机构的评价过程中,重视其社会效用是科研机构评价的题中应有之义。

(一)政治标准

政治标准是人文社会科学研究机构是否遵守国家宪法和法律、是否维护现有的指导思想和政治安全。人文社会科学的学术研究工作并不是在真空中展开的,而是在现实的国家和社会环境中展开的。"冷战"结束后,随着社会主义阵营的解体,我们将长期面对西方在经济、科技和文化传播方面占优势的压力,意识形态领域渗透和反渗透的斗争仍然十分尖锐复杂,维护我国文化安全和意识形态安全面临新的挑战。同时,国内社会思潮多元化特征更加明显。经济体制的深刻变革、社会结构的深刻变动、利益格局的深刻调整,带来了思想观念的深刻变化,社会思想意识日益活跃,人们思想活动的独立性、选择性、多变性、差异性明显增强。[①] 上述复杂的内外部环境对于高校人

[①] 朱光磊、于丹:《中国意识形态建设面临的双重挑战与政治稳定》,《马克思主义与现实》2010 年第 3 期。

文社会科学的研究工作提出了严峻的挑战。中央办公厅和国务院办公厅印发的《关于进一步加强和改进新形势下高校宣传思想工作的意见》指出，意识形态工作是党和国家一项极端重要的工作，高校作为意识形态工作前沿阵地，肩负着学习研究宣传马克思主义，培育和弘扬社会主义核心价值观，为实现中华民族伟大复兴的中国梦提供人才保障和智力支持的重要任务。[①] 对于高校人文社会科学研究机构的评价问题，同样也需要对政治标准给予关注。

（二）服务社会发展的需要

人文社会科学知识是人类在自身发展过程中积累的对于社会现象和规律的科学认识。人文社会科学的发展越充分，标志着人类对于自身发展规律的认识越加深刻和全面。因此，从功能上看，人文社会科学并不是与社会现实毫无关系的智力游戏，而是通过增强对于人类社会的科学认识来增加人类改造现实的能力。尽管各个学科之间在服务于社会发展方面存在程度上的差异，但是，归根结底，一个学科只有通过自身独特的方式增进人类对于社会现实的认识，这个学科才具有生命力，才能够获得更加广阔的发展前景。从事人文社会科学的研究机构同样也需要遵循这个法则，因此，服务社会发展的需要是考核该研究机构的重要方面。

在对于人文社会科学机构进行上述考核的过程中，我们需要注意人文学科和社会科学之间存在的差异性。如前所述，由于这两者之间在研究方式方面的不同，其服务社会发展方面也存在差异。就人文学科而言，其服务社会功能主要看该研究机构能否提出符合社会发展趋势的新思想和新理念，为社会的发展提供精神动力。人文学科的重要特点就是其鲜明的价值色彩和理想追求。对于一个社会而言，如果没有优良的价值体系作为精神支持，那么这个社会的发展将出现种种问题。这种情况的出现，在一般意义上说，将会使一个社会失去价值引领，从更为糟糕的意义上说，将引发一个社会基本价值体系混乱，因而导致民众行为的失范。人文学科的研究，无论是抽象价值研究还是

---

① http://www.gov.cn/xinwen/2015-01/19/content_2806397.htm.

具体的现实研究，都是为社会的发展提供优良的价值引导和精神支撑。作为科研机构，如何通过自身的研究活动为社会发展提供精神动力，是人文学科机构社会评价的核心内容。

对于社会科学研究机构而言，其服务社会功能主要看其研究是否能够对于社会发展的规律进行科学的认识，为特定社会问题的解决提供智力支持和帮助。社会科学借鉴了自然科学研究的基本理念和方法，对于社会现象进行了科学的研究。好的社会科学研究能够提高人们对于特定社会问题的认识，并为解决这些问题提供必要的对策建议。考虑到社会科学的特性，社会科学研究机构的社会评价就是看该机构是否有助于增进人们对于特定社会问题的解决。对于一个社会科学研究机构而言，其能够真正推动社会社会问题的解决，其社会服务功能才算真正实现。

（三）人才培养

在现代社会发展中，人才具有至关重要的作用。人才培养是高校人文社会科学研究机构的重要职责。人才培养工作既是高校人文社会科学研究机构服务社会的重要方式，也是保障高校人文社会科学机构自身可持续发展的基础。高校人文社会科学研究机构的人才培养工作，既包括高层次研究型人才培养，也包括复合型应用人才的培养。培养经济社会发展所需要的人才是科研机构社会价值的重要体现。

三 组织评价标准

组织评价是评估高校人文社会科学研究机构自身组织和制度建设的程度。高校人文社会科学机构承担着科学研究、社会服务、人才培养等多重职能。高校人文社会科学研究机构的运转离不开人力、物力和财力的组织及调配工作。因此，科研机构的多重职能离不开机构自身的组织建设和制度建设。科研机构的规章制度、人员配备、团队建设等因素都反映着科研机构的组织建设水平。随着近些年来我国高校人文社会科学研究机构在人员规模、资源投入、科研任务等方面的快速增加，机构的组织建设水平更加凸显出其重要价值。

本节分析了人文社会科学分类评价过程应该遵循的评价标准：学术评价标准、社会评价标准和组织评价标准。学术评价标准是科研机构存在和发展的根本，社会评价标准为科研机构的发展提供了更加广阔的发展空间和前景，组织评价标准则为科研机构的发展提供了制度性保障。在进行科研机构评价的过程中，只有将这三个方面有机地统一起来，我们才能对于一个科研机构进行客观而公正的评价工作。当然，需要指出的是，各个学科由于其自身特点的不同，在上述两个方面会有所差异，这涉及基础理论性研究与现实应用性研究之间的差异。但是，这个差异并没有影响到两者之间在评价过程中所坚持的评价标准。从这个意义上讲，两者在功能上是辩证统一的。

第三节 高校人文社会科学研究机构分类评价指标体系

一 构建分类评价指标体系的基本原则

科学合理的人文社会科学科研机构评价应该以正确的指导原则为基础。只有确定评价标准的基本原则，我们才能够科学有效地对于高校人文社会科学研究机构进行准确的评价。为了全面真实地反映被评价机构的真实状况，构建科学合理的科研机构评价指标体系，在进行科研机构评价活动时，首要任务是确定评价时应该遵循的基本原则。具体来说，构建分类评价指标体系的基本原则包括以下六个原则：

（一）全面性和系统性原则

科研机构的评价工作是一项复杂的系统性工作。要用有限的指标体系来评价复杂系统的某一个方面，就必须采用科学系统的方法来构建评价指标体系，从整体角度依据科研水平评价要达到的具体目的和产生的影响来选择评价指标体系，从而全面科学地反映科研机构的发展动态和运行绩效。因此，评价指标的选择应该涵盖科研机构的所有方面，做到科学合理，准确界定。

（二）定性和定量相结合原则

科研机构的运转是一个复杂的过程，涉及人力、财力、物力等方面的诸多要素。因此，对于科研机构进行评价工作，也需要考虑到科研机构的这种复杂性。在对于科研机构进行评价的过程中，需要将定性和定量方法结合起来，依据评价内容的不同，采用不同的评价方法。对具有标志性、显示度和影响力的指标进行定量评价；对二级单位发展战略和发展潜力、制度建设和改革创新等方面的综合绩效进行定性评价。

（三）科学性原则

科研机构评价的公平公正是建立在指标体系选择的科学性原则上的。在选择评价指标时，需要遵循科研活动的普遍规律，同时还需要关注科研机构研究对象的特殊性。因此，在建立科研机构评价指标体系的过程中，需要具体对象具体分析，将科研评价的普遍性和特殊性结合起来，只有这样，才遵循了科学的评价原则。

（四）可操作性和可比较性

科研机构评价指标的可操作性和可比较性是指指标设置要具有针对性，易于比较和测量。选择的指标体系应该易于观察和测量，并能够间接地推断出不易观察和无法测量的指标。指标的定义应该具有稳定性，从而为衡量科研机构工作提供可以比较的基础。评价体系和指标的可比较性是科研机构评价公平和公正的基础，评价指标的可比较性差，将会严重影响到评价指标体系的效果。

（五）独立性原则

评价体系中的各个指标应该是相互独立的，即同一个层次的指标之间在内涵上不相同，外延上不交叉。如果指标不相互独立，在评价过程中就会出现偏差，并影响到评价的准确性和科学性。指标体系的确立需要在纵向上层次分明，横向上类别清晰，同一个层次的指标相互独立，这样才能避免重复计算。

（六）过程性原则

科研机构评价原则的过程性是指在对于科研机构评价过程中，应该运用动态和历史的眼光看待科研机构的发展，而不是通过静态和孤立的眼光看待科研机构的现状。具体而言，过程性原则体现在两个方面：一是在评价过程中需要尊重知识生产的周期性。任何知识的生产过程都需要一个时间周期，对于人文社会科学研究而言，知识生产的周期相比理科和工科要漫长。这个特点反映在科研机构评价方面，就是要给予人文社会科学研究机构以长时间的考评周期，以更好地尊重人文社会科学研究机构在知识生产方面的特征。二是在评价过程中不仅运用相应的指标体系进行机构间的比较评价，同时还需要以一定的时间为周期进行机构自身发展演化的评价。换言之，就是要以一定的时间为单位，周期性地对研究机构自身的发展进行评价，通过这种自己与自己比的方式，更好地发现科研机构存在的问题。

二 分类评价指标体系的内容

高校人文社会科学研究机构作为一个承担着多重职能的组织，在对其进行评价时，需要我们根据其所承担的不同职能，对于这些职能进行分门别类的评价工作。因此，首要任务就是对于高校人文社会科学研究机构所承担的基本职能进行科学合理的划分，并在此基础上对于其职能进行更为细致的评价考核工作。高校人文社会科学机构承担着学术研究、社会服务、研究队伍、人才培养和机构建设五个方面的基本职能。

（一）学术研究

学术研究是高校人文社会科学机构职能中最核心与最根本的职能。科研机构的一切活动都应该服从和服务于学术研究工作的需要。因此，在科研机构评价指标体系中，最重要的评价指标就是学术研究。学术研究涵盖了多方面的内容，这里将其划分为四个二级评价指标：科研成果、科研课题、学术交流与合作、获奖与转载（见表6-2）。

科研成果是科研机构知识生产活动的标志，它是一个科研机构研究实力的最显著指标。只有持续不断地产出具有影响力的学术成果，一个科研机构才能够获得学术共同体的认可，并在社会发展中发挥更加明显的作用。与理工科不同，人文社会科学的科研成果在表现形式上通常分为著作、论文和研究报告三种形式。著作是人文社会科学研究机构学术成果的典型体现，也是科研机构中研究者学术观点和学术水平的最高体现。由于著作通常具有较长的篇幅，它需要研究者集中若干年时间进行研究，反映了研究者对于一个问题比较系统和深入的思考。著作的评价看该著作的出版机构。著作的出版需要经过学术评

表6-2　高校人文社会科学研究机构学术研究的指标体系

一级指标	二级指标	三级指标	指标说明
学术研究	科研成果	著作	国际知名出版社、国家级出版社、行业出版社、地方出版社
		论文	SSCI/A&HCI收入、CSSCI、北大核心期刊、一般刊物
		调研报告	被国家级、省部级、地厅级、县处级
	科研课题	横向课题	资助规模50万元以上、10万元以上、5万元以上、1万元以上、1万元以下
		纵向课题	国家社会科学基金重大攻关、重大、一般、后期自助；教育部重大攻关、重点、一般；省级重大项目、一般、后期；校级重点项目、一般项目
	学术交流与合作	学术会议	举办或参加国际会议；举办或参加国内会议；举办或参加省市级会议
		学术访问	邀请国外、国内著名学者讲学；前往国外、国内讲学
		合作研究	与国外高校或研究机构；国内知名高校和研究机构；国内一般高校、研究机构
	转载与获奖	转载	新华文摘全文转载、索引；人大复印资料全文转载、索引
		获奖	教育部高校人文社会成果优秀奖一等奖、二等奖、三等奖；省级人文社会科学成果一等奖、二等奖、三等奖

审过程，这能够对该著作的学术品质进行鉴定。著名的出版社考虑到自身的品牌效应，通常会对申请出版的著作进行严格的评审工作。因此，通过著作的出版机构能够一定程度上确定该著作的学术品质。与之相似，论文的评价也应看论文发表的期刊级别，在一流期刊上发表的论文其学术品质更高。如果说著作和论文主要是以公开发表的方式呈现出来，那么研究报告更多的是研究机构针对特定问题而进行的具有对策性的研究。由于调研报告更多的是以非公开出版的方式存在，

第六章 高校人文社会科学研究机构分类评价标准及指标体系

因而前述的评价方法并不适用于研究报告。本书认为，研究报告的评价应该以该研究报告被采纳的对象为划分依据。对于人文社会科学研究机构而言，研究报告被采纳的级别能够反映该研究报告的学术研究品质和学术贡献。

研究课题是研究机构获取研究资源，提升研究能力的重要标志。随着国家科研管理的正规化和制度化，通过项目制方式进行科研管理已经成为现实选择。一个科研机构能够获得资助级别较高的项目资助，一方面标志着该机构的研究内容获得了评审专家和同行的鼓励；另一方面则标志着该科研机构获得了更多的资源支持，进而为研究工作的顺利开展奠定基础。根据项目级别的不同，我们进行了以下内容的划分：国家社会科学基金重大攻关项目、教育部人文社会科学重大攻关项目；各部委和省级单位的重大项目和重点项目；国家社会科学基金项目；教育部项目、省部级一般项目、地厅级项目及企事业单位委托的横向项目。

学术交流与合作：人文社会科学的发展还需要研究人员和研究机构之间进行学术交流与合作。通过交流与合作，既能够使研究人员的实力得以提升，为生产更好的学术成果做基础；同时还能够获得学术共同体的认可，大大提升科研机构的学术地位。具体而言，学术交流与合作可以通过以下几种方式来实现，并因此能够给予评价：参加国际国内学术会议是人员学术交流的重要体现。参加学术会议能够提升机构研究人员的研究视野，展示自己的研究成果，提升研究机构和人员的学术影响力。同时，自身研究机构是否举办或承办国际国内学术会议也是科研机构学术交流的重要体现。学术合作体现在诸多方面：合作出版学术成果、合作承担研究项目，除会议这种交流形式之外，学术成果方面的合作同样是学术交流与合作的方式。学术成果方面的合作交流指的是科研机构及其学者通过与国内外其他研究机构进行学术层面的合作，共同生产学术成果。随着人文社会科学的发展，学术成果方面的合作也已经越来越普遍。在我国一些知名学府中，与国外学者合作出版学术作品并不鲜见，不同机构之间进行在学术产品方面进行合作也越来越多。因此，通过考察一个学术研究机构在成果方面与其他机构进行合作的程度,我们能够发现该机构的学术交流与合作的程度。

获奖与转载:学术获奖是学术共同体基于学术研究的知识贡献所做出的评价。通过设立奖项,能够对科研工作提供相应的激励机制;更重要的是,评奖过程反映了学术共同体对于一项研究价值的科学评价。因此,科研获奖是反映其一个科研机构学术研究能力的重要标准。转载同样是反映科研成果学术价值的重要标准。被人文社会科学领域中的重要刊物转载或者索引,反映了该研究成果所具有的学术价值。获奖与转载都是学术共同体对于人文社会科学研究机构研究水平的重要评价指标,将其纳入学术研究的评价之中是必要的。

(二)社会服务

人文社会科学的研究并不是象牙塔中的智力游戏,因此,人文社会科学研究机构不能将自身局限在纯粹的象牙塔之中,而是要积极承担起自身的社会责任。对于高校人文社会科学研究机构而言,社会服务是高校人文社会科研机构发挥社会责任的重要体现。更好地服务于经济社会发展的需要,不仅能够提升科研机构的社会美誉度和影响力,同时也能够为学术性研究开拓更多的领域,打开知识和思想创新的更大空间。社会服务的衡量标准主要体现为科研机构能够积极有效地与国家机关、企事业单位、社会组织等合作,为社会问题的解决提供智力支持;科研机构的研究成果能够被国家机关、企事业单位、社会组织等接受,形成政策影响力。研究机构社会服务的指标体系如表6-3所示。

表6-3　　高校人文社会科学研究机构社会服务的指标体系

一级指标	二级指标	指标说明
社会服务	政策咨询	中央级单位(党中央、国务院、全国人大、全国政协、中纪委等中央机构)、省部级单位(省、自治区、直辖市、中央各部委、中央特大企业等省部级单位)、地厅级单位(市、厅、局、司等单位)和县处级单位

续表

一级指标	二级指标	指标说明
社会服务	成果采纳	中央级单位（党中央、国务院，全国人大、全国政协、中纪委等中央机构）、省部级单位（省、自治区、直辖市、中央各部委、中央特大企业等省部级单位）、地厅级单位（市、厅、局、司等单位）和县处级单位

（三）研究队伍

研究队伍建设和人才培养工作是高校人文社会科学机构所承担的另一项重要职责，也是一个科研机构得以顺利发展的重要保障。建立一个强有力的研究队伍决定着科研机构的发展前景。具体而言，强有力的研究队伍是通过以下指标体现出来的：学术带头人和研究团队。学术带头人只是一个科研机构中具有重要学术影响力，能够引领和带动学术发展的重要人物。对于一个科研机构而言，具有比较多数量的学术领军人物是该科研机构研究实力的重要体现。基于此，根据学术带头人的影响力进行评价是评价研究队伍的重要标准。一个科研机构除需要具备一定数量的学术带头人之外，学术团队建设也是衡量研究实力的重要方面。近年来，各个科研机构都比较重视学术团队的打造工作。在学术研究工作日趋复杂化的情况下，通过学术团队的方式进行学术研究已经成了普遍的趋势。因此，强有力的学术团队是科研机构科研实力的重要体现。研究机构研究队伍的指标体系如表6-4所示。

表6-4　高校人文社会科学研究机构研究队伍的指标体系

一级指标	二级指标	指标说明
研究队伍	学术带头人	国家海外高层次人才引进入选者、教育部长江学者、"新世纪百千万人才工程"国家级人选入选者、教育部"新世纪优秀人才支持计划"入选者、省级高层次人才计划入选者、学校高层次人才计划入选者
	研究团队	国家级创新团队、省部级创新团队、学校级创新团队

(四) 人才培养

衡量和考察一个科研机构培养的人才数量与质量，标志着该机构从事知识再生产的能力。世界著名的研究机构在人才培养方面都非常重视，并以持续培养出知名的研究和应用人才而提升自身地位。作为高校人文社会科学的研究机构，人才培养更是其理所承担的职能。研究机构人才培养的指标体系如表 6-5 所示。

表 6-5　高校人文社会科学研究机构人才培养的指标体系

一级指标	二级指标	三级指标	指标说明
人才培养	博士后	出站报告	国家级、省部级、校级资助
		国际交流水平	国外留学生
	博士	课程建设	国家级、省部级、校级精品课
		学位论文	百优博士论文、提名，省级优秀论文、提名，学校优秀论文、提名
		国际交流水平	联合培养博士生、国外留学生
	硕士	课程建设	国家级、省部级、校级精品课
		学位论文	省级优秀论文、提名，学校优秀论文、提名
		国际交流水平	联合培养硕士生、国外留学生

(五) 机构建设

人员建设主要是指科研机构人员在年龄结构、职称分布、学历结构等方面的基本状况。为了保持科研机构的可持续性发展，科研机构应该在年龄结构上实现老、中、青的合理配置，防止科研机构人员在年龄结构上的老龄化。在职称分布上，应该实现中级和高级职称的合理搭配，通过这种方式，既实现高级职称引导和带领低级职称，又为低级职称的研究人员提供一定的激励机制。为了保持研究机构的竞争力，在科研机构内部非常需要注意研究梯队建设工作。尤其是要提升对于研究机构中的青年学者给予重要的培育和支持，以有利于科研机构的可持续性发展。

组织建设还包括科研机构的硬件建设和规章制度建设的程度。科研机构的硬件建设，相比于工科而言，人文社会科学在这个方面的要求要低一些。对于人文社会科学机构而言，需要提供充分的文献数据库和图书资料收藏，其中包括印刷类和电子类资料。当然，对于一些具有应用性的学科而言，比如心理学、实验室或者工作室也是不可或缺的。除科研机构的硬件配备之外，规章制度建设也是科研机构评价的重要内容。对于一个科研机构而言，规章制度建设具有重要功能。制定一套健全合理的规章制度，对于规范科研机构的运行、提高科研机构的运行效率，都具有重要的推进作用。因此，在评价一个科研机构时，将该科研机构的规章规范也应该纳入科研机构的评价之中。研究机构建设的指标体系如表6-6所示。

表6-6　　　高校人文社会科学研究机构建设的指标体系

一级指标	二级指标	三级指标
机构建设	人员结构	职称结构
		年龄结构
		学历结构
	硬件建设	图书资料收藏
		文献数据库
		实验室、实验中心（社会科学）
	规章制度建设	规章制度的制定
		规章制度的执行

上述指标体系是高校人文社会科学研究机构进行评价时的一般性指标体系。根据前述人文学科和社会科学之间存在的差异，相应的科研机构的评价也需要在指标上进行调整，从而更好地适应于不同学科门类的特点。这种差异体现在评价周期差异、评价内容差异和评价方法差异等方面。结合不同类型人文社会科学科研机构的特点，在采用上述指标体系中，需要赋予不同的指标以不同的权重。上述评价指标及其权重的具体情况如表6-7、表6-8和表6-9所示。

表6-7　高校人文社会科学研究机构分类评价的差异性

分类评价	人文学科研究机构	社会科学研究机构
评价周期	5年左右	3年左右
评价标准	侧重学术评价	学术评价、社会评价
评价方法	同行评议	同行评议、计量评价

表6-8　高校人文学科研究机构的评价指标及其权重

一级指标	一级指标权重	二级指标	二级指标值权重
学术研究	0.4	科研成果	0.1
		科研课题	0.1
		学术交流与合作	0.1
		转载与获奖	0.1
社会服务	0.1	政策咨询	0.05
		成果采纳	0.05
研究队伍	0.2	学术人物	0.1
		团队建设	0.1
人才培养	0.2	博士后	0.07
		博士	0.07
		硕士	0.06
机构建设	0.1	人员结构	0.05
		硬件建设	0.025
		规章制度建设	0.025

表6-9　高校社会科学研究机构的评价指标及其权重

一级指标	一级指标权重	二级指标	二级指标值权重
学术研究	0.25	科研成果	0.0625
		科研课题	0.0625
		学术交流与合作	0.0625
		转载与获奖	0.0625

续表

一级指标	一级指标权重	二级指标	二级指标值权重
社会服务	0.25	政策咨询	0.125
		成果采纳	0.125
研究队伍	0.2	学术人物	0.1
		团队建设	0.1
人才培养	0.2	博士后	0.07
		博士	0.07
		硕士	0.06
机构建设	0.1	人员结构	0.05
		硬件建设	0.025
		规章制度建设	0.025

在评价周期方面，人文学科和社会科学需要加以区别。人文学科机构的知识生产周期相对比较长，知识更新速度比较慢，因此，在评价周期方面以5年左右为宜。而社会科学在生产周期和更新速度方面则相对快一些，因此，在评价周期方面以3年左右为宜。

在评价内容方面，人文学科由于其研究内容和对象的特点，因此，其评价指标应更加突出学术标准，社会科学研究机构需同时突出学术标准和社会标准。在评价指标的权重方面，人文学科和社会科学需要加以区分。

在评价方法方面，人文学科需要偏重于同行评议方法，社会科学机构需要同行评议方法和计量评价方法并重。

第四节　高校人文社会科学研究机构的评价方法

高校人文社会科学研究机构的评价方法决定着评价的成效。探索机构评价的方法是评价工作的核心要素。结合国外发达国家在这方面的相关实践①，我们认为，人文社会科学机构的评价方法需要综合运用定性和定量评价方法，并且根据不同类型科研机构的特点，选取适宜的评价方法。本节主要就同行评议方法和计量评价方法在人文社会科学机构评价中的优势与不足进行简要分析。

一　同行评议方法的优势与不足

同行评议方法是对于科研活动进行评价的重要方法，是由同行专家对其同行的研究工作给予客观科学评价的一种方法。这种方法要求同行专家以学术价值为核心，独立自主地对同行的学术研究进行准确的判断。在学术共同体内，同行专家对于本学科学术共同体内各个科研机构的实际科研水平具有比较清楚的认识，因而其评价具有很强的参考价值。在世界范围内，同行评议法是比较成熟的被广泛采用的科研评价方法。同行评议方法不仅在科研决策的管理活动中，而且在成果发表、职称评定、人员招聘、经费分配等方面已经成为主导性评价方法，应该说，同行评议方法在推动科研管理规范化和科学化方法发挥着积极的作用。

同行评议方法的优点在于同行专家拥有本领域研究的专业知识和水准，熟悉和掌握本学科研究的前沿问题，这保证了同行专家的鉴别能力。改革开放以后，我国在自然科学的管理领域引进了同行评议的方法。相比之下，人文社会科学领域的同行评议引入得比较晚，在近些年才得到推广。在人文社会科学研究机构的评价中，应该大力提倡同行评议的方法。考虑到我国在人文社会科学研究评价中，同行评议方法实行的时间还不长，范围还没有全覆盖，因而需要贯彻落实同行评议的方法。在具体的实践中，为了需要避免同行评议方法流于形式，或者被人为扭曲利用，需要通过制度设计更好地实现同行评议的效果。

从类型上看，同行评议方法包括通信评审和现场评审两种基本类型。

---

① 王兰敬、杜慧平：《欧美人文社会科学评价的现状与反思》，《南京大学学报》2010年第1期。

通信评审是科研管理部门将待评价的科研机构的相关情况进行整理汇总，发送给参与评审工作的同行专家评委，由这些专家根据这些相关材料对于科研机构做出评价。通信评审通常是以匿名的方式进行，这样可以最大限度地减少人为因素对于科研评价工作的干扰，有利于评审专家做出客观公正的评审意见。在匿名评审中，科研管理部门需要将研究机构的评价信息全面、客观地提交给评审专家，同时赋予评审专家充分的权力，保证专家的意见能够自由完整地表达。

现场评审是组织相关同行专家前往待评价的科研机构进行实地评审工作。现场评审需要科研管理部门组织若干名同行专家实地前往科研机构进行。现场评审工作通常包括科研部门负责人向专家组成员进行情况汇报、与科研部门研究人员进行座谈和个别谈话、实地参观科研机构、评审专家召开内部分析会议等方面。与通信评审相比，现场评审能够有利于评审专家更加形象、准确地认知待评价机构的现状。但是，由于评审专家进行了实地的评审工作，评审的匿名性无法保障。

从实践效果来看，通信评审和现场评审可谓各有利弊。在进行科研机构评价时，需要根据具体情况进行选择。目前来看，通过将这两种评审方式结合起来，能够更好地发挥专家评审的效果。具体来说，一是在评审专家的选择上，确保专家人选的全面性和客观性。从学术发展的规律来看，只有通过相互批评和争鸣，才能够保证其发展。因此，对于一个科研机构的评价而言，只有听取本领域各方面专家的意见，才能够对于科研机构的现状形成准确而客观的认识。确保评审专家的独立性、客观性至关重要。二是确保评审过程严密组织，评审程序合理有序。在通信评审中，需要做好评审对象信息的保密工作，使专家真正基于科研机构的状况进行评价。避免因为信息的泄露而导致关系人情等非评价因素对于科研机构评价的影响。在现场评审过程中，需要科研机构将自身的详细信息，比如，研究人员、经费使用、机构建设等向评审专家公开透明，保证专家所获取信息的真实可靠，从而保证现场评审的成效。

二 计量评价方法的优势与不足

计量评价方法是指通过对于科研机构的科研情况、人才培养、社会影响等方面的情况进行划分，在每一个领域中，通过客观的评价指标给予科研机构以评价。计量评价方法在20世纪七八十年代被引到科研评价之中，如今已经成为科研评价的重要方法。计量评价包含两个方面的关键内容：一是设计科学合理的指标体系，该指标体系需要涵盖科研机构活动的诸多方面。二是需要根据科研机构的角色定位来给指标体系中的指标赋予不同的权重，从而通过计算得出相应的数值。在上述两个方面的基础上，科学运用计量评价方法能够给予科研人员、机构、成果等内容以比较科学合理的评价工作。

计量评价工作的优点在于其评价的客观性和透明性，能够将评价的内容进行指标分解，并通过明确的算法给予科研评价以公开性的结论。对于我国高校人文社会科学研究机构而言，通过量化管理的指标考评，将有助于科研机构管理工作的规范化和精细化，在现阶段，推动高校科研机构评价的计量考评具有现实针对性。

在这个过程中，需要注意到以下两个方面的问题：一是评价指标选取的科学性。评价活动中，指标的选取决定着评价的结果，作为人文社会科学科研机构，由于其包含诸多方面而且具有综合性，因此，对其进行评价就需要相对健全的评价指标。在对于科研机构的评价活动中，指标的选取需要具有普遍性、可操作性和代表性。二是指标的权重需要根据不同类型的研究机构的特征进行调整，建立符合该科研机构特点的指标体系。

需要指出的是，我们对于其弊端也需要保持清醒的头脑，不可盲目迷信计量方法的结果。[1] 从更广泛的意义上看，在人文社会科学的评价过程中，鉴于人文社会科学的独特性，我们需要避免盲目移植和照搬自然科学评价的方法。[2] 在所谓的"科学评价"诱导下，不少科

---

[1] 刘大椿：《人文社会科学评价的限制与超越》，《中国人民大学学报》2007年第2期。

[2] 刘大椿：《人文社会科学评价的深层问题》，《中国高等教育》2007年第20期。

研机构已经扭曲了正常科研活动的逻辑,片面突出研究成果的数量,套取科研经费,巧设没有创新意义的科研项目等。这些活动尽管能够为科研机构获得科研评价的较好成绩,但是,其对于真正科研的发展并没有促进作用。因此,要谨防科研机构利用计量评价的弊端做文章,扭曲计量评价方法的初衷。

  科研机构评价是一项综合性的工作,它涵盖人员、成果、项目等多方面的内容。为了对科研机构进行更加精准的评价,需要采取综合性的评价方法,将定性和定量方法、同行评议方法和计量评价方法结合起来。考虑到人文社会科学自身的特殊性,在评价方法选择方面,应该以同行评议为主,辅之以计量评价,避免对高校人文社会研究机构进行纯粹数量化评价。事实上,近年来,在这种评价方式的作用下,片面追求成果数量,而忽视成果质量;过度强调研究机构的科研成果,而忽视其社会服务职责等弊端已经并不鲜见。就此而言,我们需要避免将计量评价方法简单粗暴地搬到人文社会科学的评价中,给予人文社会科学研究一个更加宽松的环境是保障其发展的基础条件。

第七章 高校人文社会科学研究项目分类评价标准及指标体系

项目制是当前我国高校人文社会科学研究的重要组织形式，科学合理的项目评价对于优化资源配置、提高项目质量具有重要的意义。当前高校人文社会科学研究项目评价中还存在一定的问题，完善项目分类评价标准和指标体系、优化项目评价机制是一项重要而紧迫的任务。

第一节 高校人文社会科学研究项目评价的分类

一 高校人文社会科学研究项目的属性与特点

研究项目是指在一定的资源和要求约束下，为解决目标问题在规定时间内所进行的一系列活动。研究项目的属性主要有研究类型、研究阶段、所属学科、指令强度、项目来源、项目级别、人员组成及资助情况等。根据不同的属性，可以对项目进行不同的划分：根据研究类型，可以分为基础研究项目和应用研究项目；根据研究阶段，可以划分为项目申报、实施和结项等；根据所属学科，可以分为人文学科项目和社会科学项目，更具体的还可以细分为哲学项目、社会学项目、经济学项目等；根据指令强度，可以分为指令性项目、指导性项目和自选项目等；根据项目来源，可以分为纵向项目和横向项目、国际项目和国内项目等；根据项目级别，可以分为国家级、省部级和地厅级项目等；根据人员组成，可以分为个人项目和团队项目；根据资助情况，可以分为资助项目和自筹项目等。

除了这些划分方式，还可以根据项目的申报方式，分为招标项目、专项项目和单列项目等。此外，还有一些其他项目形式，如委托项目、人才项目、基地项目、后期资助项目、跨学科项目，以及针对特定人群的如青年项目、针对特定地区的如西部项目等。

研究项目具有针对性、过程性、约束性和探索性特点。

针对性也就是问题导向。问题导向是研究项目的首要特点，任何研究项目都是为了解决具体的理论或现实问题。问题的创新性、价值性、科学性、可行性等对项目有着重要影响。

项目是在一个或长或短的时段中实施的，一个完整的项目流程包括项目申报、项目实施和项目结项三个阶段。项目申报主要是根据申报要求撰写项目申报材料、进行申报答辩等，项目实施是按照项目计划开展研究工作，项目结项是根据结项要求提交项目成果等。

约束性是指项目的整个研究过程具有明确的条件限制，项目所受的限制条件主要包括项目可支配经费及使用范围、研究时间、委托方的目的等。

探索性是指项目具有一定的失败可能性，这或者是因为项目研究的问题缺乏足够的科学性，或者是因为在项目的实施过程中由于项目内外条件的改变而导致项目的目标无法实现或只能部分实现。

二 高校人文社会科学研究项目的分类及其特点

高校人文社会科学研究项目分类应能体现研究项目的特点，研究项目的首要特点是问题导向，在项目属性中研究类型最能体现问题导向特点。

为配合 2017 年度教育部人文社会科学研究一般项目申报，教育部社科司下发《2017 年度教育部人文社会科学研究一般项目申报常见问题释疑》[①]，其中第 19 点对研究类别专门进行了详尽说明：

---

① 《2017 年度教育部人文社会科学研究一般项目申报常见问题释疑》（教育部司局函件），https://www.sinoss.net/guanli/tzgg/jybtz/（访问日期：2017 年 5 月 1 日）。

19.《申请评审书》中研究类别分为基础研究、应用研究和实验与发展三类,如何理解实验与发展?是否等同于综合研究或其他研究?

根据国家统计局关于项目研究类型的分类标准,项目分为三类,即基础研究、应用研究和实验与发展。

基础研究是指为了获得关于现象和可观察事实的基本原理的新知识(揭示客观事物的本质、运动规律,获得新发现、新学说)而进行的实验性或理论性研究,它不以任何专门或特定的应用或使用为目的。其成果以科学论文和科学著作为主要形式。

应用研究是指为获得新知识而进行的创造性研究,主要针对某一特定的目的或目标。应用研究是为了确定基础研究成果可能的用途,或是为达到预定的目标探索应采取的新方法(原理性)或新途径。其成果形式以科学论文、专著、原理性模型或发明专利为主。

实验与发展是指利用从基础研究、应用研究和实际经验所获得的现有知识,为产生新的产品、材料和装置,建立新的工艺、系统和服务,以及对已产生和建立的上述各项做实质性的改进而进行的系统性工作。其成果形式主要是专利、专有技术、具有新产品基本特征的产品原型或具有新装置基本特征的原始样机等。在社会科学领域,实验发展是指把通过基础研究、应用研究获得的知识转变成可以实施的计划(包括为进行检验和评估实施示范项目)的过程。人文学科领域除个别学科的特定领域如艺术学的乐器方向等外,一般来说,没有对应的实验发展活动。综上所述,在研究类别的选择上应结合项目主攻方向进行确定,原则上多为基础研究和应用研究。

《教育部人文社会科学研究一般项目申请评审书》(2017年版)"填表说明"第5点也指出,实验与发展这一类别对人文学科来说几乎没有意义。

因此,高校人文社会科学研究项目类型可以划分为基础研究项目和应用研究项目两大类。基础研究和应用研究之间的主要区别有以下四个方面。

（一）研究目的差异

高校人文社会科学基础研究是为了认识人类自身和社会现象，获取关于人和社会的基本原理的知识，以便理解人与社会，其目的不在于任何专门或特定的应用或使用。而应用研究具有特定的实际目的或应用目标，主要是为了利用人文社会科学知识在实践中开辟各种可能的途径，为解决实际问题提供理论依据。基础研究在进行研究时对其成果的实际应用前景并不清楚，基础研究获取的知识需经过应用研究才能发展为实际运用的形式，应用研究必须以基础研究为支撑。

（二）研究性质差异

基础研究是要解释世界，是要揭示现象背后的本质，发现事实后面的知识。人文社会科学基础研究旨在探索人与社会现象的真理，探究人与社会发展的规律。而应用研究是要改造世界，是要构建新的方法与路径。人文社会科学应用研究旨在面向人类自身和社会，为解决人与社会发展中的问题逐步创造条件。可见，在方法论上，基础研究是从现象到本质、从个别到一般、从具体到抽象，求深是基础研究的基本追求；而应用研究是从一般到个别、从抽象到具体、从理论到实践，务实是应用研究的一大特点。

（三）研究手段差异

人文社会科学特别是人文学科基础研究的分析工具比较简单、传统，主要是语言和逻辑，本质上是语义分析，较少运用本质属于语用分析的实验、模型等。应用研究强调实证性、重复性，研究工具比较丰富，既有语言和逻辑，也有实验和模型等，研究手段与自然科学比较接近。此外，应用研究更强调也更容易实现团队合作。

（四）研究结果差异

人文社会科学基础研究的结果是关于人与社会的概念、知识、理论，本质是观念层面的东西。人文社会科学应用研究的结果主要是一种方法，是关于如何运用人文社会科学知识解决人与社会问题的思路、途径、对策等，与软科学比较接近。

除了上述区别，人文社会科学基础研究和应用研究在研究周期、成果验证等方面也有一些差异。

三 高校人文社会科学研究项目评价的特点与难点

人文社会科学研究与自然科学研究在研究对象、研究方式、成果呈现等方面存在较为显著的差异。自然科学研究项目的评价只依据自然事物的客观本质，评价结果不依评价主体的意志为转移。而无论是人文学科研究的价值理念与思维方式，还是社会科学研究的人的行为与社会制度都与人紧密相关，都不具有自然界那样强烈的客观性，而是具有鲜明的主体性。研究方法与研究对象联系紧密，研究对象越客观，就越需要也越能够采用客观规范的技术手段进行信息、数据的采集与整理。人文社会科学研究项目的产出主要是观念、思想等，自然科学主要是信息、技术等，后者作用于实际的过程更为直接、快速。人文社会科学研究成果主要是通过影响、改变人们的思想观念与行为方式来产生社会影响，这一过程较为缓慢。

上述差异使人文社会科学研究项目评价相比于自然科学研究项目评价具有一些较为显著的特点，如评价结果具有较多的集体共识色彩、评价方法具有较大的主观分析色彩、价值显现需要更长的时间等。同时，相比于高校人文社会科学研究成果、人员、机构评价，高校人文社会科学研究项目评价属于典型的过程性评价。

在项目的申报评审、中期检查和结项鉴定三个阶段，人文社会科学研究项目评价的对象与内容差异较大。申报评审的对象多数情况下主要是项目的申请评审书，评审的内容主要是项目的创新性、价值性、科学性、可行性、经费预算的规范性等；中期检查的对象是项目的实施情况，检查内容是项目的中期成果、研究工作的执行进度、项目实施存在的问题、经费使用情况等；结项鉴定的对象是最终成果，鉴定的内容是最终成果的创新性、价值性、科学性以及项目目标的完成情况、经费的使用情况等。这一情况表明，在人文社会科学研究项目评价中，需要针对项目评价的不同阶段制定相应的评价标准和评价指标体系，采取相应的评价方法。

高校人文社会科学研究项目评价尤其是申报评审存在两大难题，这两大难题是创新导向—规范论证难题和主观论证难题。前者体现了研究项目评价的共性和普遍性，后者体现了人文社会科学研究项目评价的个性和特殊性。

首先看创新导向—规范论证难题。在项目的申报阶段，创新一般还没有实现，还处在构思构建阶段。创新是对现有状况的某种超越、突破，规范论证指的是项目论证一般都是用现有的设备、技术、方法、思路进行论证。创新导向指向尚未实现、希望达到的东西，规范论证指向已经具备的东西，项目论证就是对现状和目标之间距离的说明，即如何从现状达到目标。这里的关键问题在于，如果项目论证得很充分，即怎么做（过程）和能做出什么（结果）都很清楚，那么就有必要怀疑这个项目的价值了。这是因为，真正意义上的创新意味着对现有预设、视野、理解、方法、思路、路径等的突破、超越乃至颠覆，换句话说，真正创新导向下的项目无论是目标还是论证都必然有一些不够清楚甚至完全没想到的地方，具有鲜明的探索性和不确定性。

创新导向—规范论证难题理论上可以化解，但在实际评审过程中，许多现实因素使这一难题不易化解。这一难题还可以换一个视角加以考虑：规范指向现有的知识体系，项目的规范程度越高意味着项目论证的各个部分越自洽，而目标可能指向对现有知识体系的某种修正。这种修正一旦过大，就会使目标与规范显得不够协调，呈现给评审专家的就是论证不专业、不清晰、不严谨等，因而被淘汰的可能性就比较大。按此逻辑加以分析，一个研究项目如果蕴含着真正重大的理论创新是很难通过评审的。

其次看主观论证难题，这是由高校人文社会科学研究项目的研究对象的特点决定的。自然科学研究项目一般具有比较规范的流程，如样品制作—产品中试—产业化等，从样品制作到产业化有着鲜明的层次提升，而且在样品制作、产品中试、产业化的每个阶段，内部也都有一些功能明确、界限清晰的步骤。而人文社会科学特别是人文学科研究项目的实施过程很多难以做出清晰的步骤划分，如不少项目的研究步骤是现状梳理—问题分析—原因探讨—对策建议等。这些研究项目流程的起点与终点的性质基本是一样的，缺乏层次提升，现状梳理—问题分析—原因探讨—对策建议看似有层次提升。其实，这种提升比较空洞、形式化，因为很可能所有步骤都是在观念层面。对于起点是观念终点也是观念的项目，研究流程既可以是概念 A—概念 B—概念 C，也可以越过概念 B 直接是概念 A—概念 C。

四　高校人文社会科学研究项目评价存在的主要问题

（一）申报评审存在低风险偏好

举例而言，有 A、B 两个项目，A 项目拟创新程度较低但规范性较好，B 项目则相反，拟创新程度较高但规范性较差，如果要评审专家从 A、B 两个项目中选一个立项，那么 A 项目被选中的概率较大。这是因为，B 项目失败的可能性较大，一旦失败就有可能什么成果也得不到，而 A 项目成功的可能性较大，总能得到一点成果。申报评审的这种偏好反过来会影响到项目申请人做出同样的选择，即选择风险较小的熟悉课题，申报评审的低风险偏好还与项目申报中的名人效应、马太效应有一定的内在联系，这很不利于创新性研究项目，美国国家科学基金会（NSF）项目申报评审就存在较为熟悉的课题比较容易立项这一情况。[①]

（二）中期检查力度不够

中期检查在项目评价中的地位很重要，它起着督促项目实施、发现存在问题、提出改进措施等积极作用。然而，就当前我国高校人文社会科学研究项目评价而言，检查的时间节点与检查内容等弹性较大，中期检查的效果不尽如人意，没有很好地发挥督促、改进作用。

（三）结项鉴定有待完善

当前高校的人文社会科学研究项目评价中，申报评审最为严谨、规范，申报单位对项目立项也最为重视，这从申报单位对项目立项的宣传报道上就能显现出来。对于申报单位和申报者而言，存在比较明显的重立项、轻结项的情况，这一情况不利于提高项目研究的质量。相比于申报评审，结项鉴定需要继续完善评价工作的组织和鉴定专家的遴选。

[①] 参见张济洲《美国高校科研经费分配的同行评议：本质、局限与改进——以美国国家科学基金会（NSF）资助为例》，《中国高教研究》2011 年第 10 期。

第二节 高校人文社会科学研究项目的评价标准

高校人文社会科学研究项目的评价标准指的是评审专家即受托方综合项目自身的质量要求与委托方的评价目的，对高校人文社会科学研究项目的必要性与可行性、实施过程与结果等进行评判的标尺。

一 实践中的高校人文社会科学研究项目评价标准

（一）《教育部哲学社会科学研究重大课题攻关项目管理办法（试行）》[①]

《教育部哲学社会科学研究重大课题攻关项目管理办法（试行）》第四部分"项目评审与批准"第十五条对评审标准做了比较详细的说明：(1) 从招标课题分解的问题属于科学前沿问题，拟突破的重点和难点明确，研究目标具有先进性，学术思想具有创新性。(2) 研究思路清晰，积极吸收自然科学中先进的研究方法，借鉴国外哲学社会科学研究的有效方法，注重实证研究和社会调查方法的运用、定性研究方法与定量研究方法的结合；研究方案及技术路线具有可行性。(3) 研究队伍结构合理，具有较雄厚的研究基础，首席专家具有较高的学术造诣和科研组织能力，课题组主要成员具有较强的研究能力、较多的相关研究成果、充分的资料准备与合作精神；可望取得突破性成果。(4) 学校在相关研究机构、研究资料、仪器设备等方面具有优越的科研条件，具有较高的科研组织管理水平，并可以为研究任务的完成提供优惠政策和保障条件。(5) 经费预算合理。

第五部分"项目实施与管理"第二十一条对中期检查做了说明：教育部对重大课题攻关项目进行中期检查，由项目首席专家填写《中期检查报告书》，经学校进行审查后报教育部。中期检查根据《重大

[①] 《教育部哲学社会科学研究重大课题攻关项目管理办法（试行）》（教社政〔2003〕6号）。

课题攻关项目研究计划书》提出的中期研究成果要求，由专家评审组对项目进展和经费使用情况进行评估，根据项目发展趋势，对后期研究工作及经费使用提出建议。

（二）《教育部哲学社会科学研究重大课题攻关项目成果鉴定办法》①

《教育部哲学社会科学研究重大课题攻关项目成果鉴定办法》和《教育部社科司关于教育部哲学社会科学研究重大课题攻关项目成果鉴定工作的通知》②对鉴定内容的规定基本一致，包括五个方面："项目研究任务的完成情况；研究成果内容及研究方法是否具有创新性及其表现；研究成果的学术价值、（预期的）应用价值或社会影响；研究成果是否存在知识产权等方面的争议；经费使用情况和效益等。"

（三）《教育部人文社会科学研究项目管理办法》③

《教育部人文社会科学研究项目管理办法》第三章"项目评审与立项"第十条规定，项目评审的基本标准是：（1）课题具有重要的学术价值、理论意义或现实意义。鼓励面向国家经济社会发展、具有重要理论和现实意义的课题，鼓励理论联系实际、研究新情况、总结新经验、回答新问题的理论探索课题。（2）课题具有学术前瞻性，预期能产生具有创新性和社会影响的研究成果。鼓励深入的基础理论研究和有针对性的应用研究课题，鼓励新兴边缘学科研究和跨学科的交叉综合研究课题。（3）课题研究方向正确，内容充实，论证充分，拟突破的重点难点明确，研究思路清晰，研究方法科学、可行。（4）课题申请人及课题组成员对申报课题有一定的研究基础；有相关研究成果和资料准备；有完成研究工作所必须具备的时间和条件。（5）申请经费及经费预算安排比较合理。

---

① 参见《关于召开教育部哲学社会科学研究重大课题攻关项目成果鉴定会的通知》（教社科司函〔2007〕105号）附件2《教育部哲学社会科学研究重大课题攻关项目成果鉴定办法》。

② 《教育部社科司关于教育部哲学社会科学研究重大课题攻关项目成果鉴定工作的通知》（教社科司函〔2016〕137号）。

③ 《教育部人文社会科学研究项目管理办法》（教社科〔2006〕2号）。

第四章"项目过程管理"第十四条规定,为保证研究质量,教育部人文社会科学研究项目实行中期检查制度。中期检查内容主要包括:项目是否按计划开展;研究进度是否符合要求;是否有阶段性研究成果等。原则上至少须有 1 篇项目责任人作为第一署名人正式发表的论文,并标明"教育部社科研究基金××项目"字样,否则中检不予通过。

(四)《教育部人文社会科学研究项目成果鉴定和结项办法》①

《教育部人文社会科学研究项目成果鉴定和结项办法》第四章"成果鉴定办法"第十四条规定,鉴定内容包括四部分:(1)《项目申请评审书》或《投标评审书》《计划合同书》约定的研究任务完成情况。(2)研究内容的前瞻性和创新性。(3)研究成果的学术价值、应用价值或社会影响。(4)研究方法是否正确,学风是否严谨。

再参照国家社会科学基金项目的评价标准。《国家社会科学基金管理办法》②(2013 年 5 月修订)第四章"申请与评审"对评审标准的说明:评审专家评审国家社科基金项目申请,应当从政治方向、学术创新、实践价值以及研究方案的可行性等方面进行独立判断和评价,同时综合考虑申请人和参与者的研究经历、前期相关研究成果、资助经费使用计划的合理性、研究内容获得其他资助的情况等因素,提出客观、公正的评审意见。国家社会科学基金项目结项鉴定主要评价如下内容:项目预期研究计划的执行情况;成果研究内容及方法的创新程度、突出特色和主要建树;资料收集和数据采集情况;成果的学术价值和应用价值,以及社会影响和效益;成果存在的不足或欠缺,尚需深入研究的问题等。

综合教育部人文社会科学研究项目和国家社会科学基金项目的评价实践,高校人文社会科学研究项目的评价标准主要包括政治标准、

---

① 《教育部人文社会科学研究项目成果鉴定和结项办法》(教社科司函〔2007〕145 号)。

② 全国哲学社会科学规划办公室:《国家社会科学基金管理办法》(2013 年 5 月修订),http://www.npopss-cn.gov.cn/n/2013/0520/c219644-21542088.html(访问日期:2017 年 5 月 1 日)。

学术标准、效益标准、项目执行标准和学风标准。

二 高校人文社会科学研究项目评价标准说明

（一）政治标准

高校人文社会科学研究项目要坚持正确的指导思想和价值观，坚持马克思主义立场、观点、方法，坚持服务于祖国和人民。项目的研究内容不能违反党的路线、方针、政策，不能损害国家和人民的利益。政治标准是高校人文社会科学研究项目评价的首要标准，也是准入性标准。

（二）学术标准

高校人文社会科学研究项目评价的学术标准主要包括创新性、科学性和研究基础。

1. 创新性

创新是科学研究的灵魂，是高校人文社会科学研究的重要目标，是高校人文社会科学研究项目评价的重要导向。创新是指以提出有别于常规或常人思路的见解为导向，利用现有的知识和技术，本着理想化需要或为满足社会需求而实现的改进行为。高校人文社会科学研究项目要在前人研究的基础上有所提高、有所发展，要着力研究新问题、发现新材料、开发新方法、构建新思路、提供新对策、构建新理论。

人文社会科学基础研究的长处在于理论研究，提出新观点、构建新理论在基础研究项目中占有重要地位；应用研究的长处在于实践研究，使用新方法、新思路解决具体问题在应用研究项目中占有重要地位。

2. 科学性

说一个项目具有科学性是指这个项目的选题、论证、思路等符合学术共同体的理解，在今天的大科学时代，科学性主要体现为专业性。研究项目的科学性包括选题科学、论证科学、方法科学等：选题科学是指选题合乎科学规律，不是伪科学、反科学问题；论证科学是指问题表述、逻辑结构等合乎科学规范；方法科学是指研究方法、思路、流程等合乎科学要求。

3. 研究基础

研究项目是探索性活动，不仅需要具备创新性、价值性和科学性，还需要项目主持人及项目组成员具备一定的研究基础，人文社会科学研究项目的基础包括项目主持人的研究成果与研究经验、项目团队的合作能力以及研究资料等。

(三) 效益标准

高校人文社会科学研究项目的效益指的是项目所产生的积极影响、正面效用，效益主要分为学术价值和社会价值两大方面。大体说来，价值有哲学层面的、经济学层面的和日常生活层面的三种用法。哲学层面的价值是指客体满足主体需要的属性与能力，经济学层面的价值指的是凝结在商品中的无差别的一般人类劳动，日常生活层面的价值指的是某种物品或事物的有用性。高校人文社会科学研究项目评价中所说的价值与哲学层面的价值概念含义最为接近，哲学中所说的价值概念是一种动态的关系范畴。价值概念包括两大要素：客体属性与主体需要，其中客体属性是比较稳定的，而主体需要是不断变化的，同一个客体面对不同的主体需要会表现出不同的价值。简言之，价值体现的是客体属性面向主体需要呈现的外部效用。

1. 学术价值

高校是我国人文社会科学研究事业的重要力量，科学研究是高校的重要职能，对于高校的人才培养、社会服务、文化传承影响巨大。学术价值又称作理论价值，人文社会科学研究项目的学术价值是指项目对科学研究的促进作用。科学研究在今日已然成为社会建制的一部分，科学研究高度专业化，研究项目学术价值的重要表现就是对学科、专业发展的促进作用，如夯实学科理论基础、开辟学科研究新领域、解决专业难题等。

2. 社会价值

社会价值又称作应用价值、实践价值，高校人文社会科学研究项目的社会价值是指项目对经济社会发展发挥的积极作用。社会价值又可以分为经济效益和社会效益，经济效益是指项目产生的直接或间接收入，社会效益是指项目对国家政治、文化、社会与生态文明建设等的积极作用。

（四）项目执行标准

1. 经费预算与使用

目前，高校很多人文社会科学研究项目都属于纵向项目，纵向项目本质上属于政府采购，项目经费属于财政拨款。政府各级各类项目主管部门都制定了项目经费管理办法，对项目经费的使用做出了详细的规定，其中，主要是经费的支出范围、比例与进度等。

2. 研究进展与任务完成

高校人文社会科学研究项目通常都具有明确的研究目标与计划，有严格的时间约束，因此，在项目的实施过程中，项目主持人及项目组成员都要有明确的时间观念，根据研究目标，严格执行研究计划，推进研究工作。研究进展是指项目研究任务的完成情况，具体包括资料收集、学术交流、项目调研、社会实验以及成果发表与推广等。

（五）学风标准

项目研究必须严格遵守学术道德，不得违反学术纪律，研究成果不能侵犯他人的知识产权。知识产权是人们对通过智力劳动创造出来的智力成果和知识财产所依法享有的民事权利，主要分为著作权和工业产权两类。著作权也称为版权、文学产权，工业产权也称为产业产权。

需要说明的是，不同类型研究项目评价标准的重点存在一定差异，而且就是同一类型研究项目的不同研究阶段，评价标准的重点也有所差异。例如，基础研究项目重在解决基础理论问题，评价标准要突出理论创新、学术价值等，应用研究项目重在解决现实社会问题，评价标准要突出方法创新、社会价值等。因此，申报评审要兼顾创新性、科学性、价值性、研究基础和预算的合理性；中期检查重在考察中期成果和研究进展；结项鉴定既要考察成果的创新性、价值性等，还要考察项目研究任务的完成情况以及项目经费的使用情况等。

第三节 高校人文社会科学研究项目评价指标体系

高校人文社会科学研究项目评价指标体系是从评价标准出发，对项目的评价内容加以具体化，综合考虑操作的合理性而制定的一套具有不同层次并赋有权重的指标结构，指标有直接指标与间接指标、定性指标与定量指标之分。构建评价指标体系要兼顾指标的科学性和操作的便利性，在构建高校人文社会科学研究项目评价指标体系时有两种情况需要予以考虑：其一是人文社会科学研究项目本身具有鲜明的目标探索性和过程不确定性，在构建评价指标体系时指标不宜太多，应突出重要指标；其二是当前高校人文社会科学研究项目评价的主要方法是同行评议，在构建指标体系时不宜设置过多的定量指标。

一 人文社会科学基础研究项目评价指标体系构建

（一）基础研究项目申报评审指标体系

1. 创新性

创新性可分为选题创新、方法创新和内容创新，在这三者之中，选题创新是前提，方法创新是关键，对于基础研究项目而言，提出问题比解决问题更重要，能否发现有重大价值的选题在基础研究中占有重要地位。因此，高校人文社会科学基础研究项目应突出选题新颖性与方法新颖性。之所以称作新颖性而不是创新性，主要是因为在项目的评审阶段项目还处在构思之中，研究目标和计划整体上还是一种假设，创新程度还有待于论证和检验。

2. 科学性

自然科学研究中科学性的含义除指真理性以外，还指可证实性和可重复性，一项成果如果无法证实或无法重复其科学性就很值得怀疑，可证实性和可重复性都源自自然科学研究对象的客观性。人文社会科学特别是人文学科研究由于对象具有鲜明的主体性，其科学性含义中的可证实性和可重复性相对较弱。人文社会科学基础研究运用的技术通常并不复杂，其科学性指标应着重评价项目资料的完备性、逻辑的严密性、思路的清晰性等。

3. 基础研究

基础研究重视持续的集中研究，对前期基础要求较高。同时，人文社会科学基础研究项目的个体性较强，主持人对项目的目标、计划等的理解与把握非常重要，因此，要重视对项目主持人研究能力的考察。

4. 价值性

（1）学术价值：学术价值也是人文社会科学基础研究项目的重要评价指标，基础研究的重要使命之一就是夯实学科基础、推动科学进步，在学科的基本概念、基本原理和基本方法层面上做出贡献。因此，在评价学术价值时，应重点评价对学科建设的作用。

（2）社会价值：基础研究重在认识世界而不是改造世界，社会价值相比于学术价值，不是基础研究项目评价的重点。基础研究项目由于不是直接解决社会问题，项目的社会价值大多是通过间接途径表现为社会反响，如通过政策建议、决策咨询、文化普及等体现出来。

5. 经费预算

经费预算这一块有明确而详细的规定，主要是审核预算支出范围和比例等是否符合相关规定。

6. 学风情况

项目申报材料中的项目主持人与项目组成员、前期基础、研究条件等信息真实、准确。

基础研究项目申报评审说明：第一，政治标准属于准入性标准，不纳入申报评审指标体系。第二，申报评审指标体系中的经费预算一般是单独采取规范性审核，不纳入申报评审指标体系。第三，项目申报材料中的项目主持人与项目组成员、前期基础、研究条件等信息的评审一般采取准入性审核，如有重要信息违规造假则一票否决，因此，也不纳入申报评审指标体系。第四，一级指标权重和二级指标权重为参考权重，两者是综合指标的重要程度、专家咨询结果以及高校现行人文社会科学研究项目评价指标体系权重而得出的。第五，项目分值一般是通过评审专家根据评审指标体系评分量表对指标赋值后统计总分得出。一般来说，基础研究项目申报评审指标体系如表 7–1 所示。

表 7–1　高校人文社会科学基础研究项目申报评审指标体系

一级指标	一级指标权重	二级指标	二级指标权重	评价要点
创新性	0.30	选题新颖	0.6	选题比较新颖前沿，现状把握充分，研究视野有所拓展、深化
		方法新颖	0.4	研究方法、研究思路新颖
科学性	0.20	论证严密性	0.7	目标明确，方法合适，思路清晰、重点难点明确
		论述规范性	0.3	表述科学、格式规范
研究基础	0.20	研究人员	0.7	项目主持人学术训练良好，有高水平研究成果
		研究资料	0.3	占有比较全面和前沿的研究资料
价值性	0.30	学术价值	0.6	对科学进步、学科发展有较大潜在作用
		社会价值	0.4	对国家政治文明、社会和谐、文化传承有潜在作用

（二）基础研究项目中期检查指标体系

（1）创新性：项目中期成果在研究选题、研究方法和研究内容上取得的创新，重点是方法、内容创新。中期成果不限于已经公开发表的成果，未发表成果如未发表论文等也应考虑在内。

（2）科学性：项目中期成果的内容与形式符合学术共同体的规定。

（3）价值性：项目中期成果取得的学术价值和社会价值，重点是学术价值。

（4）经费使用：经费支出范围和进度等符合相关规定和经费预算。

（5）研究进展：项目研究任务的完成情况，如解决了哪些问题、完成了多少工作量，以及项目存在的问题是否明确、改进计划是否可行等。

（6）学风情况：项目研究恪守学术道德，中期成果不存在知识产权争议等。学风情况检查一般采取准入性审核，因此，学风情况不纳入中期检查指标体系。一般来说，基础研究项目中期检查指标体系如表 7-2 所示。

表 7-2　高校人文社会科学基础研究项目中期检查指标体系

一级指标	一级指标权重	二级指标	二级指标权重	评价要点
创新性	0.25	方法创新	0.5	中期成果使用了新材料，开发了新方法
		内容创新	0.5	中期成果提出了新观点，构建了新理论
科学性	0.20	内容科学性	0.7	中期成果的研究内容、论证等符合科学要求
		形式规范性	0.3	中期成果的表述、引用等符合学术共同体的规定
价值性	0.25	学术价值	0.6	中期成果对科学进步、学科发展有较大作用
		社会价值	0.4	中期成果对国家政治文明、社会和谐、文化传承有作用
经费使用	0.10	支出范围	0.5	经费支出的范围符合相关规定和经费预算
		支出进度	0.5	经费支出的进度符合相关规定和经费预算
研究进展	0.20	目标进展	0.3	研究目标的推进情况符合项目计划
		工作量	0.3	资料收集、学术交流、项目调研、成果发表等的数量与质量符合项目计划
		问题改进	0.4	项目存在问题明确，后续改进计划可行

（三）基础研究项目结项鉴定指标体系

研究项目结项鉴定有两大特点：一是结项鉴定实质就是成果评

第七章 高校人文社会科学研究项目分类评价标准及指标体系

价,因为鉴定的主要对象就是项目的研究成果;二是结项鉴定又不同于一般的成果评价,还要考察项目的执行情况,如研究任务的完成情况、经费使用情况以及研究过程是否存在知识产权争议等。

(1) 创新性:项目最终成果在方法与内容上的创新性。

(2) 科学性:项目最终成果的内容与形式符合学术共同体的规定。

(3) 价值性:项目最终成果取得的学术价值和社会价值,重点是学术价值。

(4) 经费使用:项目经费支出范围和进度等符合相关规定和经费预算。

(5) 任务完成:项目预定目标和工作量的完成情况。

(6) 学风情况:项目研究恪守学术道德,最终成果不存在知识产权争议等。与中期检查情况一致,学风情况不纳入结项鉴定指标体系。

一般来说,基础研究项目结项鉴定指标体系如表7-3所示。

表7-3　高校人文社会科学基础研究项目结项鉴定指标体系

一级指标	一级指标权重	二级指标	二级指标权重	评价要点
创新性	0.25	方法创新	0.4	最终成果使用了新材料,开发了新方法
		内容创新	0.6	最终成果提出了新观点,构建了新理论
科学性	0.20	内容科学性	0.7	最终成果的研究内容、论证等符合科学要求
		形式规范性	0.3	最终成果的表述、引用等符合学术共同体的规定
价值性	0.25	学术价值	0.6	最终成果对科学进步、学科发展有较大作用
		社会价值	0.4	最终成果对国家政治文明、社会和谐、文化传承有作用
经费使用	0.10	支出范围	0.5	经费支出的范围符合相关规定和经费预算
		支出进度	0.5	经费支出的进度符合相关规定和经费预算

续表

一级指标	一级指标权重	二级指标	二级指标权重	评价要点
任务完成	0.20	预定目标	0.6	完成了预定的研究目标
		预定工作量	0.4	资料收集、学术交流、项目调研、成果发表等的数量与质量符合项目计划

二 人文社会科学应用研究项目评价指标体系构建

（一）应用研究项目申报评审指标体系

1. 创新性

创新性指标在高校人文社会科学应用研究项目评价指标体系中也占有较大权重，人文社会科学应用研究项目重点在于实践创新、在于探索理论的新运用，以及为解决经济社会发展重大问题提供新方法、新思路、新对策。应用研究项目要大胆借鉴自然科学研究方法，申报评审中选题新颖性指标与方法新颖性指标并重。

2. 科学性

高校人文社会科学应用研究项目是运用人文社会科学理论去解决具体的社会问题，应用研究项目评价的科学性指标除指目标明确、方法合适、流程清晰之外，还指项目指导理论要比较科学、先进。

3. 研究基础

相比于基础研究项目，应用研究项目对研究基础的要求要高一些。应用研究项目要求研究人员除了要掌握一定的理论，还要有一定的实践能力，对于项目团队的知识结构、能力结构等也有一定的要求。此外，应用研究项目对技术设备的要求也更高一些。

4. 价值性

对于应用研究项目评价而言，社会价值是价值评价的重点。对于不同的学科而言，社会价值评价的重点有所区别，如对于经济学、管理学研究项目应相对侧重考察经济效益，对于政治学、法学研究项目应相对侧重考察对政治文明建设的作用，对于文学、历史学、哲学、艺术学研究项目应相对侧重考察对文化传承与传播的作用，对于社会学研究项目应相对侧重考察对社会建设的作用。

5. 经费预算

与基础研究项目一致,应用研究项目也要按照相关项目经费管理办法安排经费预算,由于应用研究项目涉及实践应用,它的经费支出范围一般更为多样。

6. 学风情况

项目申报材料中的项目主持人与项目组成员、前期基础、研究条件等信息真实、准确。

一般来说,应用研究项目申报评审指标体系如表7-4所示。

表7-4　高校人文社会科学应用研究项目申报评审指标体系

一级指标	一级指标权重	二级指标	二级指标权重	评价要点
创新性	0.20	选题新颖性	0.5	选题富有现实性、针对性
		方法新颖性	0.5	研究材料、方法、思路新颖
科学性	0.30	理论先进性	0.4	指导理论比较科学、先进
		路径合理性	0.6	目标明确,方法合适,流程清晰,重点难点明确
研究基础	0.20	研究人员	0.6	主持人理论基础扎实,有丰富的研究经验和实践经验;项目团队知识结构、能力结构合理
		研究条件	0.4	具备较好的技术条件,占有比较全面和前沿的研究资料
价值性	0.30	学术价值	0.4	对科学进步、学科发展有潜在作用
		社会价值	0.6	有较大的潜在经济效益,对国家政治文明、社会和谐、文化传承有较大的潜在作用

(二)应用研究项目中期检查指标体系

应用研究项目中期检查指标体系与基础研究项目中期检查指标体系比较接近,主要差别与特点在于:第一,科学性指标偏重考察指导理论的先进性和路径设计的合理性；第二，价值性指标中主要考察中期成果的社会价值；第三，研究进展指标中主要考察研究计划、流程的执行情况以及后续改进措施，而且对工作量有更具体、更高的要求；第四，学风情况指标中工业产权的比重更大一些。

一般来说，应用研究项目中期检查指标体系如表7-5所示。

表7-5　高校人文社会科学应用研究项目中期检查指标体系

一级指标	一级指标权重	二级指标	二级指标权重	评价要点
创新性	0.20	方法创新	0.4	中期成果使用了新材料，开发了新方法
		内容创新	0.6	中期成果提出了新对策，构建了新模型
科学性	0.20	理论先进性	0.3	指导理论比较科学、先进
		路径合理性	0.7	目标明确，方法合适，流程清晰，重点、难点明确
价值性	0.30	学术价值	0.4	中期成果对科学进步、学科发展有积极作用
		社会价值	0.6	中期成果有较大的经济效益，对国家政治文明、社会和谐、文化传承有较大作用
经费使用	0.10	支出范围	0.5	经费支出的范围符合相关规定和经费预算
		支出进度	0.5	经费支出的进度符合相关规定和经费预算
研究进展	0.20	目标进展	0.3	研究目标推进良好，研究流程执行顺利
		工作量	0.3	资料收集、学术交流、项目调研、社会实验、成果发表等的数量与质量符合项目计划
		问题改进	0.4	项目存在问题明确，后续改进计划可行

（三）应用研究项目结项鉴定指标体系

应用研究项目结项鉴定指标体系与基础研究项目结项鉴定指标体系比较接近，主要差别与特点在于：第一，科学性指标中偏重考察指导理论的先进性和路径设计的合理性；第二，价值性指标中偏重考察项目最终成果的社会价值。

一般来说，应用研究项目结项鉴定指标体系如表7-6所示。

表7-6　高校人文社会科学应用研究项目结项鉴定指标体系

一级指标	一级指标权重	二级指标	二级指标权重	评价要点
创新性	0.20	方法创新	0.4	最终成果使用了新材料、开发了新方法
		内容创新	0.6	最终成果提出了新对策、构建了新模型
科学性	0.20	理论先进性	0.3	指导理论比较科学、先进
		路径合理性	0.7	目标明确，方法合适，流程清晰，重点难点明确
价值性	0.30	学术价值	0.4	最终成果对科学进步、学科发展有作用
		社会价值	0.6	最终成果有较大的经济效益，对国家政治文明、社会和谐、文化传承有较大作用
经费使用	0.10	支出范围	0.5	经费支出的范围符合相关规定和经费预算
		支出进度	0.5	经费支出的进度符合相关规定和经费预算
任务完成	0.20	预定目标	0.6	完成了预定的研究目标
		预定工作量	0.4	资料收集、学术交流、项目调研、社会实验、成果发表等的数量与质量符合项目计划

三　人文学科与社会科学研究项目评价指标体系差异

构建高校人文社会科学研究项目评价指标体系时，考虑的项目属性主要是研究类型与研究阶段。此外，人文学科研究项目与社会科学研究项目也有一定差异，两者的评价指标体系也存在一定差异。

人文学科研究项目与社会科学研究项目的差异主要有：第一，在研究的问题上，人文学科研究项目具有鲜明的历史性、文化性，偏重理论研究，重在丰富和加深我们对人类自身的认识，解答人类自身的困惑。社会科学研究项目具有鲜明的社会性、时代性，偏重实践研究，重在加深对社会的认识，解决当前的社会问题。第二，在研究方法上，人文学科研究项目采用的研究方法大多比较传统，如文献考证、逻辑分析等，在工作形式上，文献阅读、观点研讨往往占据了很多时间。社会科学研究项目采用的方法比较广泛，除了传统的方法，还有比较现代化的实验分析、数据分析等。第三，在影响领域方面，人文学科研究项目相对偏重于文化领域，而社会科学研究项目相对偏重于经济、政治领域。第四，人文学科研究项目的学术成果比重更大，成果类型以论文、著作等为主。第五，人文学科研究项目的个体性更强，社会科学研究项目的规范性更强。

上述差异使人文学科与社会科学研究项目在评价指标体系上也存在一些差异：在创新性指标方面，人文学科研究项目偏重考察理论创新，社会科学研究项目偏重考察实践创新；在价值性指标方面，人文学科研究项目相对偏重考察对文化建设的作用，社会科学研究项目相对偏重考察对经济、政治、社会建设的作用；在科学性指标方面，相比于人文学科研究项目，社会科学研究项目对形式规范性要求更加严格；在研究基础指标方面，人文学科研究项目相对偏重考察项目主持人及项目组成员的理论水平，社会科学研究项目相对偏重考察运用理论解决现实问题的能力；在经费情况指标方面，人文学科研究项目经费的支出范围相对简单，社会科学研究项目则比较多样一些；在研究进展指标方面，人文学科研究项目相对偏重考察选题理解思路的正确性，社会科学研究项目相对偏重考察选题实践方案的合理性；在学风情况指标方面，人文学科研究项目评价考察的知识产权主要涉及著作权，社会科学研究项目评价中工业产权的比重相对更大一些。

第四节　高校人文社会科学研究项目
　　　　评价方法及改进

我国高校人文社会科学研究项目评价方法，根据项目的研究阶段，可以划分为申报评审方法、中期检查方法和结项鉴定方法。

一　申报评审方法

高校人文社会科学研究项目申报评审主要是根据评审专家优秀的政治品质、深厚的理论修养、丰富的实践经验与良好学风等来遴选申报的项目，这属于典型的同行评议，在申报评审中，文献计量运用较少。研究项目评价实践中，具体的申报评审方法主要有通信评审、会议评审、项目答辩等。

（一）通信评审

通信评审是项目评价中广泛采用的一种评价方法，它指的是委托方将评价材料如项目申请书活页等寄给评审专家，评审专家在不知道被评价人身份的前提下独立进行评价，并将评价意见反馈给委托方。

项目通信评审的主要特点是：第一，在评价流程上通信评审一般是项目初评而不是终评，通信评审的目的是遴选出一定数量的较好项目进入下一轮评审。第二，双盲评审，即评审专家与被评价方相互不知道对方身份。通信评审的前提是评审材料要匿名，不能透露项目主持人及项目组成员的身份，以免干扰专家评审，影响评审的公正性。第三，在评审机制上，每一位评审专家都是直接与委托方联系，专家之间互不知情，以便于独立展开评审。第四，评审专家一般是从专家库遴选。专家库的评选标准一般包括学术道德良好、具有高级职称、有高水平研究成果、主持过高级别课题、有较大学术影响等，评审专家库一般会不时完善。第五，在选择具体的项目评审专家时，一般是根据项目所属学科、研究方向、研究问题等来遴选。第六，评审专家主要是根据项目评价指标体系评分量表给项目进行打分，根据打分分值对项目进行排序，再根据入围比例确定哪些项目可以入围进入下一轮评审。第七，评审专家对于所评项目一般要给出简要的评审意见。

传统的通信评审主要是通过邮件寄送项目材料，随着现代信息技术的发展，项目评审网络平台逐渐成为通信评审的主要工具。

（二）会议评审

通过通信评审的项目进入会议评审，会议评审一般是项目申报评审的终评，在评审比较简单或者评审工作量不大时，有时不进行通讯评审，而直接进行会议评审。项目通过了会议评审就意味着通过了同行评议，通过的项目提交给委托方后若经确定就是拟立项项目，因此，会议评审在整个同行评议过程中起着重要作用。例如，鉴于会议评审的重要性，全国哲学社会科学规划办公室专门发布了《国家社科基金项目会议评审细则》，从评审原则、评审程序、重点项目等的评审、重复立项以及回避制度等方面对会议评审做出了详细规定。

总的来看，项目会议评审的主要特点是：第一，评审专家遴选更严格，对政治品质、职称、学术水平、主持课题经历、评价经验和学术道德等要求较高。第二，评审专家按学科组成专家组，专家组一般由5人以上的单数组成。评审专家应在会议上根据评价标准陈述所评项目的评审意见，专家组要展开充分讨论。第三，项目遴选遵守民主集中制原则，通过投票或协商等方式获得专家组大多数专家的同意才能通过会议评审，会议评审结果体现的是评审专家组的集体共识。第四，与通信评审是双盲评审不同的是，会议评审是单盲评审，即项目主持人及项目组成员不能知晓评审专家，但可以公开的项目信息都应向评审专家公开，以便于评审专家进行综合判断。

（三）项目答辩

项目答辩一般是针对高校人文社会科学研究比较重要的项目，项目答辩一般是由项目主持人或项目组主要成员通过多媒体演示等方式向评审专家组展示申报材料的主要内容，专家组可以就项目内容向项目主持人及项目组成员进行提问。通过项目答辩，评审专家组可以更好地把握项目主持人等对项目研究目标与内容的理解、对研究方法与思路的设计，可以掌握项目更多的有效信息，这有利于提高评审质量。

二 中期检查方法

项目中期检查指的是在项目实施过程中,项目委托方对项目的开展情况所做的检查。作为委托方的项目管理措施,中期检查具有监督、宣传和服务三种作用:其一,监督项目的方向、进度、经费使用等,保障项目按计划顺利开展;其二,发现有较大价值的研究成果,以便于对外宣传、推广;其三,发现项目实施中存在的问题,以利于解决问题,推进项目实施。

在当前的高校人文社会科学研究项目评价实践中,中期检查的主要方法是项目主持人自查并将自查结果提交给委托方审查。其主要特点是:第一,检查的主要内容是项目进展、中期成果、存在问题和改进措施等;第二,自查主要采取项目年度报告、中期检查报告的形式,以三年期项目为例,在项目的实施期间一般会有1—2次的年度报告、中期检查报告;第三,中期检查反馈指导意见较少;第四,中期检查结果是拨付后续经费的重要依据,如果没有通过中期检查则会暂停拨付后续经费。

当前,高校人文社会科学研究项目中期检查需要大力加强,其主要原因在于:项目实施是项目的实质环节,是决定项目质量的关键所在,中期检查对于提高项目实施质量有积极作用。而在当前高校人文社会科学研究项目评价中,申报评审与结项鉴定比较规范严谨,中期考核较为薄弱,成为一块"短板"。

在当前的高校人文社会科学研究项目中期检查中,项目委托方对项目主持人给予的信任度较大,高校人文社会科学研究项目评价尊重研究人员的主体性与个体差异,这一点符合人文社会科学研究项目的特点,很有可取之处。但同时也应看到,人文社会科学研究项目与自然科学研究项目一样,都具有问题导向、资源约束等要求。当前我国高校人文社会科学研究项目实施过程弹性较大,实际上,项目团队具备较强的执行能力和调整能力是任何研究项目取得成功的必要条件,人文社会科学研究项目与自然科学研究项目一样,若要保证项目质量都需要反复查找问题、不断优化路径。

以下两点建议有助于加强中期检查:第一,重视和改进项目开题。受限于严格的字数要求等因素，项目申报材料往往只有项目实施的简要说明，这一简要说明只是具体研究工作的一个纲要。现有的项目开题制度很有价值，需要总结经验继续完善。项目开题不仅有助于项目团队加深自我理解，也有助于项目来源方和评审专家更好地服务、监督项目实施；第二，重视和改进中期检查的意见反馈。中期检查的根本目的是通过检查推动项目更好地实施，其中，中期检查意见的及时反馈非常重要，反馈意见可以帮助项目团队发现存在问题、找出解决的办法。

三　结项鉴定方法

与高校人文社会科学研究项目申报评审一致，结项鉴定也属于典型的同行评议，主要的鉴定方式有通信鉴定和会议鉴定。相比于申报评审，结项鉴定具有一些自身特点：第一，申报评审中通信评审和会议评审是前后相继的两个评审阶段，而通信鉴定和会议鉴定是针对不同项目的两种鉴定方式。一般来说，重大项目采取会议鉴定，其他项目采取通信鉴定。第二，在评价工作的组织如评审专家的遴选上，申报评审由教育部社科司等相关部门统一组织，而结项鉴定是由教育部社科司等部门统筹安排，同时针对不同级别的项目实行分层组织。大体来说，重大项目由教育部社科司等部门组织鉴定，其他项目中，地方高校以省（自治区、直辖市）教育厅（教委）为单位、中央部委所属高校以学校为单位，由各单位社科研究管理部门负责组织鉴定。第三，申报评审具有择优性，会有一定数量较大比例的申报项目被淘汰，即使这些项目自身质量不错，申报评审也要优中选优。而结项鉴定不设淘汰率，只要项目的成果和其他方面达到了鉴定要求就可以结项，如果没达到就不能结项。第四，结项鉴定有免予鉴定的规定，如果项目成果突出可以按规定免予鉴定。

高校人文社会科学研究项目的一个特点是项目的价值尤其是社会价值的显现比较缓慢，加强项目社会价值评价需要重视项目后评价。项目后评价是指在项目已经完成并运行一段时间后，对项目的目的、执行过程、效益、作用和影响进行系统客观的分析和总结。项目后评价的基本内容包括项目目标评价、项目实施过程评价、项目效益评价、项目影响评价和项目持续性评价。项目后评价的主要方法是对比法，即根据后评价调查得到的项目实际情况，对照项目立项时所确定的目标与指标找出偏差和变化，并寻找原因与对策。项目后评价对比法包括前后对比和横向对比：前后对比是项目实施前后相关指标的对比，用于直接估量项目实施的效果；横向对比是同一学科内类似项目相关指标的对比，用以评价项目的绩效或竞争力。项目后评价对于提高高校人文社会科学应用研究项目的社会价值评价具有十分积极的作用。

第八章 人文社会科学分类评价的制度设计与保障

人文社会科学评价是高校科研管理活动中一个必不可少的环节，是促进人文社会科学研究可持续发展的重要支点。人文社会科学分类评价作为一种新的尝试和探索，能否顺利实施并取得积极成效，必须依靠一系列行之有效的政策规定、操作规则、实施办法等制度作为支撑。在制度设计方面，应该充分考虑人文社会科学研究的特点，加快评价制度改革，立足于评价制度的功能、效率、文化维度，从制度环境、制度理念、制度安排和制度装置四个层次，统筹设计、系统安排，建立和完善以学科分类为基础，以质量、创新、贡献、价值为导向的人文社会科学学术成果分类评价制度框架和运行机制，力图从根本上解决我国人文社会科学评价存在的突出问题，从源头上促进我国人文社会科学研究从重视数量向注重质量加快转变。

第一节 制度设计目标

制度是一系列通过约束个体行为从而实现效应最大化的规则秩序和道德伦理规范。制度的本质是规范个人和组织行为的各种规则。制度改革作为人为设计的制度变迁，是制度主体之间博弈的过程。在这一过程中，必然存在或多或少的利益冲突。新时期高校的人文社会科学评价制度改革也必然要经历一个协调各目标、各组织和各利益相关方冲突的过程，很大程度上受到国家的战略需要、社会和人民群众的期望、人文社会科学研究领域的自有文化，以及人文社会科学者个体需求的影响。因此，确立正确导向，明确核心目标，是建立具有中国特色高校人文社会科学评价制度体系的前提和关键。

一 突出质量导向

从管理学视角看，质量至少包含两个方面的内容：一是本质质量，即被评价对象的内在特性或特征，不涉及具体的评价程序，主要为评价提供一定的标准；二是评价质量，即评价主体对被评价对象满足明确或隐含需求能力的评价。

人文社会科学学术成果的本质质量无疑是指其在语言表达、观点论述、组织架构等方面的品质，包括是否有充足的分析或实验支持文章的观点和结论；文字叙述是否清楚简洁；参考和引用文献是否规范、有无学术道德问题等。人文社会科学学术成果的评价质量，则是指评价本身所具有的效能。就人文社会科学学术成果而言，评价质量的高低，关键取决于能否准确判断学术成果真正具有创新思想或重要的应用价值。

近年来，由于一些高校科研管理部门和人文社会科学研究人员的质量意识不强，质量控制办法欠缺，质量管理手段失灵，导致一些高校学术成果的"量"与"质"成反比，低水平重复研究和学术成果量多质次的现象在相当多的高校普遍存在。对人文社会科学的投入与其成果产出不协调，与自然科学相比，高校在人文社会科学领域有重大影响的原创性学术成果还比较少。这一现象，日益引起国家和各级教育行政部门、社科管理部门的重视，也引起了高校的自省和警觉。当前，加快完善以质量和创新为导向的人文社会科学学术评价机制，正在成为有关政府管理部门和高校的一致共识与努力方向。因此，人文社会科学学术成果分类评价，必须兼顾本质质量和评价质量，坚持把突出质量目标放在首要位置。

二 突出价值核心

人文社会科学的价值主要包括认知价值、思想文化价值、经济管理价值、预见和决策价值、意识形态价值等多个方面。人文社会科学学术成果可以引导人们获得关于对待世界、对待他人和自身对待生活的恰当观念和态度；可以转化为经济观念、经济制度、经济政策和经济管理效益，从而发挥出巨大的经济功能；可以内化为政治主体的指导思想；可以为文化建设提供思想保证和智力支持。但显而易见，很多人文社会科学学术成果，既不能直接转化为现实生产力，也不能带来直观的经济效益，只能通过潜移默化地影响生产关系、上层建筑以及精神世界来间接而持久地促进生产力发展以及社会进步。

人文社会科学评价，更多地要运用社会效益指标来评价其价值。要更多地关注人文社会科学对于政治文明、社会发展、经济增长、文化进步和生态环境改善、公民素质提高等方面的具体效应指标来判断其价值，进而引导人文社会科学的研究。人文社会科学学术成果评价的制度设计和制度创新，必须始终坚持人文社会科学的价值目标。

三　关注政治标准

意识形态是社会和国家稳定的基础。我国高校作为新时期意识形态建设的前沿阵地，肩负着学习研究宣传马克思主义、培养中国特色社会主义事业建设者和接班人的重大任务。做好高校意识形态工作，关键在于保持意识形态的自觉自信。习近平总书记多次强调："中国共产党的领导是中国特色社会主义最本质的特征。"高校作为人才培养重要场所，首先要在党的领导下坚持社会主义办学方向，稳守马克思主义意识形态阵地，打造意识形态工作的高原和高峰。

在全球化和多元文化价值观背景下，高校的人文社会科学领域，特别是基础学科领域所开展的研究尤其要关注意识形态这一问题。高校人文社会科学教师，应该增强"我们是谁""为谁研究""研究什么"的文化主体和自我意识。保持政治定力和文化自醒，提高自为能力，既重视"说什么"，更要重视"如何说"。要创造、凝练具有中国特色、可与国际对接的话语要素，建设具有中国特色的高校人文社会科学领域意识形态话语体系。高校要汇聚人文社会科学研究力量，加大文学、历史学、哲学等基础学科的研究投入，特别是重视提高马克思主义理论学科的整体研究水平，进一步强化相关学术研究的意识形态属性，始终把握正确的研究方向，促进人文意识和科学精神水乳交融。学术成果要"讲新话""接地气"，将自己独到的见解创造性地进行阐述，引人思考，教人新知，给人启发，以促进高校人文社科学研究取得的新思想、新理论、新观点在国际国内都能赢得话语权。

第二节 改革评价方式

评价方式关系到科研评价工作的效果。我国在科研评价方式上存在重数量，轻质量；评价方式落后等不足。改革评价方式是促进科研管理工作的重要途径。这方面应该从以下三个方面进行改革。

一 注重代表作制度

近年来，国家哲学社会科学研究管理等有关部门进一步明确了科研评价改革方向，引导高校对教师的考核指标进行相应改革，提倡质量结合，改革当前以单纯量化为主考核学术成果的做法，促进构建符合人文社会科学研究规律的、既关注数量但不唯数量的评价体系。教育部《关于深入推进高等学校哲学社会科学繁荣发展的意见》和《关于进一步改进高等学校哲学社会科学研究评价的意见》指出，要确立质量第一的评价导向，大力推进优秀成果和"代表作"评价，提出哲学社会科学研究评价要坚持以学术成果为主要评价对象、大力推行优秀成果和代表作评价等各种有益做法。代表作制度作为教育部积极倡导的科研评价发展方向，正在越来越多的高校得以实践。

我国高校的人文社会科学研究代表作制度始于清华大学文科科研成果评价指标体系中提出的"代表性学术成果"。清华大学等诸多高校进行了多年实践，其做法一般是：由教师自己申报推荐代表性学术成果，学校科研管理部门组织专家评审；对代表性学术成果的评价，侧重质的方面，相对忽略量的方面；对代表性学术成果的认定，不受评价周期的限定。在具体操作层面，学术代表作制度最突出的特征是允许教师凭借一部优秀著作或数篇代表性学术论文，即可免去量化考核之繁。

高校建立代表作制度，必须明确政策导向，找准定位，把定性和定量评价有机结合起来，将代表作制度作为定性与定量评价和谐互动的调节器。高校教师若能产出一部等身之作和数篇杰出论文，就不必再单纯去追求学术成果的数量，而可以依据国家和社会的需求，或者个人的兴趣和积淀，潜心从事更高水平、更高层次、更有价值的研究，从容淡定，十年磨一剑，其产出学术精品的可能性无疑将显著增大。

高校应该打破一般性的分年度考核的常规学术评价办法和高度关注数量的成果考核标准，通过实行代表作制度，综合评价教师所积累的可持续的学术成果影响力，并对教师未来的成果产出能力进行预估。这样，不仅可以使那些业已在人文社会科学研究中取得了开创性、奠基性、前瞻性成果的学术大师获得应有的价值肯定和学术尊重，而且可以充分调动高校人文社会科学领域绝大多数研究人员特别是高端研究人才，全身心地从事高水平研究的主动性和积极性，从而促进高校人文社会科学研究持续健康发展。

实施学术代表作制度，要注意不能在评价方式上搞"一刀切"。要将发挥教师开展学术研究的主动性作为这一制度的潜在目标，对其学术研究活动进行长期的跟踪评价。既要鼓励每位教师努力拿出高质量的学术成果，摆脱量化评价的束缚，又要鞭策高水平教师在不需要接受量化考评的期间，能够持之以恒，继续勤勉治学、潜心研究，再次拿出高质量、高水平的代表作品。

高校推行实施代表作制度，必须正确对待和处理"量"与"质"的关系。实施新的制度，可能会在起初引发本校学术成果总量下降的情况。但这实质是挤掉了学术泡沫，却给了教师在学术上休养生息的机会。高校自身必须保持战略定力，通过一定时期的厚积薄发，必然会有高质量的学术成果不断涌现，从根本上扭转学术成果量与质脱节的现象。

二 建立成果查新制度

建立查新制度对评价人文社会科学学术成果意义重大。高校评价人文社会科学学术成果的创新价值大小，首先要了解成果是否提出了前人未曾提出过的理论、观点或话语要素。为保证学术成果评价的科学性、准确性，提高评价工作效率，应该建立完善人文社会科学学术成果的查新制度。通过查新，充分了解学术成果所涉及领域的研究现状和发展趋势，以便准确地判断该学术成果的研究水平和价值。

人文社会科学的创新至少包括观点创新、方法创新、材料创新和内容创新四个方面。观点创新，即是否提出了新概念、新见解、新理论、新主张；方法创新，即是否运用了新思路、新工具、新程序、新途径、新规则等；材料创新，即是否提供了新数据、新案例、新经验、新事例等；内容创新，即是否针对经济、政治、文化、社会、生态等领域出现的新形势、新任务、新问题、新特点等。

一般而言，研究者对自己的研究有何创新必定了然于胸、非常清楚，至少是基本了解的。高校在开展成果评价时，可以要求研究者将成果的创新点进行精练，做出概要陈述，简单明了地列举出来，从而节省评审机构与专家的时间和精力，提高评价的信度和效率。同时，根据研究者本人提供的资料，可以委托专门的人文社会科学学术成果查新专业机构，对成果主要的创新点进行有针对性的查询。查新专业机构采用先进的技术手段，对研究者所提供的创新点进行核实，再将查询和分析的结果报告返回评审机构，提供给评审专家作为评价的重要参考。

成果查新作为信息时代学术评价的一种科学方法，实践效果明显。但是，在人文社会科学领域，某些新兴的学科方向、新兴的选题方面，可供查找的文献和资料可能会比较少；或者因为查新技术本身的原因，查找到的研究文献和资料不全，出现虽然有查新报告但仍然不能判定成果价值大小、水平高低的情况，这时就需要采取同行评议等方式对成果的创新度进行人为的、定性的分析评判，协同做出较为准确、相对科学的评价。

人文社会科学研究具有继承性、探索性和创新性的特点。高校教师可以通过查新咨询，全面、详尽地占有更多的文献资料，在前人的研究基础上了解分析本学科或本课题的历史、现状及发展趋势，借鉴前人的经验或教训，获得新知识，阐明新观点，建立新理论，进行新探索。创新是人文社会科学发展的首要任务，也是人文社会科学学术成果的生命力所在。同时，也成为帮助高校教师不懈创新、提升成果水平的"加油站"，从源头上杜绝人文社会科学学术成果低水平重复和文字垃圾堆砌。

三 完善引证分析制度

美国著名情报学家尤金·加菲尔德（Eugene Garfield）创立的引文索引系统和引文分析理论，作为文献计量学的理论基石，深刻地影响了世界的科研成果评价。采用数学、统计学等各种定量方法，对学术成果的组织、存贮、分布、传递，以及相互引证、开发利用等进行定量描述和统计分析，以揭示其内在规律、数量特征，已经成为高校开展科研评价的一种重要手段之一。

人文社会科学学术研究都不是孤立存在的，成果之间往往相互影响、相互联系。学术成果文献之间最为常见的联系是文献的相互引用，其外在表现是采用尾注、脚注、间注等形式，与正文对应列出其参考文献。文献之间的引用说明了研究的继承性，以及对知识信息的再利用，体现了研究发展的循序渐进。学术论著之间的引证关系，在一定程度可以显示研究活动的继承和发展，甚至学科发展历程。

引文分析以成果发表后，被引用的信息作为数据来源，具有客观反馈的基础。通过分析人文社会科学学术研究引用他人成果和被他人引用的数据，可以获取评价该学术成果的有价值的信息。引文分析的作用是多方面的。一般而言，人们引用文献是因为其中有观点、有材料、有方法、有思路可供借鉴。研究者一般不会引用与其研究主题毫不相干的学术成果。学术成果获得引用，表明其包含的信息或知识被他人所借鉴和使用。因此，文献被引用的情况，一般可以反映其内容所具有的参考价值。被引用次数的多寡，可以作为成果学术价值和学术水平的数量测度之一，因其在一定程度上表明了学术成果的水平或影响力的高低。通过引证指标的计量，可以得到不同类型成果包括论文和著作的被引证次数，进而得到研究者在学术方面的社会影响力。学术成果被引用的次数越多，说明该成果受关注的程度越高，作者的学术影响就越大。这些正是引文分析评价的核心价值所在。

高校应该发挥引文、文摘等多指标评价的优势，进一步与同行专家定性评价有机结合，以提高评价效率，保证成果评价相对合理、公正、权威。但是不可否认，引文分析也存在明显局限。比较突出的问题主要包括：引文具有不确定性，有的研究者并非是将所有阅读、参考过的文献全部列出，出现漏引现象；有的研究者还会列出未曾参阅的文献，出现伪引等。尽管存在瑕疵，但作为国际通用的文献计量评价方法，引证分析具有的客观反馈性和定量分析，可以在一定程度上弥补了人为定性评价的缺憾。

自然科学领域，利用 SCI 来评价学术成果及其影响力取得了广为人知的成果。近年来，在我国学术界和科技管理部门，以学术成果是否被 SCI 收录和被引证次数的多少等计量指标来衡量研究者个人、机构和地区科学研究水平，得到了越来越多的高校认可。但因意识形态、语言差异、研究范式等多种因素的影响，SSCI、A&HCI 收录我国人文社会科学研究的成果很少，得到国外同行引用的文献更为少见。现阶段，我国像利用 SCI 评价自然科学那样来利用 SSCI 对人文社会科学学术成果实施评价的条件还不成熟。具有中国特色的人文社会科学评价系统日渐增多。特别是南京大学与香港科技大学合作研制开发的"中文社会科学引文索引"（CSSCI），推出了一系列相关学术成果和评价方法，在形式上实现了与国际接轨，达到了较好的效果。高校可以根据本校的实际，善加运用，建立适合本校校情的引文分析制度，对人文社会科学学术成果做出比较适当的评价。

第三节　规范评价主体

评价主体是评价活动的实施者，评价主体能够客观公正地进行评价活动直接决定着评价活动的质量。因此，对更好地规范评价主体具有至关重要的作用。

一　建立第三方评价制度

通过第三方机构对高校的科研水平进行评价，已经成为世界特别是发达国家的普遍做法。从世界高等教育发展的趋势来看，第三方机构由于其旁观者的角色和中立者的立场，其开展的社会评价可以较为公正合理地反映各方的利益诉求，协调评价中的社会与高校、高校与教师之间的矛盾冲突，正在逐渐成为高校接受社会评价的一支重要力量。近年来，我国对此也进行了探索，但目前高校人文社会科学评价仍以政府部门组织的居多。真正第三方评价机构尽管得到一定的发展，具有一定的社会影响力，但这些机构的评价体系和评价内容往往并不直接针对高校的学术成果本身。总体来看，第三方评价在我国高校科研评价中的应用还比较少。

而高校和科研管理部门组织的成果自我评价，往往由于评价主体和客体之间存在业务交集或者上下级关系，容易受到业务交情等人为因素的干扰，造成结果部分失真。因此，建立权威的高校人文社会科学第三方评价机构，开展独立、客观的学术评价，是推进学术成果评价走向社会化、民主化、制度化的当务之急。政府有关部门应该针对高校人文社会科学评价中存在的突出问题，积极推进行政性评价向社会性评价转变。出台鼓励政策，扶持建立一批具有相当能力、得到社会公认的人文社会科学第三方评价机构，委托其对高校的学术水平和学术成果进行评价。在评价过程中，政府只是确立评价的基本导向，具体操作层面完全由第三方机构独立操作，评价方法、程序、结果面向社会公开，接受政府、高校、教师和社会公众的监督与质询，从而切实增强学术成果评价的规范性、公正性、透明性和科学性。

第三方评价机构应该是一个独立的中介组织，符合经济独立、法人独立、学术至上的中立性质。要确保与委托人和被评价对象双方都不存在利益关系，这样，才能从机制上保证评价的公正。其业务范围可以包括对学术成果的评价、对项目的评价、对大学和科研机构的评价、对学者的评价，以及国内外学术机构委托的评估业务。

第三方评价机构要主动适应新常态下国家科研改革的需求，不断提高自身能力。第三方机构应设立学术专家委员会，由专家委员会负责制定学术评价指标体系，由常设办公机构负责评价的具体组织工作，从而实现标准制定与评价工作相分离，排除人为因素对评价结果的影响。专家委员会应由国内著名高校的知名学者组成，还可适当聘请国际知名学者参加。

高校委托第三方评价机构开展学术成果评价，应该关注程序公正。一般由学术成果完成人将成果的具体资料等交给高校，再由高校将成果提交第三方机构评价。第三方机构在其建立和完善的专家库中，随机遴选专家组成评价小组，在组织查新检测、同行评议的基础上，对成果做出客观评价，并向高校提交评价报告。高校可以将评价报告转给成果完成人，同时将评价报告进行合理利用，作为教师绩效考核、职称评定、研究资助的重要参考。

二 建立异地专家制度

高校人文社会科学学术评价是一项专业性极强的学术活动。要求评价人员凭自己的智慧去阅读、思考、感受、分析各类学术成果的学术含金量和学术水准。评价活动不仅是一种简单的价值判定，更是教师进行学术探讨和理论交流的方式。因此，一项学术成果只有真正的同行，才能比较清晰地评判其理论价值和现实意义。评价专家的选择对提高成果评价质量至关重要。

总体而言，我国的学术评价一直朝着健康方向发展。但是不可否认，学术领域的腐败现象在一定程度、一定范围内还时有发生。一个地区、一个行业、一所高校，同一学科领域的研究人员由于业务上时有交往，关系较为密切；成果评价专家往往局限于本地区、本行业、本高校知名度较高的少数专家，且多年维持不变。成果完成人可以轻易地与评价专家之间建立联系，个人感情和小团体利益必然在评价过程中或多或少有所体现。在学术成果评价特别是在评优、评奖过程中，个别专家将个人或小团体利益置于评审标准之上、进行心照不宣的利益输送等现象也不仅仅是个案。

为使学术评价结果更加公正、客观，提高评价结果的可信度，必须严格执行当事人回避制度和校外同行匿名评审制度，被评价者不能同时成为评审专家。同时，高校应该扩大异地评审的范围，将那些没有明显区域特征的学术成果，采取"双盲"方式，提交给外省、外地乃至国（境）外的专家进行评审。这种办法可以使异地评审专家无涉利益，在较大程度上消除人为因素对评价的干扰。但需要注意的是，采用异地专家评价办法，必须在操作程序、专家遴选、成果递送等各方面尽可能计划周密，否则也极有可能出现由于专家选择不当而导致

"外行评价内行"的负面结果。

高校要充分利用现代信息技术，积极探索"互联网＋异地专家评价"新模式，进一步提高异地评审的工作效率和评价效果。通过采用网络评审、随机选择评审专家、机评和人评相结合、线上和线下相结合、定性和定量相结合的方式，对成果的创新度和价值度，以及学术成果的研究团队和机构等进行客观评价，评价结果可以网站、期刊、论文、专著的形式发布。整个评价过程要在公正透明，切实排除传统成果评价方法中存在的人为干扰、人情干扰、面子干扰、形式干扰和高成本、低效率的弊端，进一步推动建立"公开、公正、高效、有序、廉洁"的成果评价新体系。

三 完善学术委员会体系

大学的本质是学术组织。改革开放以来，伴随着我国高等教育快速发展、现代大学制度逐步建立，学术委员会制度也经历了从最初萌芽、发展到成熟以来的阶段性变革。高校的学术委员会逐渐受到重视，不断得到完善。2015年12月27日修正的《中华人民共和国高等教育法》第四十二条明确规定："高等学校设立学术委员会，履行下列职责：（一）审议学科建设、专业设置，教学、科学研究计划方案；（二）评定教学、科研学术成果……学术规范的其他事项。"学术委员会作为高校最高学术权力机构，所承担的职能、人员组成、工作方式也发生了很大变化。这一制度赋予以教授为代表的专家群体更多地参与学校管理，特别是成为管理学术事务的主体提供了制度保障，有利于高校完善内部治理体系，促进学术发展，提高研究成果的整体质量。

无论是我国高校的学术委员会制度，还是国外高校的教授会或者是学术评议会，都具有评价、审议、咨询、决策学术事务的功能。目前，我国高校的学术委员会制度还不够健全。由于受市场意识的影响和激励约束机制局限，高校两级学术委员会的表决、投票、评价、审议等决策行为的严肃性还不够，学术委员会的功能没有得到充分发挥。

高校要真正实现对人文社会科学学术成果进行中立客观的评价，

达到很高的可信度，必须重视发挥好学术委员会的作用。因为学术评价在本质上是一种认识过程，学术评价过程必须发扬学术民主。这不仅体现在学术评价过程中要充分发扬民主，严格实行"一人一票"的决策机制，避免"一言堂"和"学霸"作风，而且要采取措施，切实防止行政权力对学术评价过程的干预。理工类高校，还应设置独立的人文社会科学学术委员会，实施自然科学、人文社会科学分类评价。

对于更多的高校而言，要特别注重提高院系一级学术委员会的独立性。目前，大多数高校的院系学术委员会职能尚不明晰，对其履行职责也缺乏必要的保障和支持。院系学术委员会更多地关注服务于院务委员会、院长和本院系主要学术利益的需要，以科学、独立、审慎的态度对院系重大学术事务进行决策、对学术成果开展评价的功能还相对比较薄弱。这不仅在一定程度上增加了学校学术委员会的决策成本和困难，也容易使院系的学术研究受到基层的行政干预而偏离应有的发展轨道。因此，高校要通过制度创新，不断优化、改进学校和院系两级学术委员会的运行机制，赋予院系学术委员会开展学术成果评价，并以评价结果配置学术资源的职能和权力，提高学术委员会的权威性和公信力，逐步实现基层学术委员会功能发挥的帕累托改进。

高校要发挥校级学术委员会职能，健全校内学术监督体系。在学术委员会中设立学术监督机构，明确规定学术委员会的学术监督职能、方式、方法，加大其监督力度，化被动监督为主动监督，化临时性监督为常规性监督。扩大监督主体范围，充分发动校内学术团体和教师对学术研究活动及其学术成果质量进行监督，进一步扩大学术成果评价的参与面。建立健全关于学术和评价监督的规章制度体系。完善学术成果评价公示制、匿名评审制、评审责任制、责任追究制等，建立评审专家库和随机遴选机制，建立学术信用档案，完善惩处学术不端行为的相关规定等。引导教师坚持从自身做起，恪守科学精神，树立底线思维，坚守学术操守和道德理念，推进学术环境不断优化。

第四节　规范评价程序

一　完善成果评价程序

评价程序包括评价的过程、方式、规则。程序是手段，是形式，但实践反复证明，适当的实体规范性，往往是通过公正的程序实现的。任何评价体系都受限于一定的评价程序，如果没有科学公正的评价程序，也就不可能存在公正的评价。张维迎在《大学的逻辑》一书中指出："从学术的行政管理角度来讲，最重要的是尽量做到程序公正，以此保证最终的评价公正。"当前，我国高校人文社会科学学术成果评价面临的最为突出的问题，不是缺乏评价，而是缺乏科学的、合理的、准确的评价。因此，追求学术评价程序的有效性和公正性，是加强人文社会科学评价机制建设、建立完善公开公正的人文社会科学评价体制、保证人文社会科学学术成果评价效果的关键环节。

政府和高校都应重视完善学术评价程序及其相关配套制度，建立规范化的成果评价程序，通过以科学的程序，从根本上规范评价行为，以求得结果公正。既要通过科学、公正的学术评价程序倡导学术自律，形成高度自律的学术环境；也要通过规范学术程序，限制和杜绝行政权力对学术成果评价进行不必要的干预。政府主导的各类学术评价，应进一步规范现有的成果评价程序，使评价的实施主体与成果完成单位之间既没有直接联系，也没有利益关系，以有效保证评价的独立性和客观性。积极发挥第三方评价机构的作用，如实评价学术成果的质量和水平。评价机构要对评价结果负责，为成果的转化应用提供依据和支持。

人文社会科学具有与自然科学不尽相同的规律和特点，因此，其学术成果评价更具有相当的复杂性，可能带有一定的主观性，为避免偏差，应建立评价结果的公示制度，允许在一定时间内研究者、高校和社会对评价结果提出异议。对成果进行复议时，可采用邀请有异议者到现场答辩等方式。要视具体情况，给予被评价者陈述意见和表达学术观点的机会，避免评价专家组因为认识上存在偏颇，而对有争议的学术成果给予过于武断的判决。切实克服评价的主观偏差性，增强学术成果评价的准确性、科学性。

二 理性应用评价结果

学术评价只有坚持以学术为本位，才能发挥评价的激励和引领功能。在学术发展史上，有许多新的理论、新的观点、新的方法在初创阶段并不被学术共同体所承认和接受。因此，任何形式的学术评价结果都具有暂时性。因此，政府和高校制定学术评价政策，必须关注评价方法和评价结果的合理应用范围。积极倡导和营造重学术创造、轻学术操作，重学术质量、轻学术数量的良好学风。切忌将学术成果数量化指标作为衡量成果水平、分配学术资源的唯一标准。

高校要对引文分析法等量化评价体系的作用有正确的认识，对其所获得的数据和指标要恰当地使用，绝对不可滥用，坚决杜绝学术成果唯量化论。引文分析法在欧美发达国家并未占据最重要的位置，而在我国学术界却得到广泛认同，并且形成了具有中国特色的发展路径。这源于我国当前对同行评议的信任危机。引文分析法具备高可靠性的基础之一是学术规范性。而学术规范性作为学术评价的主要内容之一，仍然属于定性评价的范畴。定量评价在一定程度上仍受制于定性评价的发展，并不能独自超越定性评价。

从未来的发展趋势看，人文社会科学研究活动的复杂性，决定了学术评价必须以同行评议为主，量化应该作为提高同行评议的准确性和客观公正性的参考指标。只有得到同行公认的规则，才能作为科研管理部门进行量化的依据。量化指标的设计，应该符合各学科特点的分类评价标准，不可"一刀切"。高校人文社会科学成果评价机制应坚持以定性评价和定量评价相结合，根据不同的评价目的、不同的学科分类，正确赋予定量评价和定性评价不同的权重。通过不断完善评价体系和运行机制，从源头上解决同行评议的信任危机问题。要进一步完善技术手段，结合大数据分析，提高定量评价的准确性，丰富定性评价的实现路径和实现形式，弥补同行评议存在的不足，推动人文社会科学更好地发展。

第五节 建立监督保障机制

一 完善学术道德监管制度

人文社会科学学术成果评价结果的准确性，必须以研究者和评价者共同遵守学术诚信为前提。世界上很多国家都出台了专门的法规，成立了界定、宣传和执行学术规范，受理并调查学术违规行为的举报投诉，处理学术违规人员的专门机构，如美国的研究诚信办公室、丹麦的反科学欺诈委员会。

高校要强化学术道德主体责任意识。坚持道德自律和完善制度规范并举，建设集教育、防范、监督、惩治于一体的学术诚信体系。不断优化学术诚信环境，培育和树立良好学风。完善学术道德和学风监督机制，实行严格的科研信用制度。建立教师学术诚信档案，加大对学术不端行为的查处力度。向社会公布影响恶劣的严重学术不端行为，并在项目申报、职位晋升、奖励评定等方面对有关人员予以限制。

高校要落实《国务院办公厅关于优化学术环境的指导意见》，广泛开展学术道德和学风建设宣讲工作，引导教师严谨治学、诚实做人。对介于学术责任行为和故意学术不端行为之间的灰色地带进行监管。教育引导人文社会科学教师自觉强化诚信自律，严守学术道德规范。明确要求教师严禁在研究活动中弄虚作假，严禁案例、调查、计算、分析等数据资料造假。不准以任何形式抄袭盗用他人的论文等科研成果。不准为追求论文发表数量和引用量粗制滥造、投机取巧。不准利用中介机构或其他第三方代写或变相代写论文，或通过金钱交易在国内外刊物上发表论文。不准违反有关规定，在论文、科研项目、奖励、人才评价等学术评审中拉关系、送人情，亵渎学术尊严。

二 建立评价专家监督机制

随着我国经济快速发展，人文社会科学领域的研究经费来源渐趋多样化，包括国家项目、部委项目、省级项目、校级项目、院级项目、国际合作项目、港澳台项目、校企合作横向项目等多种途径。国家对人文社会科学研究经费的投入总量不断增长。科研项目评审和学术成果评价往往与教师的各种现实利益紧密相关。

在学术评价活动中，评委专家可以决定包括评优、评奖、资助经费等多种学术资源分配的权力，显然属于一个公共权力，必须受到有效制约，这也是现代社会运行中的一个基本法则。对评审专家的监督，实质是"对评价质量的后评价"，核心是建立相互制约、彼此监督、互为制衡的"对评价进行评价"的社会机制，以保证学术评价活动的客观性和公正性。目前，在我国现行的人文社会科学学术评价活动中，无论是职称评定、项目评审、成果评价，评审专家给谁投票、怎么投票，几乎不受任何约束，也不承担任何行政或者道义上的责任。这样，就导致个别专家出于个人利益的考量，扭曲了学术评价的公正，造成了同行评议的信任危机。因此，必须对评价者本身开展必要的监督。

政府部门应支持建立监督、惩戒学术不端和学术腐败行为的全国性机构。研究建立学术不端行为国家数据档案。对学术界和社会公众关于学术腐败问题的举报投诉，进行必要的审查和甄别，坚决查处违反学术道德的错误行为。与舆论媒体联合，及时曝光学术腐败问题，敦促有关人员所在高校及时予以处理。对严重的学术腐败问题，必要时可以采取法律手段，让肇事者付出代价，并追究相关人员及领导的连带责任，形成威慑作用。切实发挥小同行评议和第三方评价的作用，支持客观公正评价他人的学术成果，尊重他人理性怀疑的权利，不干扰破坏他人的学术自由，自觉杜绝并坚决抵制学术不端行为。

三 发挥互联网监督系统作用

长期以来，我国高校的广大人文社会科学教师坚持理论联系实际、严谨治学、潜心研究、锐意创新，为哲学社会科学繁荣发展做出了重要贡献。但是，发生在少数人身上的学术不端行为，既带坏了学术风气，也破坏了学术成果评价结果的客观公正，损害了学校和教师队伍形象，必须采取更为有力的措施加以解决。

过去高校防止学术成果抄袭、剽窃行为，往往需要耗费大量的时间和精力。但是，随着互联网技术的高速发展、网络出版平台的日益完善和学术成果数字化传播，为发现和监督学术不端行为提供了新的技术手段和途径。美国加州大学（伯克利）最早研究开发了一系列计算机程序，后来演进为专注于检测、监控、揭露学术剽窃行为的 turn-intin.org 网，在世界范围内开辟了举报和批评学术不端行为的新通道。目前已有 140 多个国家和地区的 1.5 万多所大学和研究机构、160 万教师、2600 万学生注册使用这个网站。中国知网、维普网等也开发出了学位论文学术不端行为检测系统，并在很多高校推广应用，取得了良好的效果。高校应该进一步完善制度措施，积极学习先进经验，善于利用互联网新技术，切实提高学术不端行为的监管效率，有效地遏制学生和教师抄袭剽窃行为，推动我国高校人文社会科学和学术成果评价工作健康有序发展。

总之，学术成果评价是高校开展人文社会科学评价研究活动的一个重要组成部分，既是对学术研究活动的总结，也是保证学术研究健康发展的重要基础。高校必须进一步推进改革，建立完善规范有序的制度保障体系，优化人文社会科学学术成果评价机制和科研管理环境，促进高水平成果和优秀科研人才脱颖而出。

参考文献

[1] 卜宪群、刘白驹、施雪华：《荷兰、英国科研管理组织的基本模式与特点——中国社会科学院赴荷兰、英国科研管理考察报告》，《社会科学管理与评论》2010年第2期。

[2] 蔡琼、苏丽、丁宇：《从行政主导转向国家主导：我国科研评价制度的理性选择》，《科学学与科学技术管理》2009年第9期。

[3] 陈建坤、郑贵斌：《社会科学科研管理概论》，东方出版社1990年版。

[4] 陈力丹：《谈谈人文社会科学成果的评估标准》，《华中科技大学学报》（社会科学版）2003年第1期。

[5] 陈梦然：《高校教师专业发展的基本标准》，《高校教育管理》2013年第2期。

[6] 程接力、钟秉林：《阿姆斯特丹大学治理结构剖析及启示》，《国家教育行政学院学报》2013年第6期。

[7] 程群：《论西方社会科学的起源——兼谈社会科学的目的》，《华东理工大学学报》（社会科学版）2005年第2期。

[8] 丁军强、吴桂鸿：《试论社会科学成果的评价标准》，《科技管理研究》2006年第6期。

[9] 丁军强等：《社会科学研究成果评估指标体系构建之管见》，《评估与预测》2006年第4期。

[10] 吴桂鸿：《社会科学研究成果评估指标体系研究》，博士学位论文，湖南大学，2006年。

[11] 丁宇、黄艳霞：《新世纪澳大利亚RQF制度述评》，《大学教育科学》2008年第2期。

[12] 高仲飞：《纵向课题与横向课题比较研究》，《经济研究导刊》2013 年第 15 期。

[13] 顾海良：《推进跨学科研究破解重大理论和现实问题》，《光明日报》2010 年 12 月 9 日。

[14] 顾丽娜、陆根书：《澳大利亚科研评价体系介绍》，《理工高教研究》2006 年第 25 期。

[15] 何燕、朱紫阳：《传统学术评价方法与 H 指数的比较》，《图书馆学刊》2008 年第 3 期。

[16] 贺忠德：《社会科学研究成果鉴定标准和评估方法初探》，《社科论坛》1998 年第 1—2 期。

[17] 华勒斯坦：《学科·知识·权力》，刘健芝等译，生活·读书·新知三联书店 1999 年版。

[18] 黄长著、黄育馥：《国外人文社会科学政策与管理研究》，社会科学文献出版社 2008 年版。

[19] 江小平：《多视角下的法国人文与社会科学》，中国社会科学出版社 2011 年版。

[20] 赖金良：《人文社会科学的概念基础》，《浙江社会科学》2004 年第 4 期。

[21] 雷二庆：《单篇科技期刊论文评估方法初探》，第十届全国科技评价学术研讨会精选论文集，2010 年。

[22] 李存娜：《人文社会科学评价问题与反思》，《学术界》2004 年第 3 期。

[23] 李醒民：《科学是什么》，《湖南社会科学》2007 年第 1 期。

[24] 李醒民：《知识的三大部类：自然科学、社会科学和人文学科》，《学术界》2012 年第 8 期。

[25] 李雁翎、孙晓慧、陈玖冰：《五维图书评价体系及分析模型的建构》，《情报科学》2013 年第 8 期。

[26] 李燕宁：《法国的人文社会科学研究》，《经济与社会发展》2006 年第 3 期。

[27] 梁其健：《哲学社会科学研究项目（成果）分类的探讨》，《华

中师范大学学报》1986年第1期。

[28] 刘大椿、潘睿：《人文社会科学的分化与整合》，《中国人民大学学报》2009年第1期。

[29] 刘大椿：《厘清学术性、行政性与社会经济效益性评价——人文社会科学评价活动的反思》，《苏州大学学报》（哲学社会科学版）2011年第2期。

[30] 刘大椿：《人文社会科学评价的深层问题》，《中国高等教育》2007年第20期。

[31] 刘大椿：《人文社会科学评价的限制与超越》，《中国人民大学学报》2007年第2期。

[32] 刘大椿：《人文社会科学评价问题的思考》，《光明日报》2004年10月8日。

[33] 刘霓：《澳大利亚社会科学研究——回顾与前瞻》，《国外社会科学》2000年第4期。

[34] 刘蓉洁、赵彩霞：《荷兰高校科研评估的特点及启示》，《世界教育信息》2009年第11期。

[35] 刘尧：《发展性教师评价的理论与模式》，《教育理论与实践》2001年第12期。

[36] 秦麟征：《加拿大人文社会科学的发展战略和发展动向》，《国外社会科学》2001年第3期。

[37] 邱举良：《法国大力改革和完善科技创新体系》，《国际科技动态》2007年第11期。

[38] 邱均平、谭春辉：《中国人文社会科学评价的意义、体系与实践》，《重庆大学学报》2007年第5期。

[39] 邱均平、建华：《人文社会科学研究评价之国际比较研究（下）》，《山东社会科学》2007年第11期。

[40] 任全娥：《人文社会科学成果评价研究》，中国社会科学出版社2010年版。

[41] 沙似鹏、郑礼、郭才伯、张毅：《人文、社会科学研究成果评估指标体系初探》，《上海高教研究》1994年第1期。

[42] 唐德章、夏元林：《社会科学研究成果定量评估方法初探》，《社会科学研究》1989年第1期。

[43] 唐德章：《社会科研成果的界定、分类及其关系》，《西南民族学院学报》1990年第2期。

[44] 王成奎：《中国大学：期待学术共同体的回归与重塑》，《南京社会科学》2009年第8期。

[45] 王兰敬、杜慧平：《欧美人文社会科学评价的现状与反思》，《南京大学学报》2010年第1期。

[46] 王文俊：《荷兰增强国家创新能力的举措》，《全球科技经济瞭望》2004年第5期。

[47] 王晓辉：《法国科研体制与当前改革》，《比较教育研究》2011年第5期。

[48] 王云娣：《OA期刊十年：数量猛增影响力有待提升》，《中国社会科学报》2014年第35期。

[49] 王兆祥：《法国财政科技投入及监督检查措施》，《全球科技经济瞭望》2004年第10期。

[50] 吴桂鸿：《社会科学研究成果评估指标体系研究》，湖南大学，2006年。

[51] 吴建华、谭春辉：《人文社会科学研究评价的国际经验研究》，《情报资料工作》2012年第3期。

[52] 吴江江：《学术著作特征与出版政策研究》，《出版广角》1999年第12期。

[53] 习近平：《在哲学社会科学工作座谈会上的讲话》，人民出版社2016年版。

[54] 夏禹龙：《社会科学学》，湖北人民出版社1989年版。

[55] 许文深、陈俊：《论科技期刊责任编辑与同行专家审稿》，《编辑学报》2002年第2期。

[56] 杨慧丽：《高校人文社会科学教师学术评价探论》，《教学与研究》2009年第3期。

[57] 杨家栋、秦兴方：《社会科学研究成果的评估及其指标体系》，

《齐鲁学刊》2001 年第 2 期。

[58] 杨霞、熊世春：《社会科学研究成果综合评估指标体系研究》，《山西师大学报》（社会科学版）2008 年第 5 期。

[59] 杨育华：《试论社会科学研究成果的评价》，《宁夏社会科学》2002 年第 5 期。

[60] 叶蓬：《人文社会科学研究成果评估指标体系分析》，《探求》2001 年第 1 期。

[61] 袁曦临、刘宇、叶继元：《人文社会科学学科分类体系框架初探》，《大学图书馆学报》2010 年第 1 期。

[62] 詹先明：《"学术共同体"建设：学术规范、学术批评与学术创新》，《江苏高教》2009 年第 3 期。

[63] 张国春：《社会科学成果鉴定（评价）初探》，《社会科学管理》1991 年第 3 期。

[64] 张国春：《社会科学科研成果的界定和分类》，《云梦学刊》2006 年第 6 期。

[65] 张慧颖、张卫滨、张颖春：《哲学社会科学学术成果评价方法的比较研究》，《理论与现代化》2007 年第 1 期。

[66] 张济洲：《美国高校科研经费分配的同行评议：本质、局限与改进——以美国国家科学基金会（NSF）资助为例》，《中国高教研究》2011 年第 10 期。

[67] 张建华：《改进高校人文社会科学研究评价：分类实施评价》，《华中科技大学学报》（社会科学版）2008 年第 4 期。

[68] 张武：《社会科学管理理论与实践》，湖北人民出版社 1993 年版。

[69] 张玉霞：《新时代的加拿大高校科研变革研究》，《宿州教育学院学报》2014 年第 2 期。

[70] 中国出版科学研究所：《实用百科全书》，中国书籍出版社 1994 年版。

[71] 周祥森：《学术权力与民主——"长江〈读书〉"奖论争备忘》，鹭江出版社 2000 年版。

［72］朱大明：《基于引证的科研人员学术影响力评价方法讨论》，《科技管理研究》2008 年第 11 期。

［73］朱光磊、于丹：《中国意识形态建设面临的双重挑战与政治稳定》，《马克思主义与现实》2010 年第 3 期。

［74］朱丽·汤普森·克莱恩：《跨越边界—知识学科互涉》，姜智芹译，南京大学出版社 2005 年版。

［75］朱少强：《国外科学研究计量评价的研究进展》，《重庆大学学报》（社会科学版）2008 年第 2 期。

［76］Allen, R. C. , "Education and Technological Revolutions: The Role of the Social Sciences and the Humanities in the Knowledge Based Economy", 1999.

［77］Bornmann, L. , "Measuring the Societal Impact of Research", *EMBO Reports*, Vol. 13, No. 8, 2012, pp. 673 – 676.

［78］Guetzkow, Joshua, Michele Lamont and Gregoire Mallard, "What is Originality in the Social Sciences and the Humanities?", *American Sociological Review*, Vol. 69, No. 2, 2004, pp. 190 – 212.

［79］Hanson, R. , "Allocation and Evaluation: The Approach at the Social Sciences and Humanities Research Council of Canada", *Higher Education*, Vol. 28, No. 1, 1994, pp. 109 – 117.

［80］Hildrun, K. , Alexander, P. , Johannes, S. , "Research Evaluation. Part II: Gender Effects of Evaluation: Are Men More Productive and More Cited than Women?", *Scientometrics*, Vol. 93, No. 1, 2012, pp. 17 – 30.

［81］Kwok, J. T. , Impact of ERA Research Assessment on University Behaviour and Their Staff, Melbourne: NTEU National Policy and Research Unit Retrieved May, No. 27, 2013.

［82］Lamont, M. , Mallard, G. , "Peer evaluation in the social sciences and the humanities compared: The United States, the United Kingdom, and France", 2005.

［83］Lamont, M. , "How to Become a Dominant French Philosopher: The

Case of Jacques Derrida", *American Journal of Sociology*, Vol. 93, No. 3, 1987, pp. 584 – 622.

[84] Moed, H. F. , Luwel, M. , Houben, J. , "The Effects of Changes in the Funding Structure of the Flemish Universities on Their Research Capacity, Productivity and Impact During the 1980's and Early 1990's", *Scientometrics*, Vol. 43, No. 2, 1998, pp. 231 – 255.

[85] Musselin, C. , "The Role of Ideas in the Emergence of Convergent Higher Education Policies in Europe: The Case of France", Minda de Gunzburg Center for European Studies: Harvard University, 2000.

[86] OECD, The Evaluation of Scientific Research: Selected Experience, Paris, 1997.

[87] Panel Aibr, Promoting Excellence in Research: Report to the Council of the Social Science and Humanities Research Council of Canada, 2008.

[88] Rip, A. , van der Meulen, B. J. , "The Patchwork of the Dutch Evaluation System", *Research Evaluation*, Vol. 5, No. 1, pp. 45 – 53.

[89] Van Raan, A. F. , "Assessment of Social Sciences: The Use of Advanced Bibliometric Methods as a Necessary Complement of Peer Review", *Research Evaluation*, Vol. 7, No. 1, 1998, p. 32.

[90] van Raan, A. F. J. , *Handbook of Quantitative Studies of Science and Technology*, Elsevier, 2013.

[91] Vanclay, J. K. , Bornmann, L. , "Metrics to Evaluate Research Performance in Academic Institutions: A Critique of ERA 2010 as Applied in Forestry and the Indirect H_2 Index as a Possible Alternative", *Scientometrics*, Vol. 91, No. 3, 2012, pp. 751 – 771.

[92] Vanclay, J. K. , "An Evaluation of the Australian Research Council's Journal Ranking", *Journal of Informetrics*, Vol. 5, No. 2, 2011, pp. 265 – 274.